霍者 编著

中国汉字美学简史

陈云正题

上

时代出版传媒股份有限公司
安徽人民出版社

图书在版编目（CIP）数据

中国汉字美学简史. 上 / 霍者编著.-- 合肥：安徽人民出版社，2019.12

ISBN 978-7-212-10582-2

Ⅰ.①中… Ⅱ.①霍… Ⅲ.①汉字-美学史-中国-古代

Ⅳ.①H12

中国版本图书馆 CIP 数据核字（2019）第 110379 号

中国汉字美学简史（上）
ZHONGGUO HANZI MEIXUE JIANSHI（SHANG）

霍 者 编著

出 版 人：徐 敏	策 划：杜宇民	责任印制：董 亮
责任编辑：汪双琴 卢昌杰	特约编辑：谭祎波	封面设计：霍 者

出版发行：时代出版传媒股份有限公司 http://www.press-mart.com

安徽人民出版社 http://www.ahpeople.com

地 址：合肥市政务文化新区翡翠路1118号出版传媒广场八楼

邮 编：230071

电 话：0551-63533258 0551-63533292

印 刷：安徽新华印刷股份有限公司

（如发现印装质量问题，影响阅读，请与印刷厂商联系调换）

开本：880mm×1230mm 1/16 印张：25.5 字数：880千

版次：2019年12月第1版 2019年12月第1次印刷

ISBN 978-7-212-10582-2 定价：98.00元

目 录

绪 论

人类文字史上有两种不同的文字发展方向：表音文字和表意文字。表音文字是语言的记录（侧重于表音），如拉丁文等；表意文字不仅仅是语言的记录，还可以是事件的记录（侧重于表意），如楔形文字等。

汉字属于表意文字范畴，但在甲骨文中已经出现大量的形声字，因此汉字是表意兼表音的。每一个汉字都有字形、字音和字义，而且是字形、字音和字义高度统一。汉字正是通过这"形、音、义"的契合一体而传承数千年未曾中断，从而屹立于世界文字之林。

与汉字的"形、音、义"对应的有"三美"：形美、音美、义美。与汉字"三美"对应的又有"三悦"：形美以悦目、音美以悦耳、义美以悦心。

汉字的"形、音、义"是一体而非分离的，因此汉字的"三美"和"三悦"是互相交融的。只是为了学术研究的方便我们才把这三个维度分列，从而各按其侧重而分述。

汉字美学是以汉字"形、音、义"的"三美"和"三悦"为主要研究对象的美学体系。广义的汉字美学涉及书法、篆刻、文字学、训诂学、音韵学、文学、金石学、文献学、考据学、姓名学、美术字、汉字造型艺术、汉语翻译等汉字所在的一切载体。狭义的汉字美学主要是汉字字形美学。

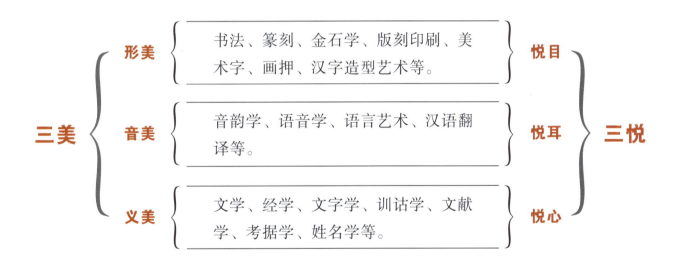

其中文字学、训诂学、音韵学偏重文字的本源（字源学）的研究。

本书以时间为轴，从汉字的起源开始，进而到甲骨文、金文的出现，再到小篆、隶书、草书、行书、楷书等书体，以中国的历史朝代来分段。在介绍每个朝代的汉字美学时，主要列举字形之美，并介绍字音、字义的研究概况，以字体演变为主线，沿着汉字发展和演变的脉络，全景式地展现中国汉字美学的方方面面。

壹　　汉字起源

概述

汉字的形成和发展是一个非常漫长的历程，这已是一个共识。但是，关于汉字的起源问题仍然众说纷纭，至今未有定论。

东汉许慎在《说文解字序》中说："古者庖牺氏之王天下也，仰则观象于天，俯则观法于地，观鸟兽之文与地之宜，近取诸身，远取诸物，于是始作《易》八卦，以垂宪象。及神农氏，结绳为治，而统其事，庶业其繁，饰伪萌生。黄帝之史官仓颉，见鸟兽蹄远之迹，知分理之可相别异也，初造书契。"《淮南子·本经训》中记载："昔者苍（仓）颉作书，而天雨粟，鬼夜哭。"这两段记载表明"伏羲作八卦""仓颉造字"的传说流传甚广，仓颉被尊为"字圣"，甚至还传说他"四目而双瞳"，但这和真实的历史事实恐怕是有距离的。

目前公认最早的成熟文字体系是商代的甲骨文，但从逻辑上来说，在甲骨文形成之前必然有初始阶段的文字（或称"准文字"），考古发现也不断涌现诸如岩画、陶纹等更早期的类文字形式。若从文字学的角度来看，这些早期的"文字"是否成立还有待商榷，故而本章只列举部分有代表性的发现。这些"文字"或"准文字"的图形符号意味明显，其美学特征也更偏重于美术审美层面。

代表性发现

【大汶口刻符】

大汶口文化因山东省泰安市大汶口遗址而得名。东至黄海之滨，西至鲁西平原东部，北达渤海南岸，南到江苏淮河以北一带，基本处于古籍中记载的少昊氏文化地区，为龙山文化的源头。另外，该文化类型的遗址在河南和皖北也有发现。大汶口文化年代距今约4500—6500年，延续时间约2000年。

在大汶口文化遗址的陶器上发现了表达有明确意义的刻符，形、义一目了然。

对于这个刻符，于省吾认为上象日，中象云气，下象山有五峰，故合之释为"旦"。唐兰释此字为"炅"，上是太阳，中有火，下是五峰山，表示在烈日下山上起火。又另一字释为"炅"，日下有火，为同一意。李学勤释为"炅山"，他指出，民国时流落海外的几件玉器上也刻有这个"炅"字。玉器属良渚文化，与大汶口文化近邻，陶器玉器两种器物上发现同一个"炅"字，表明它的传播与通用性。这正是文字的特征所在。上面的"日"字显著，下面的五峰山也比较形象，但中间的是"云"还是"火"尚有讨论空间。

【 贾湖刻符 】

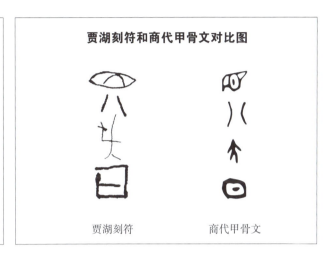

贾湖刻符和商代甲骨文对比图

贾湖刻符　　　　　　商代甲骨文

1987年，河南省文物研究所的考古人员在河南省漯河市舞阳县北22公里的裴李岗文化遗址（贾湖村东侧）中发掘出甲骨契刻17例，分别刻在甲、骨、石、陶器上，其中在龟甲上刻符9例，骨器上5例，陶器上3例。刻符结构含有横、点、竖、撇、捺、竖弯勾、横折等笔画，均是契刻而成。笔画特点是先横后竖，先左后右，先上后下，先里后外，与汉字基本结构相一致。有些契刻符号与4000年后的商代甲骨文有许多相似之处，如形似眼目的"目"，光芒四射的太阳纹等。和甲骨文的契刻相比，舞阳刻符也是以利器为工具把符号刻在龟甲、骨器上，商代甲骨文是用来记载占卜内容的，而这些契刻也与占卜相关，最重要的一点是造字原理也相同。

著名学者饶宗颐说："贾湖刻符对汉字来源的关键性问题提供了崭新的资料。"北京大学历史系古文字学家葛英会说："这些符号应该是一种文字。"也有学者认为贾湖契刻的发现为商代甲骨文的历史源头探索提供了可靠的证据。

贾湖刻符距今约8000年，有以下4个特点：

> 1. 符号多刻在龟甲的明显位置，应该是为了便于看到；
> 2. 符号似乎暗示了龟甲的放置方向；
> 3. 在同一墓穴的龟甲中，有时会有多个龟甲刻有符号，符号并不相同，说明符号不是墓主个人的标记；
> 4. 在同一龟甲上，有时出现两个刻符。符号有象形性，如眼形、门户形，类似于殷墟时期在龟甲上刻写的文字。

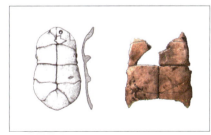

贾湖刻符虽然占卜的方式与商代的灼卜不同，但是基于对龟灵的信仰是一致的，而且龟甲占卜可能有传袭关系。因此，把贾湖刻符称为原始文字，或具有文字性质的符号，是可以成立的。

〖 双墩刻符 〗

双墩遗址位于安徽省蚌埠市淮上区小蚌埠镇双墩村北，距今约7000年。在与汉字起源相关的发现中，双墩遗址是出土数量最多、内容最丰富的，共有630多个刻划符号，其中与水纹相关的接近90件。

双墩刻符有以下3个特点：

1. 大多刻在陶器隐蔽部位。

运用象形、抽象手法以不同的单体、重体和组合体符号刻画在陶器上，绝大多数符号刻画在碗的外地圈足内，少数刻画在碗的腹部、豆座圈足内、坠底部等隐蔽部位。这一特征在稍晚时期的长江流域柳林溪和杨家湾遗址中有所反映，另外太湖流域的良渚文化中也有少数符号刻在陶器隐蔽部位。

2. 堪称原始社会"档案馆"。

刻符有日月、山川、动植物、房屋等写实类，又有狩猎、捕鱼、网鸟、种植、养蚕、编织、饲养家畜等生产与生活类，还有记事与记数类等内容，堪称原始社会的"档案馆"。

3. 与汉字起源应有直接联系。

双墩符号内容丰富多彩，不少符号反复出现，具有明显的记事性质和可解释性的表意功能，较为符合文字固定形态和文字社会性，与汉字之间应存在直接的渊源关系。

双墩刻符可分为表意、戳记、计数三大功能，处于文字起源发展的语段文字阶段，已具备了原始文字的性质。而淮河流域文化对商代文化的形成有重要作用，双墩刻符对甲骨文的形成应有直接影响。

〖 青墩刻符 〗

青墩遗址位于江苏省南通市海安县西北部约28公里处，属于长江下游区域良渚文化遗址，属于崧泽文化范畴，距今约5000年。

青墩遗址出土大量石器、陶器、玉器，还有数量惊人的麋鹿角化石，其中许多麋鹿角化石上还留有古人刻画的符号，有学者认为是中国古老的文字，也有学者认为是数字符号、易经符号。

‖【 庄桥坟刻符 】‖

庄桥坟遗址于2003年5月在浙江省嘉兴市所属的平湖市林埭镇群丰村被发现，是新石器时代良渚文化的古人类遗址，距今约5000年。

庄桥坟遗址出土有椭圆形豆、盖豆、泥质红陶罐、盉、高柄豆等物品。遗址中共有240余件器物被发现有刻画符号（墓内随葬品150余件，出自地层86件，灰坑及墓葬填土中5件）。这些刻符大部分发现于陶器上，但有9件石器上也有刻符，包括墓葬中3件、地层中5件、灰坑中1件。大多数的刻画符号以单体形式出现在器物上，也有近30件器物上出现2个及以上刻符，多数符号较为简单，笔画数也较少。陶器上的刻画符号大多在烧制前形成，石器上出现的刻画符号与陶器上多有相似之处，但其中2件残石钺的两面均发现了疑似原始文字，这两件石钺上的刻符除正面的6个字笔痕较浅、风格略有不同外，其余刻字方法基本一致，说明其刻字方式和笔顺较为规范。

北京大学考古文博学院教授李伯谦认为，这些原始文字不像其他单体刻画符号那样孤立出现，可以连字成句。这些石钺或许是刻字或刻符号所专用的，其功用相当于殷商时期的甲骨或是战国时期的简。

庄桥坟刻符是我国东南地区发现最早的符号文字系统，但是否为甲骨文的前身则还有待商榷。但至少可以说明，文字的起源是多元化的。

‖【 水书 】‖

水书是水族（中国56个民族之一）所使用的一种古文字，类似甲骨文和金文，主要用来记载水族的天文、地理、宗教、民俗、伦理、哲学等文化信息。水族语言称水书为"泐睢"，被掌握水书的先生们代代相传。

最新的考古研究表明，水书与河南偃师二里头遗址夏陶上的符号有相通之处，水书先生们可以大致解读其含义，这引起了考古学界的重视。考古学界进而提出了水族先民来自北方以及夏陶符号是一种文字的可能性。

水书又称鬼书、反书，其结构有的虽是仿汉字但基本上是汉字的反写、倒写或改变汉字字型的写法。据说水族先民因受统治阶级所迫害，其祖先"陆铎公"创制"鬼书"以反对和报复统治者。

水族古文字的结构大致有以下三种类型：一是象形字，有的字类似甲骨文、金文；二是仿汉字，即汉字的反写、倒写或改变汉字形体的写法；三是宗教文字，即表示水族原始宗教的各种密码符号。书写形式从右到左直行竖写，无标点符号。目前所能见到的水书载体主要有：口传、纸张手抄、刺绣、刻、木刻、陶瓷锻造等。

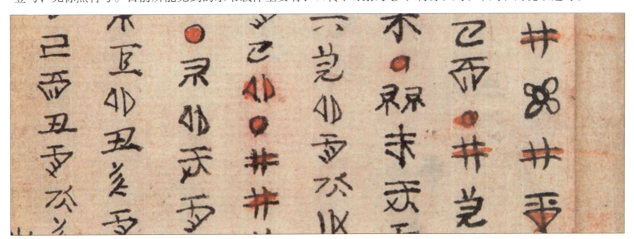

【骨刻文】

20世纪七八十年代，山东潍坊至济南一带、陕西关中地区、内蒙古赤峰地区及淮河流域古文化遗址陆续出土了1000多块刻有字符的骨头、滑石器、陶器和陶片等（以骨头居多），约计3000个字符。这种刻符一开始被称作东夷文字，2009年考古学家刘凤君将其定名为骨刻文。

我们把骨刻文和甲骨文等字体作一下比较：

| 骨刻文 | 骨刻文 | 甲骨文 | 金文 | 小篆 | 隶书 |

在众多的骨刻文中，有不少像人物、动植物形象的，具有某些象形的特点，应属于一种记事行为。而且，字符的布局和结构也有一定的规律，有些偏旁多次出现。多数一块骨头上刻1—5个字，刻10个字左右的也占一定数量，刻20个字以上的骨头比较少，最多的有超过100字的，类似于文章段落。

骨刻文镌刻的方式有一字成一局式的，也有组合字群式，有五六字一行，有几十个字分列成数行，类似书法成行布局。这说明骨刻文已是初步具有辞章意义的文字。

骨刻文的字体造型大体可分为写实物象型、主干分枝型和中心圆型或近似圆型三大类：

一是**写实物象型**：主要有人物和动物造型（数量占大多数），记录人和动物，可能延伸到人类思维活动或与自然界的关系。

二是**主干分枝型**：主要由一根粗长主线为基础，主线的两侧分刻出一些短细线，类似于树枝形。可能与记录数字和植物有关。

三是**中心圆型或近似圆型**。

骨刻文的基本造型有三种：

一是中间从一个圆形或近似圆形的中心向外辐射几根曲线；

二是中间有一个较大的圆形或方形中心，周围向外刻有很多密集线条，有的线条上还刻有更细的线条；

三是中间刻画类似眼睛一样的椭圆形，两头尖长较粗，椭圆形的左右两侧仅刻画几根细的短线。这种骨刻文多出现在晚期，如果和甲骨文混放在一起，很难分辨。

学者解读骨刻文的方法主要有五种：（1）考古类比直读图像解型法；（2）历史考据法；（3）指事组合破译法；（4）与甲金文比较顺读法；（5）彝文比较解读法。

这五种方法很少单独运用，经常是以某一种方法为主，配合其他一种或几种共同解释一个字或一个词组。

骨刻文与甲骨文等字体演变对比图

隶书	小篆	金文	甲骨文	骨刻文
省	肖			
直	直			
雨	雨			
百	百			
各	各			

隶书	小篆	金文	甲骨文	骨刻文
又				
丂				
寰				
申				

隶书	小篆	金文	甲骨文	骨刻文
陟				
妻				
肃				
内	内			
叶				

【陶寺朱文】

陶寺遗址位于山西省襄汾县陶寺村南，属于中原地区龙山文化遗址，其年代为公元前2500—前1900年。

1984年，考古工作者在陶寺遗址中发现一片扁壶残片，残片断茬周围涂有红色，残片上用朱砂书写了两个文字，其中的一个字为"文"，另一个字有"尧""易""命"等多种解释。这个残片上的朱书文字表明，早在比殷墟早七八百年的陶寺时期，人们已经开始使用文字。

【姜寨陶文】

姜寨遗址位于陕西省西安市临潼区人民北路，是迄今新石器时代聚落遗址中发掘面积最大的一处，比西安半坡遗址大10倍，时间早500—1000年。该遗址是仰韶文化堆积，由下到上依次为半坡类型、史家类型、庙底沟类型和半坡晚期类型（或称西王村类型）。

姜寨遗址发现的诸多类似文字的符号，很可能是早期的文字。为方便对照，现把姜寨遗址字符和其他遗址字符一并列出。

姜寨遗址陶文

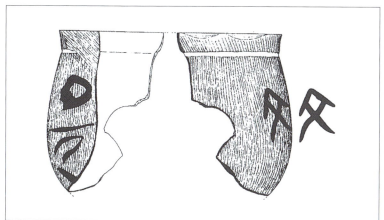

甘肃马家窑文化陶器符号

青海乐都柳湾马家窑文化陶器符号

青浦崧泽出土陶符

上海马桥出土陶符

良渚文化陶器符号

二里头遗址陶器、骨器刻符

半坡遗址陶文

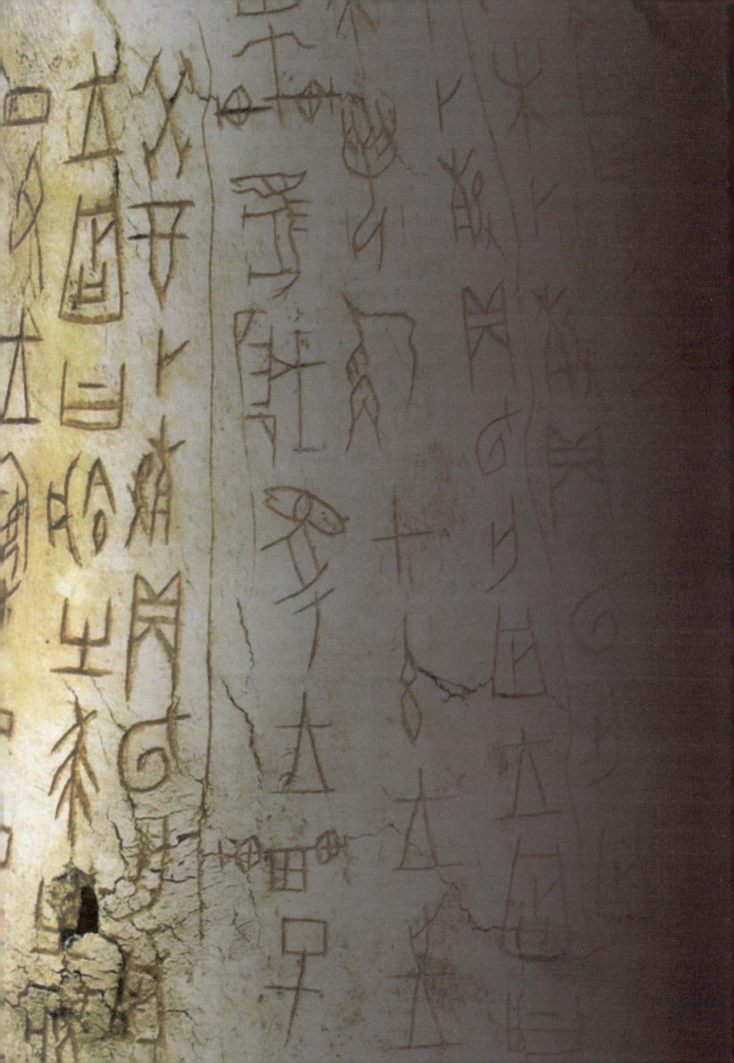

贰　商朝

概述

商朝（约前1600—约前1046）是我国第一个有直接同期文字记载的王朝。商国是夏朝的方国之一，商国的君主商汤率方国于鸣条之战灭夏，以"商"为国号，在亳（今河南商丘）建立了商朝。

商朝建立之后，国都频繁迁移。后来盘庚迁于殷（今河南安阳）后，国都终于稳定下来。商朝在殷建都时间长达273年，因此商朝又被后世称为"殷"或"殷商"。

商朝经历了三个大的阶段。第一阶段是"先商"；第二阶段是"早商"；第三阶段是"晚商"，前后相传17世、31王，延续时间有500余年。末代君主帝辛（周朝人称之为纣王）于牧野之战被周武王击败后自焚而亡。

殷墟的发掘，确证了中国商王朝的存在。甲骨文的发现，为商朝历史找到了可靠的文字证据。商朝处于奴隶制鼎盛期，奴隶主贵族是统治阶级，形成了庞大的官僚统治机构和军队。

商代甲骨文和金文的记载是目前已发现的中国最早期的系统文字。从安阳殷墟小屯村发现的大量甲骨文足以说明殷商时代文字已经得到充分广泛的应用，汉字的结构在甲骨文中已经基本形成。

君主世系

序列	称谓	姓名	在位时间
1	商太祖	商汤	30年
2	商代王	太乙	1年
3	商哀王	外丙/子胜	3年
4	商懿王	仲壬/子庸	4年
5	商太宗	太甲/子至	23年
6	商昭王	沃丁/子绚	29年
7	商宣王	太庚/子辩	25年
8	商敬王	小甲/子高	36年
9	商元王	雍己/子密	12年
10	商中宗	太戊/子伷	75年
11	商孝成王	仲丁/子庄	11年
12	商思王	外壬/子发	15年
13	商前平王	河亶甲/子整	9年
14	商穆王	祖乙/子滕	19年
15	商桓王	祖辛/子旦	16年
16	商僖王	沃甲/子逾	25年

序列	称谓	姓名	在位时间
17	商庄王	祖丁/子新	32年
18	商顷王	南庚/子更	25年
19	商悼王	阳甲/子和	7年
20	商世祖	盘庚/子旬	28年/迁都于殷
21	商章王	小辛/子颂	21年
22	商惠王	小乙/子敛	21年
23	商高宗	武丁/子昭	59年
24	商后平王	祖庚/子跃	7年
25	商世宗	祖甲/子载	33年
26	商甲宗	廪辛/子先	6年
27	商康祖	庚丁/子嚣	1年
28	商武祖	武乙/子瞿	35年
29	商匡王	太丁/子托	13年
30	商德王	帝乙/子羡	26年
31	商纣王	帝辛/子寿	52年

书体

商朝书体有金文、甲骨文两种，以甲骨文数量最多，也最具代表性。目前出土的甲骨文大多是从盘庚迁殷之后的殷墟甲骨文，而发现最早的金文却有早于这个时期的。

从字源的脉络来讲，汉字经历了从甲骨文、金文，再到小篆、隶书的演变过程。金文因铸造于青铜器而得名（周朝时把铜称为金），高峰在周朝。甲骨文因契刻于龟甲、兽骨上而得名，高峰在商朝。金文也称为大篆、籀文、钟鼎文等。广义的大篆是秦朝小篆之前的泛称。但是自1899年甲骨文被发现之后，通常把甲骨文之后、小篆之前的金文称为大篆。

殷商时的甲骨文和金文并存，甲骨文因刻写材料坚硬，故字体基本为方形。而同时期的金文，因系铸造，故字体基本为圆形。二者主要是载体和制作不同而形成差异的。

甲骨文基本符合"六书"（象形、指事、会意、形声、假借、转注）的造字方法，已是成熟的文字系统。在出土的甲骨卜辞中，发现约5000字，已识读的约有1/3（很多字的释读还有争议）。

甲骨文中除大量镌刻的文字之外，还发现有用朱书和墨书的痕迹，甲骨上的红色笔迹为朱砂，黑色笔迹则为碳素单质，是商朝人所使用的天然墨。

一、金文

金文是商、周、秦、汉时期铜器上铭文字体的总称，可略分为四种，即商朝金文（约前1300—约前1046）、西周金文（约前1046—前771）、东周金文（春秋、战国时期，前770—前222）和秦汉金文（前221—前219），其中西周、东周时期为金文的高峰。

商朝以前已有青铜器出现，最初没有铭文。商朝金文最初只有寥寥几字，到了商末时期，金文已有文章段落出现（最长的文辞，也仅有40余字）。

【青铜印玺】

简介

20世纪30年代中期，在殷墟出土了三方青铜材质的印玺：亚禽氏玺、瞿甲玺、子亘□□的奇文玺，这是迄今为止发现最早的印章（此说尚有争议）。考古学者徐畅认为是商代武丁到祖庚朝诸侯的权力信物，足可印证《尚书》记载商"汤以印与伊尹"一事。

古印玺的起源应早于殷商。在龙山文化的陶器上就已经发现有同文印迹，说明夏代在陶器上已使用印玺。

古印玺是由印陶的陶拍演变成为陶文印模章，再到铜器的印模与铭文的印章，后来逐步发展成为"凭证""权力"的"印信"印章。

亚禽氏

子亘□□

瞿甲

印　　　印
（甲骨文）（金文）

【妇好墓青铜器】

简介

　　妇好是商高宗武丁之妻，是一位女军事统帅，不但率军东征西讨为武丁拓展疆土，还主持朝廷的祭祀活动，深得武丁喜爱。去世后追谥曰"辛"，后人尊称她为"母辛""后母辛"。

　　妇好墓是殷墟唯一保存完整的商代王室墓葬，五米多长，约四米宽，七米多深，墓上建有被甲骨卜辞称为"母辛宗"的享堂。妇好墓随葬品极为丰富，共出土青铜器、玉器、宝石器、象牙器等不同质地的文物1928件。其中，出土刻有铭文的青铜器近200件，其中上百件有"妇好"铭文。

铭文

　　妇好。

美学特征

　　字体取自于象形，风格富于装饰性。尽管各有差异，但整体风格统一，形象生动而传神。

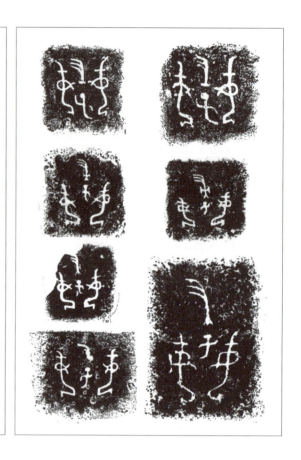

【俪祖丁鼎】

简介

　　俪祖丁鼎又名子荷贝祖丁鼎，高85.5厘米，口径59.4厘米，重达94.65千克，是故宫现存最重最大的鼎。器形庄重雄伟，立雕有兽面纹，气势磅礴。

　　铭文首字"俪"为该鼎主人的家族徽号，受祭者为鼎主人的祖父"丁"（以祭日为名）。

铭文

　　俪祖丁。

【后母戊鼎】

简介

后母戊鼎原名为"司母戊鼎"，又称后母戊大方鼎、后母戊方鼎。该鼎是迄今世界上出土最大、最重的青铜礼器。1939年在河南省安阳市出土，现藏于国家博物馆。

后母戊鼎呈长方形，口长112厘米、宽79厘米，壁厚6厘米，连耳高133厘米，重达832.84千克。鼎身雷纹为地，四周浮雕刻出蟠龙及饕餮纹样。

该鼎郭沫若曾释读为司母戊鼎，国家博物馆今已更名为后母戊鼎。戊是商王武丁的后妃妇妌的庙号。

铭文

后母戊。

美学特征

"后"字反写为"司"（甲骨文、金文很多字可正反写），母在右下方，戊字略小，居于左下方，起笔、收笔略尖，线条简洁有力，与甲骨文如出一辙。

【子龙鼎】

简介

子龙鼎内壁铸"子龙"，可能为族氏名。该鼎造型雄伟，重达230千克，通高1.03米，是商代圆鼎中体积最大的，而且铸造精细，现藏于国家博物馆。

铭文

子龙。

美学特征

"子"字在"龙"字左上角，字体较小，头为实笔，"龙"字为双线勾勒，字体较大，字体象形特征明显，具有早期文字特点。

【小子父己鼎】

简介

　　小子为祭祀父己而作。小子是宗族中分族之长，即小宗。

美学特征

　　铭文为"小子父己"，雄劲浑厚，用笔起收有锋芒。

【戈匕辛鼎】

简介

　　侈口束颈，口沿上一对立耳，鼓腹分裆，三柱足。口下饰连珠纹镶边的兽面纹带。

铭文

　　戈匕辛。

【尹舟簋】

简介

　　尹舟宗族用食器。

铭文

　　尹舟。

美学特征

　　字体纵横交错，象形意味浓郁。

【戈父丁簋】

简介

　　戈氏为父丁所作器。

铭文

　　戈父丁。

【史父己鼎】

简介

　　通高21厘米，口径17厘米，腹深8.5厘米，重2.05千克。窄口沿，双立耳，浅分裆，三柱足。腹部饰外卷角兽面纹。

铭文

　　父己亚史。

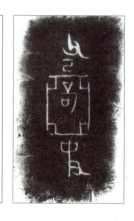

【父己鼎】

简介

　　侈口束颈，口沿有一对立耳，分裆鼓腹，三条柱足较细。颈部饰三列云雷纹组成的兽面纹带。

铭文

　　冀父己。

【二祀邲其卣】

简介

椭圆腹提梁卣。盖、颈、圈足、提梁皆饰夔纹，颈中部两面饰兽头各一。

盖及内底铭文　亚獏父丁。

外底铭文

丙辰，王令（命）□其兄（貺）丽，殷于牵，田雍。宾贝五朋。在正月，遘于妣丙，肜日，太乙□。唯王二祀。既□于上下帝。

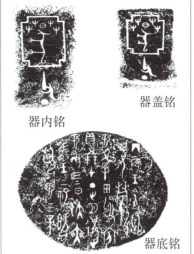

器内铭　　　　器盖铭

器底铭

【四祀邲其卣】

简介

高32厘米，宽19.7厘米，帝辛四年赏赐亚獏家族酒器，现藏故宫博物院。铭文8行、42字，是现存商代青铜器中铭文字数最多者。

铭文

乙巳，王口（曰）："尊文武帝乙，宜在邵大庭。"遘乙翌日；丙午，□；丁未，煮；己酉，王在杵，必其赐贝，在四月，隹（唯）王四祀翌日。

美学特征

形构茂密宽绰、疏密交错，生动而自由，书风恬静，具有安谧祥和的美感。

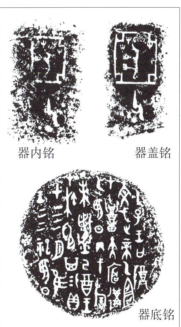

器内铭　　　　器盖铭

器底铭

【六祀邲其卣】

简介

此卣与二祀邲其卣的形制、纹饰非常相似，通高23.7厘米，腹径15.7厘米，现藏于故宫博物院。盖器对铭4行、28字。铭文内容与前二铭相近。

器盖铭

器铭

【亚丑方鼎】

简介

亚丑方鼎腹、足皆有钩状棱脊，颈饰高鼓鸟纹，下有雷纹底。腹饰尖锥状乳丁及钩连雷纹，足饰复层兽面纹，下有二行弦纹。

铭文"亚丑"在腹壁，与父己方鼎的形制及纹饰非常近似，唯腹上钩连雷纹形状稍异。

【亚丑杞妇卣】

简介

亚丑杞妇卣带盖高21厘米，器高14.2厘米，口径10×7.7厘米，腹深11.5厘米，足径8.7×11.5厘米。颈盖皆饰夔纹，腹饰兽面纹。花纹皆浮雕鼓出器表，但无雷纹衬底，这种无雷纹衬底的兽面纹见于殷墟晚期，足饰二细线浅浮雕弦纹。盖内正中及器底中央铭文均为"亚丑杞妇"。

美学特征

字体结构自由，局部大小错落。

【亚丑方尊】

简介

亚丑方尊现存有相同一对，是酓亚族祭祀诸位王后和太子的宝器。较完好的一个藏于北京故宫博物院，圈足有残损的一个藏于台北故宫博物院。高39.1厘米，口沿厚1.1厘米，口径29.9×29.5厘米，腹深27.7厘米，足径17×16.3厘米。口内侧铸铭文2行，9字。

铭文

亚丑者垢以大子尊彝。

【且爵】

简介

且尊又称祖尊，因铭文"且"而得名（且通祖），现藏于上海博物馆。

美学特征

字体规整，线条简练。

【宰椃角】

简介

角为酒器之一，通高22.5厘米，重量为1.1千克，曾为晚清金石家陈介祺旧藏，现藏于日本泉屋博古馆。

宰椃角鋬内铭文2字，腹内壁铸铭文5行、30字，记载了商王对宰椃的赏赐，宰椃因作此器，用于祭祀其父丁。

美学特征

字体灵动，错落有致。

【亚丑方彝】

简介

亚丑方彝因铭文"亚丑"而得名。彝为长方体，盖作四坡屋顶形，中脊又有方形柱，柱帽亦作四坡屋顶形，圈足四面中部有门洞形缺，通体四隅和四壁中部铸有扉棱。口沿下和圈足饰有夔纹，盖面和腹部饰兽面纹，现藏于台北故宫博物院。盖、器内都有铭文，字数、内容均相同。

美学特征

亞（亚）字如方形的几何图形，醜（丑）字自由，形成鲜明对比。丑字像一个人站在酒罐旁，或为祭祀，有学者认为应是"斝"字。字形又像一个人持酒罐向地上灌，可能是斝灌之义。

【 小子蒿卣 】

简介

帝乙时期青铜礼器，通高25厘米，提梁两端作兽首形，鼓腹，圈足。盖、腹、足各饰夔纹一周，间以四瓣花纹。盖内有铭文49字，现藏于日本白鹤美术馆。盖铭上有小子蒿家族徽记及"母辛"二字，表明器为祭母辛而作。从族徽看，中间有"子"，与商王室同姓，应是商的宗室之亲。

铭文

乙巳，子命小子逢先以人于堇，子光商（赏）逢贝二朋。子曰："贝，唯蔑女（汝）历。"逢用乍（作）母辛彝。在十月二，隹（唯）子曰："令望人方 。"

美学特征

结体灵活，字距紧密，章法错落有致。

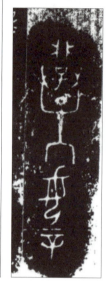

【 作册般甗 】

简介

作册般甗制于帝乙、帝辛时期。器绞索状立耳，侈口，上部甑体深，下部鬲体浅，下承三柱足。甑口缘下饰带状饕餮纹，下饰以蕉叶纹，鬲体三袋足各饰一饕餮纹。器内壁铸铭文3行、20字，讲述商王想征伐人方、命作册般等人为出兵人方一事举行祭社。时称"王宜人方"。《尔雅·释天》释为"起大事动大众，必先有事乎社而后出，谓之宜"。这次祭社的结果是"无"，大吉，可以出兵。商王大喜，在祭社完毕后，赏赐作册般贝。作册般用来铸造祭祀父己的甗，在甗上铸铭，并在铭文铸上族徽"来册"，隐含了册令史官的职位。

铭文

王宜人方，无咎，咸。王赏作册般贝，用作父乙尊。来册。

【戍鼎】

简介

戍鼎记载了商王在丁卯日命宜子与西方诸侯会盟，后商王赏给戍二朋贝，戍作了祭祀父乙的盨鼎。

铭文

"亚印"丁卯，王令（命）宜子□西方于省。佳（唯）反（返），王赏戍甬贝二朋，用乍（作）父乙盨鼎。

美学特征

句首的"亚印（仰/昂）"为作器者的族氏名称非常突出。铭文布局错落，字形疏密对比明显，大小不一，圆笔较多，具有明显的金文风格。

【戍嗣子鼎】

简介

戍嗣子鼎于1959年在河南安阳后冈圆形殉葬坑出土，颈部饰兽面纹，为商代后期器物。器内铭文记载某年九月丙午，商王在宗庙明堂大室赏赐给戍嗣子鼎、贝二十朋，戍嗣子因受荣宠，作了这件祭祀交父亲的宝鼎。"犬鱼"为戍嗣子所属家族的族徽。

铭文

丙午，王商戍嗣子贝廿朋，才（在）阑宗。用乍父癸宝鼎。佳（唯）王□□大室，才（在）九月。犬鱼。

美学特征

大小参差错落，笔道镌刻清晰，雄伟有力。有部分字体还具有典型的波磔体风格。

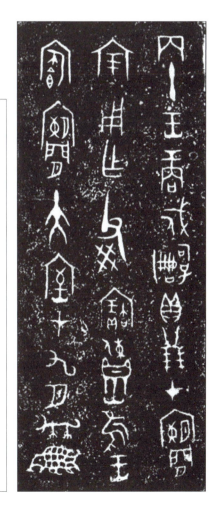

【向父己鼎】

简介

向父己鼎腹饰兽面纹，两侧各饰一倒立的夔龙纹，主纹之外补衬云雷地纹，其为祭祀父"己"而作的宗庙盛肉用器。鼎腹内壁铸有3字铭文。

铭文

向父己。

美学特征

线条简洁，结构合理，错落有致。

【宰甫卣】

简介

器高31.5厘米，口径11×13厘米，腹围59.5厘米，重5.1千克。器盖隆起，蘑菇纽，子母口，腹下垂，圈足，平底，饰兽面纹，两端饰牛首，现藏于山东省菏泽文展馆。器盖和器底内壁对铭是商代罕见的长铭文，各3行、23字，内容相同。

铭文

王来狩，自豆麓才（在）□师（次）王乡（饗）酉（酒）王光宰甫贝五朋用乍宝□。

美学特征

字体取斜角，起收露尖，行笔肥瘦变化，气韵生动。

【小臣艅犀尊】

简介

　　小臣艅犀尊高24.5厘米，器口开于背部，盖已失，现藏美国旧金山亚洲艺术博物馆。尊为双角犀牛形象，周身光洁不施纹饰，刻画了犀牛蹒跚之憨态。内壁铭文记载了小臣随从商王参加征伐人方的战争，因功受赏而作此器。

铭文

　　丁巳，王相（省）夔京，王锡小臣俞夔贝，佳（唯）王来正（征）人方。佳（唯）王十祀又五肜日。

美学特征

　　线条舒展，布局行列有序。

二、甲骨文

甲骨文是商朝最具代表性的文字，属于上古汉语，因其镌刻、书写于龟甲和兽骨上而得名。甲骨文又称契文、龟甲文、贞卜文、甲骨刻文、甲骨刻辞、甲骨卜辞、殷墟文字、龟甲兽骨文、殷墟书契等，自从陆懋德于1923年发表了《甲骨文之历史及其价值》后，学界便约定俗成地将其统称为"甲骨文"。

甲骨文最早出土于河南省安阳市殷墟，记录和反映了商朝后期（前14—前11世纪）王室用占卜吉凶记事而在龟甲或兽骨上契刻的占卜所问之事或者所得结果。周朝灭商后，甲骨文还使用了一段时期。

甲骨文形体结构已由独立体趋向合体，体现了汉字的"六书"原则，其中也含有大量的形声字，因此说甲骨文是我国最早成体系的文字形式，现代汉字即由甲骨文演变而来。

甲骨文虽然在商朝之前就已存在（其源头甚至和八千年前河南裴李岗文化遗址的贾湖刻符有一定关联），但是目前出土的商代甲骨文还基本是从盘庚迁殷以后至帝辛（纣王）之间约273年的卜辞（经历8世、12王）。

1. 字体特征

甲骨文结体上大小不一，错综变化，但已具有对称、稳定的格局。有些象形字只突出实物的特征，而笔画多少、正反、向背却并不统一；有些字的"口"去掉而意思不变，如"占"和"卜"；有些会意字的偏旁虽然含义十分明确，但是并不固定，造成一个字有多种写法；很多字的形体往往以所表示实物的繁简决定大小，有的单字占到几个字的位置，长短不一。书体因契刻，风格瘦劲锋利，具有刀锋的趣味。而刀有锐有钝，骨质有细有粗，有硬有软，所以刻出的笔画粗细不一，甚至有的纤细如发，笔画连接处又有剥落，浑厚粗重。结构上，长短大小均不固定，因此参差错落，反而显得古朴多姿。

甲骨文已具备书法的三个要素：笔法、字法、章法。

笔法上，甲骨文因是用刀契刻在坚硬的龟甲、兽骨上，故多直线，曲线则由直线接刻。因起刀、收刀直落直起，多数线条中间稍粗两端略细，显得瘦劲坚实，挺拔爽利，富有立体感。

字法上，字形多长方形，具备对称美和一字多形的变化之美。还有方圆结合、开合揖让的结构形式，有的字具有象形图画的痕迹，具有文字发展初期的稚拙和生动。

章法上，卜辞全篇行款清晰，文字大小错落有致。每行上下、左右虽有疏密变化，但全篇能行气贯穿、大小相依、左右相应、前后呼应。即使字数众多，全篇安排也能紧凑有致，字数少者又显得疏朗空灵。甲骨卜辞的总体章法上，基本都呈现出一种古朴、烂漫的天然之美。

十天干的甲骨文

田 甲　　　丨 乙

丙　　　丁

戊　　　己

庚　　　辛

壬　　　癸

2. 甲骨四堂

　　"甲骨四堂"指近代研究甲骨文的4位著名学者："雪堂"罗振玉、"观堂"王国维、"彦堂"董作宾、"鼎堂"郭沫若，每人的字或号都有一个"堂"字。陈子展评价早期甲骨学家时概括为"甲骨四堂，郭董罗王"，为学界广泛接受。唐兰说："自雪堂导夫先路，观堂继以考史，彦堂区其时代，鼎堂发其辞例，固已极一时之盛。"

罗振玉（1866—1940）	王国维（1877—1927）	董作宾（1895—1963）	郭沫若（1892—1978）
字叔蕴，号雪堂，浙江上虞人。他最早探知了甲骨文的出土地，在考释文字上，提出"由许书以上溯古金文，由古金文以上窥卜辞"的方法，开创了甲骨学的先河。	字静安，号观堂，浙江海宁人。曾协助罗振玉研究甲骨文，1917年出版了《殷卜辞中所见先公先王考》。他完善了学术研究的"二重证据法"，贡献极大。	字彦堂，河南南阳人。1933年发表的《甲骨文断代研究例》是一部中国甲骨文史上划时代的名著。董作宾对甲骨学最大的贡献是创立了甲骨断代学。	字鼎堂，四川乐山人。著有《甲骨文字研究》《卜辞通纂》等。他主编的大型甲骨文汇编《甲骨文合集》，收入41956片甲骨，被誉为新中国古籍整理的最大成就。

3. 甲骨四少

　　"甲骨四少"的称谓源于1923年王国维为商承祚《殷虚文字类编》作序："今世弱冠治古文字学者，余所见得四人焉：曰嘉兴唐立庵友兰，曰东莞容希白庚，曰胶州柯纯卿昌济，曰番禺商锡永承祚。"那时，四人都是20多岁，商承祚、柯昌济两人最小，年仅21岁。在甲骨文领域，四人如此年轻却又得到这样高的赞誉，实属罕见。

容庚（1894—1983）	唐兰（1901—1979）	商承祚（1902—1991）	柯昌济（1902—1990）
原名容肇庚，字希白，广东东莞人。因"容""颂"相通而取斋名为"颂斋"，并以此为号。著有《商周彝器通考》《金文编》等。	浙江嘉兴人。曾直接受教于罗振玉、王国维，并受到称赞。著有《古文字学导论》《中国文字学》，对古文字研究贡献很大。	字锡永，号驽刚、蠖公、契斋，广东番禺人。古文字学家、考古学家、书法家。著有《殷虚文字类编》《商承祚篆隶册》等。	毕业于清华大学文史研究院，后任上海社科院历史研究所研究员。1921年出版《殷墟书契补释》，取得新突破。

4. 甲骨文五个时期

董作宾在《甲骨文断代研究例》中依据"世系、称谓、贞人、坑位、方国、人物、事类、文法、字形、书体"这10项标准，把殷墟甲骨文划分为5个时期：

（1）雄伟期

时间：盘庚、小辛、小乙到武丁时代，历时约100年。

美学特征：受到武丁盛世的影响，书法风格雄伟宏放，为甲骨书法的极致。字体起笔多圆，收笔多尖，且曲直相错，富有变化，笔画无论肥瘦，都雄劲有力。

（2）谨饬期

时间：祖庚、祖甲时代，历时约40年。

美学特征：祖庚、祖甲二人都是守成类型的贤君，这一时期的书法大抵承袭前期之风，恪守成规，极少创新，但气息已不如雄伟期雄劲豪放。

（3）颓靡期

时间：廪辛、康丁时代，历时约14年。

美学特征：文风趋于凋敝，虽有不少工整型的书体，但段落参差，不合规范，甚至有一些幼稚、错乱。另外，错字也屡见不鲜。

（4）劲峭期

时间：武乙、文丁时代，历时约17年。

美学特征：此二君锐意复古，力图恢复武丁时代之雄伟，书法风格转为劲峭有力，呈现中兴气象。在较纤细的笔画中也带有刚劲风格。

（5）严整期

时间：帝乙、帝辛时代，历时约89年。

美学特征：风格趋于严谨，与第二期略近；文字篇幅加长，整体过于谨严，虽然没有颓废之病，但也缺少雄劲之姿。

贞人是指甲骨占卜过程中负责求神问事的人。殷墟甲骨中共发现贞人100余位，大致分为师、历、宾、无名、黄、出、何等组类。贞人系统与字形、字体、世系、称谓、出土地点等成为甲骨学断代研究的重要依据。

裘锡圭指出："董氏似乎认为同一时期的甲骨文基本上应该有同类的书法、字形文法、事类等等（实际情况与此有颇大出入），因此把本应分开的甲骨分类（即按照字形、书法等方面的特点把全部甲骨卜辞分成一些不同的类型）和为甲骨文断代（即根据甲骨卜辞中出现的对先王的称谓等线索确定各类卜辞的时代）这两个步骤混同了起来，这是不妥当的。"贞人"既然不是契刻者，贞人与字体自然不能完全统一"。"同一个贞人所卜之辞在字体上有时可能分属不同的类；另一方面，不同组的贞人所卜之辞有时字体又同属一个类"。

因此，必须把甲骨分类（根据字体等特征把殷墟甲骨分成不同的类）与甲骨断代分成两个步骤进行，故而把甲骨又分成宾组、历组、出组、何组、无名组、黄组等不同的类组，在此基础上，再试图厘清各类组的时代先后。

（1）雄伟期

铭文：勿来

时期：武丁时期

美学特征：刀工硬朗，单刀侧锋，刀法娴熟。

铭文：辛扶女

时期：武丁时期

美学特征：微雕小字。刀法秀丽清雅，力度感强，尤其是"女"字，刀工刻划赏心悦目。

备注："扶"是贞人。凡是"扶"贞人的甲骨片，考古界均称之为"扶片"。

铭文：不玄冥

时期：武丁时期

美学特征：刀刻严谨深峻，气势逼人，字口填满结晶朱墨。

释文：唐二告

时期：武丁时期

美学特征：在牛肩胛骨正反两面均有刻字，一面是大字，一面是小字。"唐"字竟然超过2厘米，刀法气势宏伟，力度感极强，笔势流畅。单刀侧锋，字口有残留的结晶朱墨。"二告"为超小字体，但是精致细腻，足见刀法娴熟。

备注："唐"在甲骨文里面指商代开国君主商汤。商汤在甲骨文里面被称为唐、大乙或者天乙，是商王三圣之首。

铭文：大啬

时期：武丁时期

美学特征：字体恢宏雄壮，刀工硬朗深峻，反映出一期甲骨文的雄伟宏放。

铭文： 出□侑

时期： 武丁时期

美学特征： 字体结构优美、典雅。单刀侧锋，刀工娴熟，字口深峻，赏心悦目。

备注： 第二字未识（多次出现在一期的卜骨，或为人名，或族徽）。侑是一种祭祀，也称侑祭，专门祭祀先祖的杀殉礼仪。

铭文： 贞丁未

时期： 武丁时代

美学特征： 起笔略圆，而收笔则略尖，刀法顺畅、硬朗。字形瑰丽，有一种磅礴的气势。

（2）谨饬期

铭文： 王夕亡

时期： 第二期（或第三期）

美学特征： 小字，字体纤细，但不柔弱。刀刻工整，力度感强，秀丽优雅。

铭文： 壬子

时期： 第二期

美学特征： 纤细小字，刀锋凌厉。

铭文： 巫乎

时期： 祖庚至祖甲时代

美学特征： 刻于牛肩胛骨上，刀法凌厉洒脱，气势雄伟而严谨。

（3）颓靡期

铭文：贞王月

时期：廪辛至康丁时期

美学特征：刻法孱弱，比较随性，但还是显出刀法功力。

（4）劲峭期

铭文：卜贞夕□

时期：武乙时期

美学特征：小字，刻法刚劲，刀势锋利。笔画纤细却刚劲，字口残留结晶朱墨。最后一字未破译。

（5）严整期

铭文：卜贞报丁尤

时期：帝乙、帝辛时期

美学特征：小字，结体严谨，力度感强。

备注：报丁，商王先祖。

铭文：卜贞祖乙劦

时期：帝乙、帝辛时期

美学特征：小字，刀刻力度感强烈，字体古拙。

备注：祖乙，商王三圣之一。劦是一种祭祀礼仪，表示用劦礼来祭祀祖乙王。

5. 卜骨刻辞

 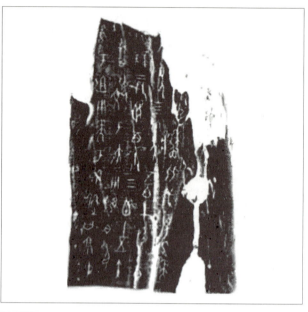

名称：小臣墙记事刻辞

简介：刻辞记录了商王朝与西方多个敌方发生大规模战争的史实。商朝军队大败危、美、而（须）等方国，收获了大量战俘及车、盾、箭等军械，并用人、美人为人牲分别祭祀祖乙和祖丁。

美学特征：这段刻辞与黄组卜辞时代相同，字体细小，书法整饬，行款整齐，笔画拘谨。

名称：禾卜骨刻辞

简介：（左图）第一辞卜问凶咎外，其余各辞分别向伊、河、岳祈佑稼禾的丰收，并间以燎祭、沉祭或宜祭及用牲的数量。伊，即伊尹，是商先王成汤时期的要臣。

美学特征：历组类书风，笔画细瘦，有圆润感，相较于宾组类字形略小。"子"字较扁平，与同时期的其他组类风格相异。

名称：典侯卜骨刻辞

简介：（右图）卜辞的内容为商王祭祀祖先，告知典封侯之事，以求福佑。

美学特征：黄组卜辞，字形较小，布局工整严饬，字体方正、规整，折笔处已略显圆弧，可见刻法技艺娴熟。

名称：御祭母庚卜骨刻辞
简介：卜辞内容为是否御祭母庚以求庇佑。母庚是武丁之父小乙的配偶，御祭是商代常见的祓除灾祸、禳除疾患的重要祭典。
美学特征：宾组类代表，字体雄健整饬，字形较大，笔画瘦劲有力。

名称：干支表骨刻辞
简介：此骨正面刻辞共三列，自甲子至癸巳，为完整干支表的一半。背面刻有不规则的大字"甲子乙丑丙"，属非卜辞类刻辞。
美学特征：整体字体细小，布局较为整饬，行款划一，是黄组卜辞的典型风格。

名称：王宾中丁·王往逐兕涂朱卜骨刻辞

简介：左图王宾中丁这片卜骨大而完整，叙辞、命辞、占辞及验辞四项俱全，只有局部残损。内容涉及祭祀、田猎、天象等诸多方面。

美学特征：右图王往逐兕涂朱卜骨刻辞书风雄健，气韵宏大，字大体端，笔画遒劲，书法谨严，是典型宾组类甲骨的典范。字划中存留有当时涂饰的朱色，显示了它的特殊和神圣，是不可多得的珍品。

名称：土方、工方征涂朱卜骨刻辞

简介：叙辞、命辞、占辞及验辞俱全，属于旬卜。残辞内容记载了四日五场异族侵害事件。

美学特征：书风雄浑，字划粗壮且遒劲，为宾组甲骨之经典。行文将前辞"干支卜，某"刻在反面有关命辞相应的部位，这也是宾组甲骨的特点。

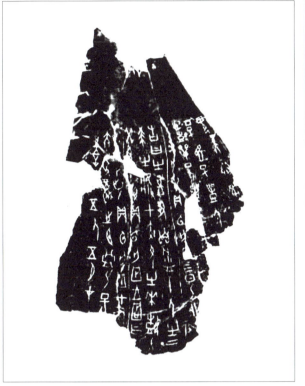

名称：大骤风涂朱卜骨刻辞

简介：反面几条叙辞、命辞残缺。诸条贞卜中，除战争侵害的实录，最为重要的是"大骤风"记录，是殷商气象史上的重要史料。

美学特征：此骨版刻辞书风雄健，气韵恢宏，笔画遒劲，章法有致。加之字内涂饰朱色，弥足珍贵。

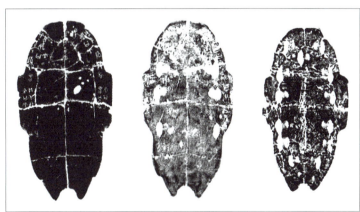

名称：沚其来全甲刻辞

简介：卜辞贞有二事，皆对贞。一贞沚这个人会来或不会来。反面的占辞王占断，会来，时间在庚日之前，结果如期而至。二贞雷风会来或不会来，占辞亦刻在反面，王占断说风会在丁日出来。结果丁日风因有疾患而不能来。

名称：大型牛骨刻辞

简介：正面和反面都刻有三条叙、命、占、验四辞俱备的卜辞。

美学特征：字体风格属于宾组二类，即典宾类），书体风格雄健宏伟，笔画遒劲，字内涂朱亮。

备注：前辞（叙辞），记占卜日子、地点和占卜者（贞人）。贞辞（命辞），指占卜时提出所卜之事的话。占辞，因兆而定吉凶。占辞是指记在命辞之后判断吉凶的话。验辞，占卜之后记录应验的刻辞。

名称：众人协田卜骨刻辞

简介：卜辞贞问商王隆重发布命令让众人"协田"是否会有好收成。协田指协力农作，可能是以耦耕的方式翻耕土地，类似于籍田，是一种大型劳作。"众"的身份是处于社会基层的各宗族组织内的成员，属于平民阶层。

美学特征：宾组类，字体较大，排列较规整，笔道刚劲有力。

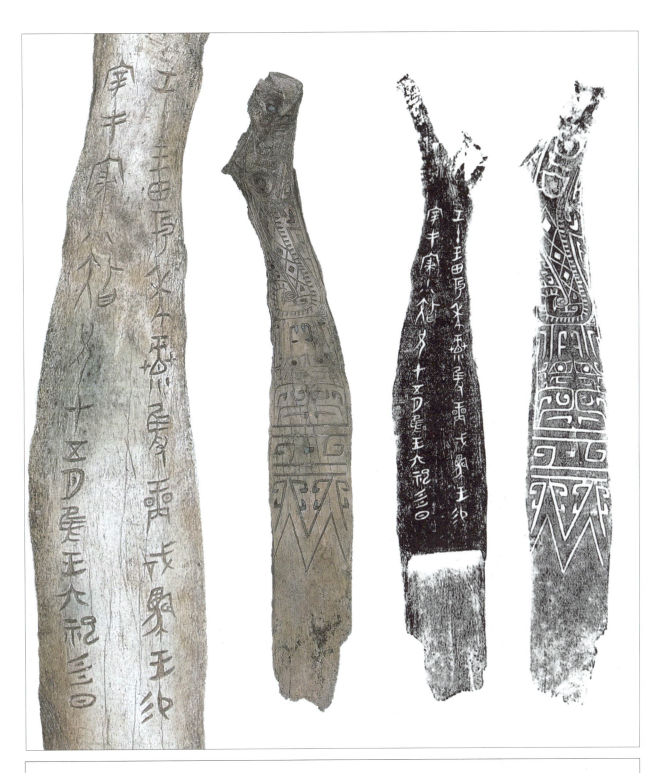

名称：宰丰骨匕记事刻辞

简介：商王六年五月壬午日在麦麓田猎，捕获了犀牛。宰丰因有功而受到赏赐，由寝官小转赐。骨匕的文字内容是单纯的记事刻辞，极为罕见。

美学特征：风格与同期的甲骨刻辞迥异，没有镌刻感，毛笔书法意蕴浓厚，堪称殷末书法的代表。

6. 甲骨文书法

甲骨文自清末发现以来，除了学术研究之外，又诞生了一门新的艺术形式——甲骨文书法，其开创者是罗振玉。

（1）罗振玉作品

罗振玉书艺精深，诸体皆工，真书学颜，隶书习汉碑，行书较突出，篆书学金文（尤其是石鼓文），以甲骨文书法成就最高（法度谨严，一笔不苟，书卷气浓）。罗振玉的甲骨文书法是建立在金石学、文字学、碑帖版本学基础上的始作俑者。他用收藏的甲骨文集成170多幅楹联，将甲骨文引向了书法艺术的殿堂。由于甲骨文有刀刻工具特性，许多笔画都有尖锐字口，不少书者模拟这种效果。然而毛笔不能成为书写的附庸，罗振玉把大篆笔法应用到甲骨文中，除了瘦劲，更注重毛笔书写的笔意，讲求软笔的书写情趣。因此除了坚挺遒劲的主笔，常辅以轻松笔调，墨也有浓淡枯湿的变化，在软笔与硬刀、契刻与书写的刚柔对比中创造性地融合出一条新路。

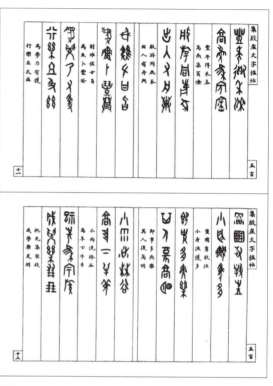

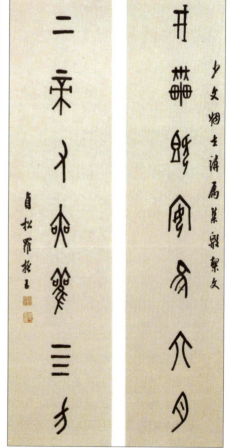

（2）董作宾作品

　　董作宾的甲骨文书法是其甲骨文学术研究的自然延伸，别具一格。另外，他还把甲骨文应用到篆刻作品之中，从而使得篆刻有了更多的古意，这也是具有开创性的。

作宾启事

行年五十

旦囧造象

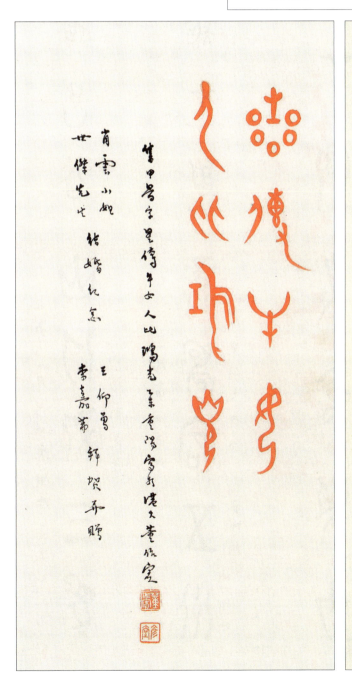

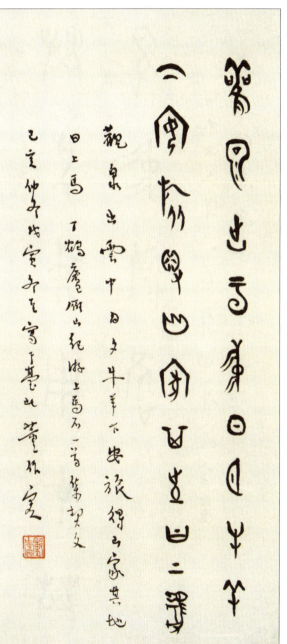

（3）商承祚作品

（4）容庚作品

（5）丁佛言作品

（6）王国维作品

叁 周朝

概述

周朝分为西周（前11世纪中期—前771）与东周（前770—前256）两个时期，史书合称为两周。西周由周武王姬发创建，定都镐京（宗周）、丰京（今陕西西安），成王五年营建东都成周洛邑（今河南洛阳）；东周定都雒邑（成周，今河南洛阳）。周朝共传30代、37王，共计约791年（另一说是868年，因周朝的建年尚未完全确认）。

周朝行分封制，周王为"天下共主"。周武王姬发分封姬姓宗室子弟和功臣为列国诸侯，分"公、侯、伯、子、男"五等，其余为附庸。《左传》载有："其兄弟之国者十有五人，姬姓之国者四十人"，"封建"由此而来。出自文王之诸侯国主要有：管、蔡、郕、霍、鲁、卫、毛、聃、郜、雍、曹、滕、毕、原、郇等；出自武王之诸侯国主要有：邘、晋、应、韩等；出自周公旦之诸侯国主要有：鲁、凡、蒋、邢、茅、胙、祭；异姓诸侯国多为功臣、前代贤王和归附小国，主要有：齐、吕、申、陈、宋、蓟、焦、祝、杞、纪、许、楚等。另外还有其他诸侯国，如越、英、舒、黄、江、息、徐、莒、奄、郯、莱、六、郎、孤竹、邾、缯、祝其、费、颛臾、鲜于等。或过于弱小，为大国之附庸，如郯、颛臾等；或因于周初不承认周王室而遭到镇压，成为周王朝之诸侯国，如奄、徐等；或者虽有实力但因各种原因并不被周王朝所承认的独立诸侯国，如邾国。

东周又称"春秋战国"，以韩、赵、魏联手打败执政的智氏家族，三家分晋为分水岭。春秋时期因鲁国编年史《春秋》而得名，此时周王势力减弱，诸侯群雄纷争，齐桓公、晋文公、宋襄公、秦穆公、楚庄王相继称霸，史称春秋五霸（另一说为齐桓公、晋文公、楚庄王、吴王阖闾、越王勾践）。战国时期取自于西汉刘向所编注的《战国策》，此时各诸侯国混战不休。

春秋战国是思想、文化最辉煌灿烂的时期，出现了诸子百家相互争鸣的局面，在中国思想发展史上占有重要地位。《汉书·艺文志》记载有189家，4324篇著作，有10家被发展成学派，其中孔子、老子、墨子为三大哲学体系。西汉刘歆《七略·诸子略》中将小说家去掉，称为"九流"，俗称"十家九流"。

君主世系

西周

序列	称谓	姓名 / 生卒年	在位时间
1	周武王	姬发（约前1094—前1043）	3年（前1046—前1043），继文王位15年
2	周成王	姬诵（？—前1021）	22年（前1042—前1021）
3	周康王	姬钊（？—前996）	25年（前1020—前996）
4	周昭王	姬瑕（？—前977）	19年（前995—前977），一作邵王
5	周穆王	姬满（？—前949）	55年（前976—前922）
6	周恭王	姬繄扈（？—前900）	23年（前922—前900）
7	周懿王	姬囏（？—前899）	8年（前899—前892），临时迁都槐里
8	周孝王	姬辟方（？—前886）	6年（前892和前886），皇叔夺位
9	周夷王	姬燮（？—前880）	5年（前885—前880）
10	周厉王	姬胡（前877—前841）	18年（前858—前841），因国人暴动而出逃
11	共和	（一说为皇君姬和摄行天子政）	13年（前841—前828）
12	周宣王	姬静（？—前783）	46年（前828—前783）
13	周幽王	姬宫涅（前795—前771）	11年（前782—前771），烽火戏诸侯，被杀
备注	周携王	姬望（前794—前750）	21年（前770—前760），为被废太子，被杀

东周（春秋、战国）

序列	称谓	姓名 / 生卒年	在位时间	备注
1	周平王	姬宜臼（约前781—前720）	50年（前770—前720），定都洛阳	春秋
2	周桓王	姬林（？—前697）	23年（前719—前697）	
3	周庄王	姬佗（？—前682）	14年（前696—前682）	
4	周僖王	姬胡齐（？—前677）	4年（前681—前677）	
5	周惠王	姬阆（？—前652）	25年（前676—前652）	
6	周襄王	姬郑（？—前619）	23年（前651—前619）	
7	周顷王	姬王臣（？—前613）	6年（前618—前613）	
8	周匡王	姬班（？—前607）	6年（前612—前607）	
9	周定王	姬瑜（？—前586）	21年（前606—前586）	
10	周简王	姬夷（？—前572）	14年（前585—前572）	
11	周灵王	姬泄心（？—前545）	27年（前571—前545），弭兵会盟	
12	周景王	姬贵（？—前520）	25年（前544—前521）	
13	周悼王	姬猛（？—前520）	前520，不足1年	
14	周敬王	姬匄（？—前476）	44年（前519—前476）	
15	周元王	姬仁（？—前469）	7年（前475—前469），进入战国时期	战国
16	周贞定王	姬介（？—前441）	27年（前468—前441）	
17	周哀王	姬去疾（？—前441）	前441，在位3个月被杀	
18	周思王	姬叔（？—前441）	前441，在位5个月被杀	
19	周考王	姬嵬（？—前426）	15年（前440—前426），分东、西周二小国	
20	周威烈王	姬午（？—前402）	24年（前425—前402），三家分晋	
21	周安王	姬骄（？—前376）	26年（前401—前376），田氏代齐	
22	周烈王	姬喜（？—前369）	8年（前376—前369）	
23	周显王	姬扁（？—前321）	48年（前368—前321）	
24	周慎靓王	姬定（？—前315）	6年（前320—前315）	
25	周赧王	姬延（？—前255）	60年（前314—前255），秦取九鼎	
26	周顺王	姬杰（？—？）	8年（前256—前249）	

前256年，秦取九鼎置于咸阳（途中一鼎落于泗水），迁西周公于憾狐。秦庄襄王元年（前249），东周君欲趁秦连丧昭襄、孝文二王合纵伐秦，秦庄襄王以吕不韦为大将，起兵十万，执东周君而归，尽收巩城等七邑，迁东周公于阳人之地。然而诸侯还有韩国、卫国、魏国、燕国、楚国、赵国、齐国、朝鲜国，周朝尚未彻底灭亡。前221年，秦先后灭韩、魏、赵、楚、燕、齐六国，统一天下。前194年，魏满灭周代最后一个诸侯国朝鲜，周朝彻底灭亡。

　　周朝是"华夏"一词的创造者与最初指代。《说文解字》中说："黄帝居姬水，以姬为氏，周人嗣其姓。"周公旦创建了一整套礼乐制度，包括饮食、起居、祭祀、丧葬等社会生活的方方面面，以施教化人。《周礼》是记录周代礼制的著作，倡导"经国家，定社稷，序民人，利后嗣"。周人"以人为本"的理性之光，穿破了商朝的宗教神秘，审美趋于"文德"，如《尚书》"敬天保民"、《诗经》之《周颂》。

　　周朝的语言为上古汉语，文字为甲骨文（西周初期曾使用）、金文。民间记事仍以龟甲和牛骨刻字记事为主，王室则以新兴锦帛等记事为主。两周的金文是书法艺术的第一个高峰，风格多样，佳作迭出。玺印文字还为后来的篆刻艺术提供了最早的典范。

上　西周

▎概述

西周的教育制度较发达，内容包括德行、技艺和仪容等。在国人乡里中设立的学校，称为庠（一说称序）。贵族子弟的教育更为完备，专设有小学、大学。贵族子弟满八岁入小学，到十五岁成童时入大学。

▎书体

西周书体有甲骨文、金文两种。周灭商之后，甲骨文延续了一段时间，之后就被金文取代。西周金文可分为早期、中期、晚期三个阶段，书风多元化，也在不断发展变化。

西周还出现了人造墨。据《述古书法纂》载，早在西周的周宣王时，"邢夷始制墨，字从黑土，煤烟所成，土之类也"，这是我国古代关于人造墨的最早记录。

一、甲骨文

西周甲骨文陆续出土于山西、河北、北京、陕西、河南等地的西周遗址中，以陕西周原地区（岐山县、扶风县一带）出土最多，其他各地是零星出土。

1977年，在陕西省岐山县凤雏村西周宫殿基址中发现了周初占卜记事的龟甲和牛肩胛骨，其中龟腹甲13600余片，牛肩胛骨300余片，内有289片龟腹甲刻有文字。每片字数各不相同，最少的仅1字，最多的有30字。1979年，在邻近的扶风县齐家村也发现和采集到22片甲骨，内有6片刻有文字。此地古称周原，是周人灭商前的都城遗址，出土刻辞龟甲与《诗·大雅·文王之什》中的"周原，堇荼如饴；爰始爰谋，爰契我龟"所记相合，故称"周原甲骨"。其研究形成甲骨学的一个分支学科，称为西周甲骨学。2003年以后，陕西周公庙遗址又有大宗甲骨出土，其中有字甲骨为688片，提供了更多的材料支持。

周原甲骨的字体小如粟米，笔画细如发丝，须放大五倍才能看清楚，显示出作者娴熟的书刻技艺。

西周甲骨文在字形上与殷墟甲骨文一脉相承，语法规范也与殷墟甲骨文近似，但是由于时代发展，字形、词汇、语义、语法上均有不同程度的变化。

二、金文

西周金文分为早、中、晚三个时期，这也和西周青铜器发展和演化分类相对应。

1. 西周早期金文

西周早期指武王、成王、康王、昭王四世，时间约70年。此期金文承商朝装饰性风格，大体可分为三类：

第一类是瑰异凝重风格：书法凝练奇古、雄伟挺拔，结体使用肥笔，起止不露锋芒，字的大小因体而施，自然得体。如成王时期的《何尊》《康侯簋》铭文，康王时期的《旗鼎》《大盂鼎》铭文。

第二类是雄奇恣放风格：有的遒劲中略带华丽，行气比较自由，有的则书写随意，不受严谨格局的束缚。从人形或以人、卩、斤、矢、页等为偏旁的字，以及有人肢体形状的象形字，都用肥笔突出描绘其形态，波磔现象也非常明显，故又称为波磔体，这是继承商代末期书体风格发展而成的。在同一篇铭文中相同的字写法多样，在其提捺轻重、形体大小等方面变化，如成王时期的《保卣》、康王时期的《作册大方鼎》、昭王时期的《召卣》和《令簋》铭文。

第三类是质相平实风格：字体平易古朴，结体不用肥笔，不露或甚少露锋。这种风格虽然数量不多，但朴素大方、书写便捷，如武王时期的《利簋》《天亡簋》等，成王时期的《何尊》《德方鼎》《保尊》《小臣单觯》《献侯鼎》《康侯鼎》等，康王时期的《鲁侯狱鬲》《旅鼎》《厚越方鼎》《小臣宅簋》等，昭王时期的《旂方彝》《旂尊》《旂觥》《令簋》《令方彝》《召尊》等。

【利簋】

简介

利簋又名武王征商簋、檀公簋、周代天灭簋，1976年出土于陕西省西安市临潼区零口镇。利簋是武王时期簋，上圆下方（西周初期铜簋的典型造型）。簋高28厘米，口径22厘米，重7.95千克，侈口，垂腹，兽首双耳垂珥，圈足下连铸方座。

利簋内底铸有铭文4行、33字（"武王"二字为合文），记载了武王伐纣这一重大的历史事件。

铭文

武王征商，佳（唯）甲子朝，岁鼎，克昏（闻）凤又（有）商，辛未，王在阑间师，赐又（右）吏（史）利金，用乍（作）檀公宝尊彝。

美学特征

书风朴素却不呆滞，布局欠规整，竖成列，横不成排，大小不均，象形性强，笔画浑厚凝重。"王"字最下的横笔粗肥，"又""史"的捺笔及"辛"字的竖笔皆有较明显的波磔。

【天亡簋】

简介

天亡簋又称大丰簋、朕簋，高24.2厘米，口径21厘米，底径18.5厘米，侈口，四兽首耳，下垂方珥。清代道光年间出土于陕西眉县，现藏于国家博物馆。器内底铸铭文8行、78字，记载了周武王姬发在伐纣灭商后举行祭祀大典。

铭文

乙亥，王又（有）大丰（礼）。王凡三方，王祀于天室。降，天亡又（佑）王。衣（殷）祀于王不（丕）显考文王，事喜（傧）上帝。文王德才（在）上，不（丕）显王乍（作）省，不（丕）肆王作赓。不（丕）克乞（迄）衣（殷）王祀。丁丑，王乡（飨）大宜。王降。亡得爵复觵。佳（唯）朕又（有）蔑，每（敏）扬王休于尊簋。

美学特征

末句"于尊簋"一说为"于白"。铭文布局较松散，字体大小不一，象形意味浓厚，较豪放涣漫。

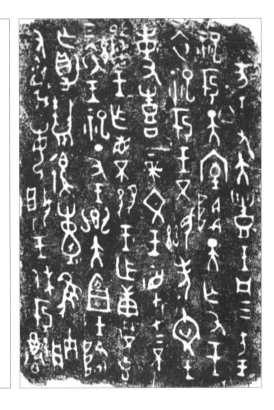

【何尊】

简介

何尊是成王时期青铜尊，造型浑厚，工艺精美。尊高38.8厘米，口径28.8厘米，重14.6千克。内底铸铭文12行、122字，记载了周成王亲政五年时在新建的东都成周（今河南洛阳）对其下属"宗小子"的训诰，其中提到武王在世时决定迁都洛邑，即"宅兹中国"，与《尚书》《逸周书·度邑》等文献记载可相互证。同时，何尊铭文是"中国"一词出土最早的见证。

铭文

唯王初迁，宅于成周，复禀武王丰福自天。在四月丙戌，王诰宗小子于京室，曰："在尔考公氏，克弼文王，肆文王受兹大命。唯武王既克大邑商，则廷告于天曰：'余其宅兹中国，自之于民。'呜呼！尔有虽小子无识，视于公氏有勋于天。彻命！敬享哉！"唯王恭德裕天，训我不敏。王咸诰。何赐贝卅朋，用作庚公宝尊彝。唯王五祀。

美学特征

体势严谨，结字、章法质朴，用笔方圆兼备、端严凝重。

【 德方鼎 】

简介

德方鼎高24.4厘米，口纵14.2厘米，口横18厘米，两只立耳，折沿浅腹、柱足细长。腹饰为兽面纹，两侧的龙形纹以细雷纹为底，足上端饰有牛首纹（西周早期方鼎造型更趋浅腹，足部细长）。

鼎腹内的底部铸有铭文5行、24字（"武王"二字为合文），记载了周成王在成周洛邑祭祀武王，贵族"德"因参与其事，受到成王赏赐，作器以记之。

铭文

隹（唯）三月，王才（在）成周，祉武王福自蒿（镐），咸，王易（赐）德廿朋。用作宝尊彝。

美学特征

"隹"字保留象形意味，"德"字由双立人和直组成，表示行为端直，而同时代的另一个"德"字下面又加了心，表意更为抽象。郭沫若因此推测周代繁形字体和简化字体都在使用。

【 叔夨方鼎 】

简介

叔夨方鼎于2000年底至2001年初在晋侯墓地出土，已碎为数十块，经拼合复原后发现其形制、纹饰与德方鼎颇类似，为直口、立耳、浅腹、平底、四柱足，口长18.5厘米、宽16.5厘米，腹深11.2厘米，通高27厘米。现藏于山西省考古研究所。

鼎腹内壁一侧铸有铭文8行、48字（其中合文一），记载了王在成周举行盛大祭典，会见臣下贵族，王对叔夨进行赏赐，叔夨为纪念铸造了这件铜鼎。这件方鼎是迄今所知唯一一件晋国第一代封君自作的青铜器。

铭文

隹（唯）十又四月，王尊大典，秉才（在）成周，咸贡王乎（呼）殷，人士端，叔夨，以衮车马贝朋，敢封王休，用乍（作）宝尊彝，其万年扬王光厥士。

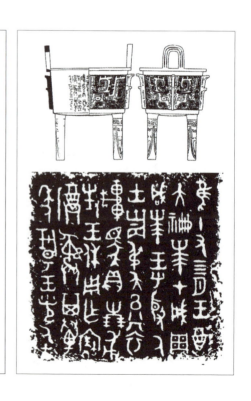

【尧公簋】

简介

尧公簋铭文记载尧公为姚作簋，时值周王命唐伯侯于晋，即成王二十八年。但成王在位共22年，因此有学者认为是成王第廿八次祭祀。

铭文

尧公作妻姚簋，遘于王令（命），易（唐）白（伯）侯于晋，唯王廿又八，祀⊠。

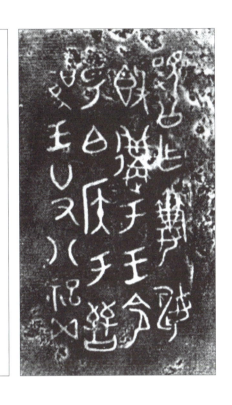

【太保鼎】

简介

太保鼎为康王时青铜器。内壁有铭文"大（太）保铸"。太保为官名，指辅助周王的要臣召公奭。据传此鼎为清道光、咸丰年间山东省寿张县梁山出土，同出的尚有敦、甗、彝等，即著名的"梁山七器"。

【禽簋】

简介

禽簋高13.7厘米，口径19.2厘米，小侈口，折沿，略鼓腹，高圈足，兽首双耳，下有较短的长方垂珥。颈和圈足均饰有三列云雷纹组成的兽面纹，颈部还增饰浮雕兽面纹。簋内有铭文23字，记载周成王伐盖侯之事。武王灭商后病亡，姬诵继位。因年幼，由周公摄政。商纣王之子武庚串通周朝贵族管叔、蔡叔和霍叔，联络淮夷、徐、奄、薄姑等邦国叛周，周公经过三年东征平叛。铭文中的"盖"指叛乱邦国奄；王指周成王；周公为东征主帅。成王征讨奄侯前，周公旦训导其子大祝伯禽，伯禽以脤器致祭，成王赏赐大祝伯禽金百寽，禽用作宝彝以资纪念，兼告慰祖先。

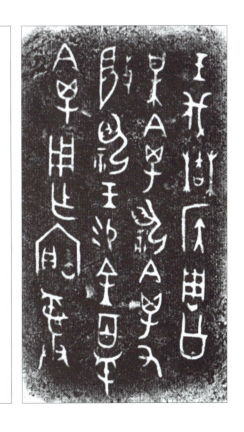

铭文

王伐奄侯，周公谋禽祝，禽又（有）脤祝，王易（赐）金百寽。禽用乍（作）宝彝。

美学特征

布局欠规整，字体大小不均，"祝"字像人体作跪跽状。

【盂爵】

简介

盂爵通高20.2厘米，传为清代道光年间出土，现藏于日本。铭文4行、21字，是西周爵铭中最长者，记载了周成王在成周举行祭礼，并派大夫盂慰问邓国君邓伯，赏赐金属铸爵作宝器以作纪念。作器者"盂"，与大盂鼎的作器者为同一人。

铭文

隹（唯）王初来于成周，王令盂宁登（邓）白（伯），宾贝用乍（作）父宝尊彝。

美学特征

字体大小不一，因铸于曲面，拓片文字略呈斜式。字体较为奔放。末字的"彝"因位置不够移在"尊"的右边。

【大盂鼎】

简介

大盂鼎又称廿三祀盂鼎，高101.9厘米，口径77.8厘米，重153.5公斤，1849年出土于陕西眉县礼村。铭文19行、291字，记载了康王向盂叙述周文王、武王治国有方主要是臣属从不酗酒，逢祭祀必恭敬，而商朝的灭亡就因为沉迷于酒，由此告诫盂要效法祖先，忠心辅佐王室，并赐盂命服、车马、酒与邦司、人鬲等。盂作此鼎也是为了祭祀祖父南公。

美学特征

书体严谨，质朴平实，用笔方圆兼备，雄壮而不失秀美，布局整饬中又蕴灵动，兼有"正气、贵气、灵气"，呈现出一种磅礴气势和恢宏格局。大盂鼎在成康时代当居首位，是西周早期金文的巅峰之作。

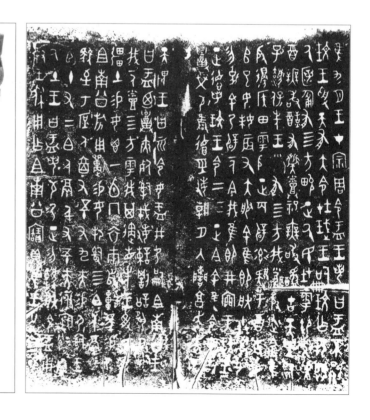

大盂鼎拓片（王启亮藏）

【庚嬴鼎】

简介

庚嬴鼎为康王（一说为穆王）时期器物，敛口鼓腹，窄沿方唇，口沿上有一对立耳，圜底三柱足。口下饰云雷纹填地鸟纹带，足上部饰兽面纹。

铭文

佳（唯）廿又二年四月既望己酉。王各（格）瑚（周）宫，衣事。丁子（巳），王蔑庚嬴历（厉），易（赐）裸璋、贝十朋。对王休，用乍（作）宝鼎（鼎）。

美学特征

布局规整，字体端庄，有清雅之气。

【鲁侯尊】

简介

鲁侯尊为康王时期器物，造型特殊，整体像筒状方尊，广口长颈，高方座，但两侧有兽首鋬，鋬下有下垂的鸟尾形装饰。尊腹内底铸有铭文22字，记载了鲁侯伐东国一事。

铭文

唯王令（命）明公遣三族伐东或（国），才（在）□鲁侯又（有）功，用乍（作）旅中彝。

【宜侯夨簋】

简介

宜侯夨簋为康王时期簋，因作器者夨而得名，1954年6月出土于江苏镇江大港镇烟墩山，现藏于国家博物馆。

簋内底铸铭文12行、120余字（有残缺）。记述了周康王册封夨为宜侯，并赏赐鬯、瓒、弓、箭、土地、庶人等。作器者夨原为虞侯，改封为宜侯。

【令彝】

简介

令彝又称矢夨父丁彝、矢令彝，1929年于河南洛阳邙山马坡出土（其中作册令方彝、作册令簋为同一个人所作器物），今存美国弗里尔美术馆。彝为长方体，通高34.1厘米，宽24.6厘米，口长19.3厘米，宽17.7厘米。盖及器腹饰双夔纹大兽面纹，口沿下饰双尾龙纹，方足座饰分尾鸟纹。自盖钮至足座四边皆附钩形扉棱，为昭王时期器皿。

令彝有铭文14行、187字，盖铭内容相同而行款稍异。铭文中出现了"康宫"字样，记述周公之子明保在成周举行祭祀并受命尹"三事四方"。大意是说，明公接受（昭）王之命出任"卿事寮"。他于十月癸未这一天的早上，上任前，他先来到成周；次日甲申到成周的京宫祭祀先王；再次日乙酉又到康宫祭祀前王；所有祭祀完毕之后，来到洛邑王城祭祀。最后落脚于王城。

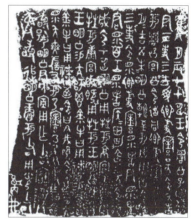

【师遽方彝】

简介

师遽方彝为恭王时期的青铜器，高16.4厘米，口沿纵长7.6厘米、横长9.8厘米，底部纵长7.5厘米、横长9.6厘米，重1.62千克。现藏于上海博物馆。

彝器和盖内都铸有相同的铭文，器6行，盖8行各铸67字，记载周王在王宫中举行酒宴，师遽向王奉献礼品，王命宰利赐给师遽玉圭等物品，师遽因以作器，以答谢天子的赏赐。

铭文

佳（唯）正月既生霸丁酉，王才（在）周康寝，乡（飨）醴，师遽蔑历侑，王乎（呼）宰利易（赐）师遽□圭一、环璋四。师遽拜稽首，敢对□天子不显休，用乍（作）文且也公宝尊彝，用万年亡（无）强（疆），孙子永宝。

美学特征

字体凝重，间距较密，章法纵向整齐。

【旅鼎】

简介

旅鼎为昭王时期青铜器，铭文中的"公大保"为周初重臣召公奭。

铭文

隹（唯）公大保来伐反夷，年才（在）十又一月庚申，公才（在）盩师，公易（赐）旅贝十朋，旅用乍（作）父尊彝。

美学特征

布局每竖列字数与字大小未能一律，书写较为恣意，个别字略有波磔。

【燕侯盂】

简介

燕侯盂是燕侯所作盂，具有盛饭的功用，高24.3厘米，口径33.8厘米，足径23.3厘米，1955年出土于辽宁省朝阳市喀喇沁左翼蒙古族自治县山嘴子镇海岛营子村，现藏国家博物馆。盂口内壁刻有5字铭文，证明了西周初年辽宁一带在燕国封地之内。

铭文

匽（燕）侯做馈盂。

美学特征

规整严饬，字距紧密，笔画均匀舒畅。

【过伯簋】

简介

过伯簋为昭王时期器皿，侈口，鼓腹，双耳垂珥，圈足下连铸方座，方座四面下方均有缺口。簋耳上端饰兽头，饰一周连续垂冠回首鸟纹，云雷纹为地纹，圈足饰云雷纹和兽面纹，方座开口上方亦饰兽头。内底铸铭文3行、16字，记载了过伯随昭王南征荆地一事。

铭文

过白（伯）从王伐反枹（荆），孚（俘）金，用乍（作）宗室宝尊彝。

美学特征

字体略呈长方形，"王""反"字的末笔都有明显的波磔，"宗""室""宝"三字的"宀"风格一致。纵向字距和横向行距都非常紧密。

【鄂监簋】

简介

鄂监簋为周王朝设置在鄂国的监国之官为其父辛所作之器，体现出西周王朝统治驾驭诸侯、方国的管理模式。

簋内壁和盖内铭文内容相同，字体略有差异。

铭文

噩（鄂）监乍（作）父辛宝彝。

美学特征

字体笔画较细，部分字具有西周早期金文的特征。

内壁铭文

盖内铭文

2. 西周中期金文

西周中期指穆王、恭王、懿王、孝王、夷王五世，时间约100年。由于朝廷大力提倡礼制以振兴王室权威，除了穆王晚期一些作战的铭文以外，多为册命记录，内容上多为封官、世袭等事。铭文末尾流行"子子孙孙万年永宝用"之类文辞，只有极少数铭文后铭有族氏名号。

西周中期金文与早期金文相比有明显区别：流行无波磔、两端平齐似圆柱的玉柱体（也称玉箸体），字体规整，横竖成行，行款舒展，纤细柔美。有的还在范上画好方格，再在格内填。中期铜器铭文向书写方向发展，穆王时期的许多铭文还保留肥笔首尾出锋的现象，比较接近"波磔体"。恭王以后则完全脱离了早期的端严凝重，逐渐形成一种笔道柔和、字画圆浑的风格。字体结构方面，穆王时期，"王"字下部显肥大；"宀"头两侧略有弧度地作锐顶耸肩；数字一至四的横笔前粗后细；"贝"字头上仍作平笔；"于"字不再有"弓"形。恭王时期的"公"字上两笔有的与口字分离。中期后段的"王"字下部肥笔不明显，甚至没有；"宀"头均作弧肩圆折；"贝"字下两笔移到外边，或封口或不封口；"其"字顶上的两笔向两边斜出。

西周中期铭文的书体风格可分为三类：

第一类是延续西周早期特征：字迹中依然可见肥笔，运笔舒展，字体间架较自然，但早期那种瑰异雄奇的风格已经消失，如穆王时期的鼎、簋、《登尊》《登卣》和《庚嬴卣》铭文。

第二类是主流的玉箸铭文书体：风格质朴端庄，笔画无波捺，两端平齐似圆箸，如恭王时期的《墙盘》《永盂》《卫盂》，懿王时期的《师虎簋》，孝王时期的《大克鼎》铭文等。这种风格一直持续到春秋中期。

第三类是草率松散类型：书风草率，结构松散，如穆王时期的《伯鼎》《伯簋》《共王十五年趞曹鼎》等铭文。

总体而言，西周中期金文是上承早期特征，下启晚期风范。

〖 四年兴盨 〗

简介

1976年12月，陕西省扶风县庄白村的一座古墓中出土了103件青铜器，其中带铭文者74件。在这些青铜器中，有一组属同一器主人——兴（原字为癞）。兴器的种类有盨、爵、钟、壶，其中铭文内容最齐整的是这件《四年兴盨》，时间为穆王时期。

铭文

佳（唯）四年二月既生霸戊戌，王才（在）周师录宫，各（格）大室，即立（位）。司马共右（佑）兴，王乎（呼）史□册，易（赐）敏勒、虢、巾䩞勒。敢对扬天子休，用乍（作）文考宝簋，兴其万年子孙其用宝寿。

美学特征

字体谨饬，章法规整，有一种庄严肃穆的风范。

【盠驹尊】

简介

盠驹尊为盛酒器，1955年出土于陕西眉县李村。尊高32.4厘米，长34厘米，有盖，腹侧饰圆涡纹，除腹部一侧饰以圆涡纹外，用写实的手法刻画了一匹马驹形象。由驹尊盖内的铭文及在驹尊腹内发现的另一件驹尊盖可知，盠所作驹尊共有两件，这和铭文中周王赐与盠的马数正合，因赐驹而铸驹尊，驹尊的形象应是按照周王所赐的马驹所造（昭陵六骏与此相类似）。盠驹尊如此写实的作品，在商周青铜器中十分罕见。驹胸部有94字，盖内有11字，内容为周王举行执驹礼，赏赐给盠两匹马驹，盠感激周王未忘其作为王室小宗之后裔，赞颂天子的恩德，作此驹形尊以祭祀先父大仲。

美学特征

字体结构较宽扁散漫，短笔较多。

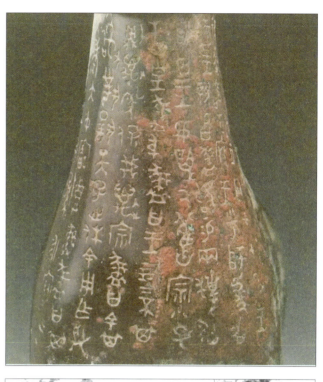

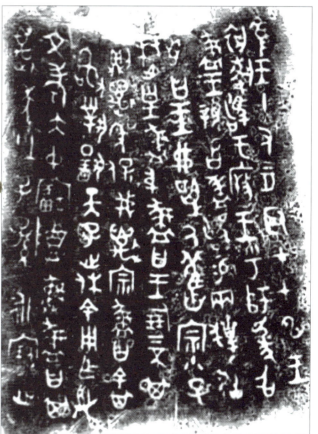

【裘卫四器】

简介

　　裘卫四器是指穆王廿七年卫簋、三年卫盉、五年卫鼎和九年卫鼎，1975年于陕西岐山董家村窖藏出土。最早的一件是穆王廿七年卫簋，作器时间为穆王廿七年，盖和器底各铸铭文7行、73字，记述了卫在穆王廿七年受到召见和封赏。五年卫鼎腹内铸铭文207字，记述邦君厉付给裘卫四田、划定地界之事。九年卫鼎腹内铸铭文195字，记述裘卫用车及车马饰等换取矩的下属颜的一块林地之事，是目前仅见的关于西周林地交换的资料。二十七年卫簋的器与盖各铸有相同的铭文73字，记述周王召见裘卫并赏赐命服等。三年卫盉盖内铸铭文132字，记述裘卫用玉器及礼服向矩伯换取十三田的经过。

 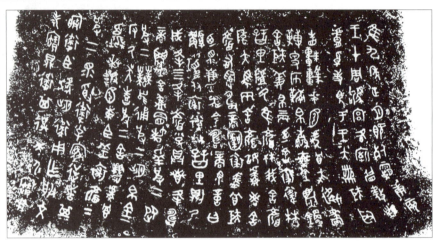

【虎盖簋】

简介

　　虎盖簋出土于陕西扶风法门寺（据吴大澂题跋）。盖面隆起，饰四道棱脊和波曲纹，上有莲瓣形捉手。

铭文

　　隹（唯）卅年三月初吉甲戌，王才（在）周新宫，各（格）于大室，密叔内右（佑）虎，即立（位）。王乎（呼）内史曰：册命虎。曰：□，乃且（祖）考事先王，司虎臣，今命女（汝）曰：更且（祖）考，疋师戏司走马驭人眔五邑走马驭人，女（汝）毋敢不善于乃政。易（赐）女（汝）□戟、幽黄、玄衣、屯、銮旗五日，用事……

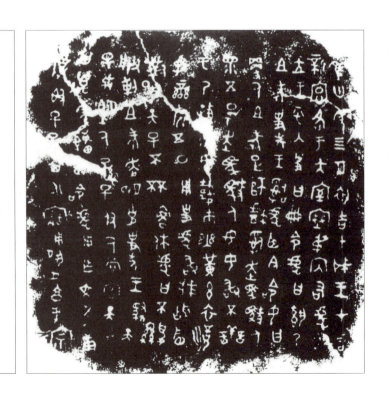

【 裘卫簋 】

简介

　　裘卫簋又名廿七年卫簋，为穆王时期器物，1975年2月出土于陕西岐山县董家村一号窖藏。簋通高23厘米，口径22.6厘米，腹深11.4厘米，重5.7公斤。侈口，圈足，有盖。盖冠作圈状，长舌兽首耳，有珥，下腹微向外倾垂，颈部饰以云雷纹填地的窃曲纹，窃曲纹之间用兽头相隔，下有阳弦纹一道；盖上饰窃曲纹，圈足饰弦纹一道。

铭文

　　隹（唯）廿又（有）七年三月既生霸戊戌，王才（在）周，各（格）大（太）室，即立（位）。南白（伯）入右裘卫入门，立中廷，北乡（向），王乎（呼）内史易（赐）卫缁市、朱黄、銮。卫拜稽首，敢对扬天子不（丕）显休。用乍（作）朕文且（祖）考宝簋，卫其子子孙孙永宝用。

美学特征

　　字形错落有致，纵向趋于齐整。

【 墙盘 】

简介

　　墙盘又名史墙盘，1976年出土于陕西扶风。盘型巨大，通高16.2厘米，口径47.3厘米，深8.6厘米，腹和圈足分别饰凤纹和兽体卷曲纹。底部铸有铭文284字，前段颂扬文王、武王、成王、康王、昭王、穆王、共（恭）王七代周王的功绩，后段记叙微氏家族高祖、烈祖、乙祖、亚祖、文考和做本盘者自身六代的事迹。墙盘所记述周王政绩与司马迁的《史记·周本纪》中的内容非常吻合，关于微氏家族发展史部分的内容则不见于文献，填补了西周国史微子家族的一段空白。

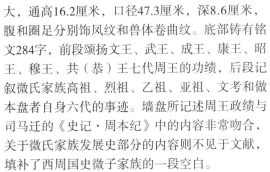

美学特征

　　字形整齐划一，笔式流畅。

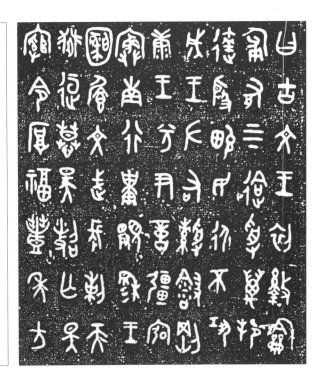

【德鼎】

简介

德鼎通高78厘米，口径56厘米，腹深35.4厘米，重84.86千克，敛口折沿，鼓腹圜底，一对立耳甚大，下设三条柱足，口沿下饰三组外卷角兽面纹，由两条夔龙组成，两侧为倒置的夔龙纹，足上部饰浮雕状外卷角兽面纹。德鼎造型较商代晚期已发生变化，口部呈桃形，器腹微垂，花纹构图趋于简略，层次也不甚丰富，表现出周人独特的简约风尚。

德鼎铭文2行、11字（有2字合文），记载了周臣"德"为周王进行一场祭祀，周王赏赐给"德"廿朋贝，即四十串贝币。

铭文

王易（赐）德贝廿朋，用乍（作）宝尊彝。

美学特征

字体笔画较细，大小不一，类似商代晚期金文风格。"王"字下面肥笔粗重，两角有波磔。"德"字中的"目"象形明显。

【豆闭簋】

简介

豆闭簋为穆王时期器物。簋高15.1厘米，宽32.5厘米，重5千克。弇口，圆鼓腹，圈足，腹两侧有兽首衔环耳，器身自上而下满饰平行的瓦棱纹。簋内底铸铭文9行、92字，记录了一次任命官员的典礼过程。

铭文

唯王二月既省（生）霸辰才（在）戊寅，王各（格）于师戏大室。井（邢）白（伯）入右（佑）豆闭，王乎（呼）内史册命豆闭。王曰：闭，易（赐）女（汝）哉衣、□、市鎜、旂。用乃且（祖）考事，司俞邦君司马弓矢。闭拜稽首。敢对扬天子不（丕）显休命，用乍（作）朕文考□叔宝簋，用易（赐）寿，寿万年永宝，用于宗室。

美学特征

字体规整，风格整饬。

【厚趠方鼎】

简介

厚趠方鼎因厚趠所铸而得名，其口沿外折，双立耳，方腹直壁，由上向下渐有收分，下有四条细长柱足，四隅有棱脊。腹四壁均饰兽面纹，兽面纹长角下垂于两侧。内壁有铭文5行、34字，记载了王在成周之年，厚趠受到廉公馈赠的事迹。

铭文

佳（唯）王各（格）于成周年，厚趠又（有）□于（濂）公，趠用乍彝（作厥）文考父辛宝尊，其子子孙孙永宝，束。

美学特征

末字应是厚趠家族的族徽。或为商代遗族，入周后继续保留了一些商的传统。

【禹鼎】

简介

禹鼎又称丰白鼎、周公东征方鼎，为穆王时期器物。通高26.8厘米，器高21.4厘米，形制和花纹特异，四壁饰相背的大鸟纹，相邻的两鸟纹会于四隅，鸟喙突出器外，形成扉棱，四足为立鸟形。立耳，直口方唇，腹壁较直，平底，柱足较高。1927年于陕西省宝鸡市斗鸡台戴家沟出土，现藏美国旧金山亚洲艺术馆。铭文半在器壁，半在器底，记述了周公征服东土四国后在周庙进行祭祀。

铭文

佳（唯）周公于征伐东夷、丰白（伯）、薄古，咸□。公归荐于周庙。戊辰饮秦饮，公赏禹贝百朋，用乍（作）尊鼎。

美学特征

布局规整，字体周正。

【 三年兴壶 】

简介

三年兴壶通高65.4厘米，口径19.7厘米，腹深48.4厘米，1976年12月于陕西省扶风县庄白村出土。整器造型庄重，纹饰古朴，束颈垂腹，下承圈足，大圆顶盖。盖榫外侧有铭文60字。

铭文

隹（唯）三年九月丁子（巳），王在郑乡（飨）醴，呼虢叔召兴，易（赐）羔俎；己丑，王在句陵乡（飨）逆酉，呼师寿召兴，易（赐）羲俎，拜稽首，敢对扬天子休用乍（作）子且宝文考尊壶，兴其万年永宝。

【 十三年兴壶 】

简介

十三年兴壶为懿王十三年铸器，通高59.6厘米，口径16.9厘米，腹围108厘米，腹深44厘米，重26千克。1976年12月于陕西省扶风县庄白村一号西周青铜器窖藏出土，现藏于陕西省周原博物馆。盖榫和颈外壁铸铭文56字，记载十三年九月戊寅日，兴陪同在成周的师徒滤宫入见周王，接受册赐一事。

铭文

隹（唯）十又三年九月初吉戊寅，王才（在）成周司土滤宫，各（格）大（太）室，即立（位）。迟父佑兴，王呼乍（作）册尹册，易（赐）兴画靳、牙僰、赤舄。兴拜稽首，对扬王休兴其万年永宝。

【泾伯卣】

简介	
	泾伯卣为西周中期诸侯国青铜器，铭文表示该器为泾伯所作。

内壁铭文 　盖内铭文

铭文

泾白（伯）乍（作）宝尊彝。

美学特征

布局不规整，书体豪放，个别笔画存在波磔。

【騂粗尘甗】

简介	騂粗尘甗铭文表明器主之名为騂麤塵（粗尘）。
铭文	騂粗尘乍（作）旅甗。
美学特征	

笔画均匀，未见粗笔波磔，具有西周早期向中期过度的字体特征。

【伯武父鼎】

简介	

伯武父鼎铭文记载伯武父用宗庙祭祀祖考之礼器宴飨朋友、婚媾，特作此鼎。

铭文

白（伯）武父乍（作）妻宝鼎，其朝夕用乡（飨）朋友，□彝于宗室。

美学特征

字体大小不一，布局前松而后紧，但已显开阔宽松之势，脱尽拘谨之貌，带有恭王、懿王时期金文特征。

【大克鼎】

简介

  大克鼎又称膳夫克鼎，是孝王时期贵族"克"为祭祀祖父而铸造。清代光绪年间于陕西省扶风县出土，现藏上海博物馆。鼎高93.1厘米，重201.5千克，口径75.6厘米。造型宏伟古朴，线条雄浑流畅。鼎腹内壁铸有铭文2段、28行，290字，记录了克凭借先祖功绩，接受周王的策命和大量土地、奴隶的赏赐。

铭文

  克曰：穆穆朕文且师华父，恩襄（让）氒心，宁静于猷，淑哲氒德。肆克龏（恭）保氒辟龏（恭）王，谏（救）辥（乂）王家，叀（惠）于万民。柔远能迩，肆克口于皇天，琐于上下，得屯亡敃（泯），易（厘）无疆，永念于氒孙辟天子，天子明哲，显孝于申（神），坙（经）念氒圣保且师华父，（龠力）克王服，出内（纳）王令，多易宝休。不显天子，天子其万年无强，保辥（乂）周邦，尹四方。王才宗周，旦，王各（格）穆庙，即立（位），縄季右（佑）善夫克，入门，立中廷，北向，王乎尹氏册令善夫克。王若曰："克，昔余既令女出内朕令，今余唯縄就乃令，易女叔市、参同（綱）中悤。易女田于野，易女田于渒，易女井家（勹累）田于（山），以氒臣妾，易女田于康，易女田于匽，易女田于隒原，易女田于寒山，易女史小臣、灵箕、鼓钟。易女井徽（勹累）人。易女井人奔于粮，敬夙夜用事，勿法朕令。"克拜稽首，敢对扬天子不显鲁休，用乍文且师华父宝彝，克其万年无疆，子子孙孙永宝用。

美学特征

  文字规范，字迹优美，笔画圆润，结构和谐，铭文按照墨书原本先刻出模型再翻范铸造，其格式、体例及铸刻方法，在书法史上具有重要地位。

【宝父鼎】

简介

宝父鼎通高26厘米，口径24.9厘米，敛口窄沿，腹部下垂，底近平，三柱足较矮，双立耳的上部较宽，口下饰垂冠回首尾下卷作刀形的夔纹一周。

铭文

佳（唯）六月既生霸庚寅，王各（格）于大（太）室，司马井（刑）白（伯）右（佑）师□父，王乎（呼）内史驹册令（命）师□父，易（赐）缁市、冋黄（衡）、玄衣、黹屯（纯）、戈琱、旂（旗），用司乃父官、友，□父拜稽首，对扬天子不□鲁休，用追考（孝）于剌中（仲），用乍（作）尊鼎，用匄眉寿、黄耇、吉康，师□父其万年，子子孙孙永宝用。

【士山盘】

简介

士山盘为懿王时期器皿，铭文记载周王在周新宫太室举行对士山的册命，命其前往菏国（今陕西商洛地区），随后去征收都方（今陕西商州东南）和楚国的职事贡赋。

铭文

佳（唯）王十又六年九月既生霸甲（丙）申，王才（在）周新宫，王各（格）大（太）室，既立（位），士山入门，立中廷，北乡（向）。王乎（呼）乍（作）册尹册令（命）山曰：于入菏侯，出征（惩）蘮（都）刑。方，服眔大虘，服履，服六蛮，服菏侯，蘮（都）方宾贝、金。山拜稽首，敢对扬天子不显休，用乍（作）文考釐（厘）中（仲）宝尊般（盘）盉，山其万年永宝。

美学特征

字体结构较为开扩敦厚，布局略显散漫，带有西周中期后段的特征。

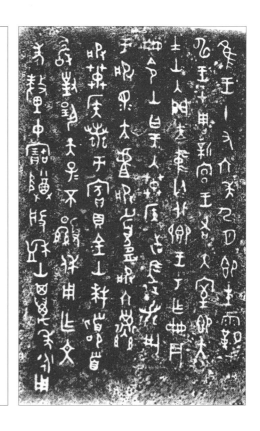

【康鼎】

简介

康鼎高22厘米，腹深11.1厘米，口径23.1厘米，重3.2千克。体呈半球形，窄沿方唇，沿上有一对立耳，圆底三蹄足。

铭文

唯三月初吉甲戌，王才（在）康宫，荣白（伯）内（入）右（佑）康，王命死司王家，命女（汝）幽黄（衡）、鋚革（勒），康拜稽首，敢对扬天子不（丕）显休，用乍（作）朕文考厘，白（伯）宝尊鼎，子子孙孙，其万年永宝用。奠（郑）井（井）。

【覎簋】

简介

覎簋铭文记录周王在宗庙太室对覎册命，强调覎继续担任其祖先的冢司马职位，并获十锊的俸禄，赏赐覎舆服、旗帜等。覎铭谢天子恩德，作簋祭祀先祖幽伯。铭文字体符合恭王时期金文风格。

【服方尊】

简介

服方尊通高22.6厘米，腹深17.5厘米，口径19.7厘米，重3.64千克。圆口方体，四隅有扉棱，腹两侧各有一个象鼻形鋬，腹和圈足的前后亦有扉棱。颈饰凤纹和夔纹，腹饰夔头组成的兽面纹，圈足饰垂尾鸟纹，通体以云雷纹填地。尊内底铸铭文14字。

铭文

服肇夙夕明享，乍（作）文考日辛宝尊彝。

美学特征

字体大小、长短各异，布局也较松散。

【召簋】

简介

召簋铭文记载周王在太室对召进行册命，赐其丝衣、蔽膝等物品，并命召履行职务，召向周王叩拜，赞颂王德，铸此宝簋以纪念其先父日癸。

铭文

隹（唯）四月初吉，王才（在）周，各（格）大（太）室。既立，井白（伯）入，司召，王才（在）□吏（使）册令召曰：易（赐）女（汝）玄衣、潢□哉，市、幽黄、全□。曰：用吏（使）。召稽首，对扬王休，用□文考，丁癸尊簋。

美学特征

铭文布局规整，笔画粗细一致，风格典雅。

【扬簋】

简介

扬簋为弇口，圆鼓腹，圈足下有三屈折状短足，二附耳各衔有套环，器盖已失。腹饰瓦棱纹，颈上与圈足各有一道窃曲纹，圈足上与短足对应处各铸一兽头，为西周中期器物。

铭文

隹（唯）王九月既生霸庚寅，王在周康宫。旦，各（格）大（太）室，即立（位）。司徒单白（伯）内右（佑）扬。王乎（呼）内史史先册命扬。王若曰：扬，作司工。官司量田、佃、眔，司寇，眔司工事。易（赐）女（汝）赤□市、銮、旂（旗）。讯讼，取五锊。扬拜手，稽首。敢对扬天子不（丕）显休，余用作朕烈考宪白（伯）宝簋。子子孙孙其万年永宝用。

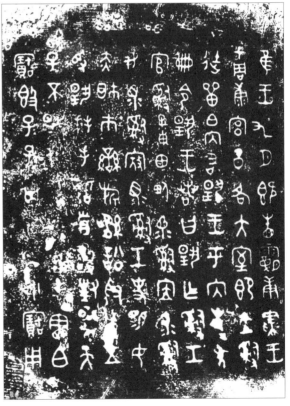

【 师遽簋 】

简介

师遽簋是恭王时期的青铜器，出土于陕西省岐山县。师氏是西周官名。簋盖铭文中的师氏有正副职之分，王征召"正师氏"，叫他亲自赏赐给师遽贝十朋，可见师遽是副职以下的师氏。器主师遽作器不称父考名，而称毛叔，表明其父应该是毛氏小宗，也即类似毛族大叔、小叔等。

铭文

佳（唯）王三祀四月既生霸辛酉，王才（在）周，客（格）新宫，王诞（征）正师氏，王乎（呼）师朕易（赐）师遽贝十朋，遽拜稽首，敢对扬天子不杯休，用乍（作）文考旄叔尊簋，世孙子永宝。

美学特征

字体大小不一，错落有致，章法较为松散。

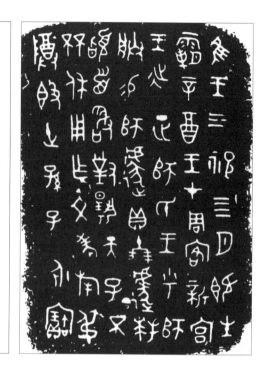

【 达盨盖 】

简介

达盨盖为懿王时期器皿，1984年出土于陕西省西安市长安区马王镇张家坡西周墓。盖通高0.7厘米，长12厘米，厚0.2厘米，这是镶在漆盨盖上的铜板，漆盨已朽没，只留下青铜圈足和盖、器内的铜板。中间微鼓，呈弧形，背面中央有一小钮，中有穿孔。

铭文记事为周王行"执驹"礼并赐臣下以驹，其呼召者的职官为"雟"。

铭文

佳（唯）三年五月既生霸壬寅，王才（在）周，执驹于滆□，王乎（呼）雟趄召达，王易（赐）达驹。达拜稽首，对扬王休，用乍（作）旅盨。

美学特征

字体大小相对均衡，章法较为整齐。

【再簋】

简介

　　再簋铭文7行、49字（"一子"为合文），讲述遣伯赏赐再礼器，再用于祭享先人，祈求长寿。再的先父生前遵循遣姬、遣伯的美德善言，使得再强干。再希望先父赐福保佑。

铭文

　　遣白（伯）乍（作）再宗彝，其用夙夜亯（享）邵（昭）文神，用禩（祀），旂（祈）眉寿。朕文考其坙（经）遣姬、遣白（伯）之德言，其竞余一子；朕文考其用乍（作）厥身，念再戋（哉）！亡匄（害）！

【太师虘簋】

简介

　　太师虘簋体矮，腹鼓，圈足，颈两侧有风格独特的兽头鋬。簋有盖，盖顶捉手作喇叭形。盖面与器腹均饰竖直纹，颈部及圈足上各饰粗弦纹。

　　簋盖内和器底铸对铭7行、70字，记录周王赐太师虘一件虎袍，太师虘为了答谢和宣扬天子显赫的赏赐，制作了这件宝簋。

　　这篇铭文记时很完整，有年、月、月相、干支日。在万余件有铭文的殷周青铜器中，像此簋般完整记时的不过30余件，是研究西周历法和年代的极珍贵资料。

铭文

　　正月既望甲午，王才（在）周师量宫。旦，王各（格）大室，即立（位）。王乎（呼）师晨召太师虘入门，立中廷。王乎（呼）宰易（赐）太师虘虎裘。虘拜稽首。敢对扬天子丕显休，用乍（作）宝簋。虘其万年永宝用。隹（唯）十又二年。

【任鼎】

简介

任鼎又名史献鼎，宽体垂腹，双立耳，口微侈，细柱足，通高32厘米，耳高5.5厘米，柱足高10.5厘米，口径30厘米，最大腹径30.5厘米。腹内有铭文63字。

铭文

佳（唯）王正月，王才（在）氏。任蔑历，使献为□于王鼎，尽买。王使孟联父灭历，易（赐）艇牲太牢，又克□束，大□，苟，□。敢对扬天子休，用乍（作）厥皇文考父辛宝鼎彝。其万亡（无）彊（疆）。用各（格）大神。□。

美学特征

折笔较多，"王"字最下横笔还留有粗笔，"宝"字的"宀"旁两边出檐，略带西周中期偏早的特点。

【晋侯簋】

简介

晋侯簋高38.4厘米，口径24.8厘米，侈口束颈，鼓腹，圈足下联铸方座，一对兽首耳下有卷鼻形垂耳，盖上有圈形捉手。盖沿、器颈、器腹和圈足均饰兽目交连纹。1992年出土于山西省曲沃县曲村镇北赵村。

铭文

佳（唯）九月初吉庚午，晋侯□乍（作）簋用喜（享）于文□（祖）皇考，其万亿永宝用。

  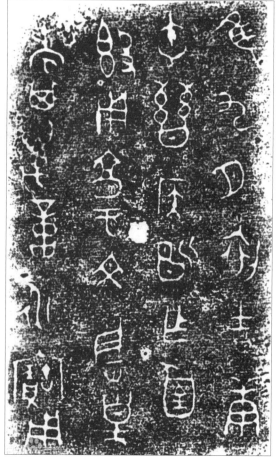

【典簋】

简介

典簋器主为典，或为盐池低级盐吏或邑主的家臣。

铭文

佳（唯）廿年又（有）四年才（在）八月既望丁子（巳），易（赐）廪卤百车。典用乍（作）厥文考宝簋。

美学特征

结构宽博，大小长短参差，行列布局稍显涣散，一些笔画还保留了肥笔现象。

【南姞甗】

简介

南姞甗是南姞为其夫伯氏所作祭器。

铭文

南姞肇乍（作）厥皇辟白（伯）氏宝鼎彝。用百福，其万年孙孙子子用宝用。

美学特征

字体大小和章法布局略有参差。

【矜簋】

简介

矜簋铭文记载了周王在宗周的太室内册命矜为郑地的长官，并发放俸禄，矜为先祖丰仲铸此宝簋。

美学特征

字体小而拘谨，个别字略带有粗笔，带有西周中期偏早的特点。

3. 西周晚期金文

西周晚期指厉王、宣王、幽王三世，时间约90年。此时铭文多长篇，末尾多有套辞，如"万年无疆"之类辞句。很多器铭属于韵文，文学方面非常有特色。书体布局则工整规范，横成排，竖成列，在少数器铭拓本上可看到清楚的长方格，表明当时在制范时是先画格后按格作字的。

西周晚期的字形特征也较明显：一是普遍作长方形，字形大小相近；二是笔道大多为细劲均匀的线条，仅个别字，如"天"字上一横，"旦"字下一横仍有作圆点状者，"丁"字仍多写成圆点（旧时称为玉箸体）。由于字形典雅，行列整齐，所以总体上显得庄重、肃穆。金文的玉箸体起源于中期末叶，但盛行于西周末期。

西周晚期金文大体可分为三类。

第一类是工整圆润类型：这是大篆最成熟的形态，如《厉王簋》《毛公鼎》铭文。

第二类是刚劲茂隽类型：笔势匀称，纵横成行，颇具籀文的艺术风格，如宣王时期的《虢季子白盘》。这种书风直接影响到春秋时期的《秦公簋》《秦公镈》以及《石鼓文》等书体。

第三类是延续中期书风：趋于保守而少变化。

【毛公鼎】

简介

毛公鼎因作器者毛公而得名，通高53.8厘米，口径47.9厘米，直耳，半球腹，足为兽蹄形，矮短而庄重，口沿饰环带状重环纹。整体浑厚凝重，饰纹简洁古朴，是鼎由宗教转向世俗生活的代表作品。鼎内铭文达499字，为商周青铜器中铭文最长者，被赞"抵得一篇《尚书》"，讲述宣王即位，亟思振兴朝政，请叔父毛公治理国家内外政务，并饬勤公无私，最后颁赠命服厚赐，毛公因而铸鼎传示子孙永宝。

铭文

王若曰：父歆，丕显文武，皇天引厌厥德，配我有周，膺受大命，率怀不廷方亡不觌于文武耿光。唯天将集厥命，亦唯先正略又厥辟棐，爵董大命，肆皇天亡，临保我有周，丕巩先王配命，旻天疾威，司余小子弗及，邦将曷吉？迹迹四方，大从丕静。呜呼！惧余小子溷湛于艰，永恐先王……

美学特征

书体为高度成熟的金文风貌，瘦劲修长，仪态万千。章法纵横宽疏，错落有致，天真烂漫。笔法圆润精严，线条浑凝拙朴，用笔以中锋裹毫为主，收笔未笔笔中锋，只是轻按笔锋停止即可，即"平出之法"。毛公鼎书法因饱满庄重，充满汉字造型之古典美，为金文临习的重要范本。

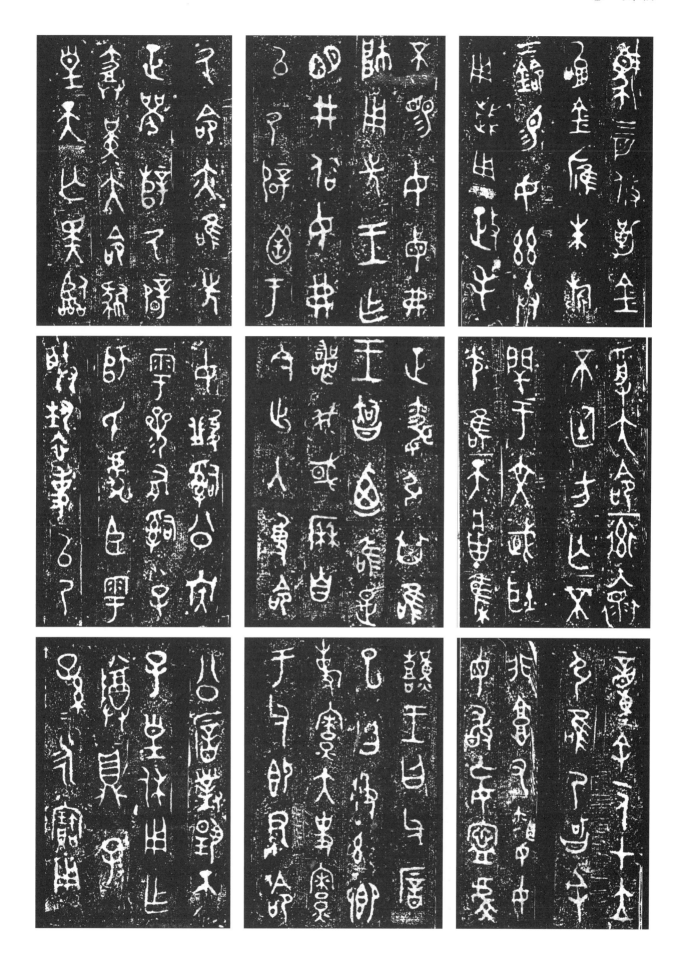

【 番匊生壶 】

简介

番匊生壶是厉王时期的陪嫁酒壶，为番匊所铸。壶呈圆形，高束颈，宽垂腹，高60.9厘米，通体布满水波状花纹，颈部铸有两只口衔细环的夔龙作为壶耳，现藏于美国旧金山亚洲艺术博物馆。

铭文

佳（唯）廿又六年十月初吉己卯，番匊生铸媵壶用，媵厥元子孟妃乖，子子孙孙永宝用。

美学特征

字体大小不一，布局错落，有种天真烂漫之趣。

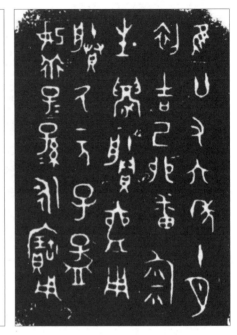

【 兮甲盘 】

简介

兮甲盘也称兮田盘、兮伯盘、兮伯吉父盘，因制作者兮甲（尹吉甫）而得名。盘体呈圆形，盘沿边缘饰有花纹，底座圈足缺失。盘内底铸有铭文133字，记述了宣王伐严允（原作猃狁）之战，兮甲因战功而受赏赐。

铭文

佳（唯）五年三月既死霸庚寅，王初各（格）伐猃狁于余吾，兮甲从王，折首执讯，休亡敃（愍），王赐兮甲马三匹，驹（駒）车，王令甲政（征）司（治）成周四方责（积），至于南淮夷，淮夷旧我帛畮（贿）人，毋敢不出其帛、其责（积）、其进人、其贾，毋敢不即次即市，敢不用令（命），则即井（刑）扑伐，其佳（唯）我诸侯、百姓，厥贾，毋不即市，毋敢或入蛮，宄贾则亦井（刑）。兮伯吉父作般（盘），其眉寿万年无疆，子子孙孙永宝用。

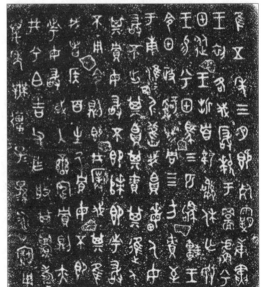

【陈侯簋】

简介

陈侯簋为侈口、折沿、浅腹略鼓，口沿下饰火纹，有浮雕兽首居中，腹饰波曲纹，两端饰有对称龙型耳，现藏于上海博物馆。器底铸铭文，记为姬夫人作此簋。

该种形制的簋在周朝十分常见，并相沿至汉唐。宋代把此种器形借鉴到瓷器上，两宋官窑用器多见此形态。元代也有此种形制的青花器。明、清代均有类似此形制之铜香炉，堪称经典形制。

铭文

敶（陈）侯乍（作）嘉姬宝簋，其万年子子孙孙永宝用。

美学特征

字体较规整，大小错落，有一种古朴稚拙之趣。

【史颂鼎】

简介

史颂鼎通高37.3厘米，口径35.7厘米，重14.7公斤。该鼎口部微敛，下腹外鼓，方唇宽沿，立耳蹄足。颈部饰有三组变形兽面纹（窃曲纹），间隔以六道棱道，腹部饰宽大的环带纹，三足上部饰浮雕兽面。

铭文

隹（唯）三年五月丁子（巳），王才（在）宗周，令史颂省苏□友、里君、百生（姓），帅堝盩于成周，休又（有）成事，苏宾璋、马三匹、吉金，用乍（作）□□，颂其万年无彊（疆），日扬天子景令（命），子子孙孙永宝用。

美学特征

字体规整，布局均衡，整体有端庄凝重之感。

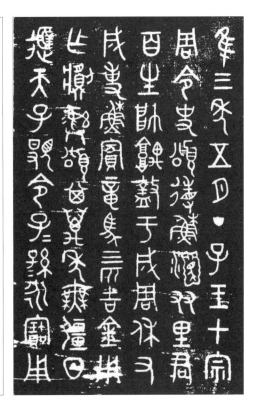

【散氏盘】

简介

散氏盘又称夨人盘，因铭文中有"散氏"字样而得名，清代乾隆初年出土于陕西凤翔。盘高20.6厘米，口径54.6厘米，圆形浅腹，双附耳，高圈足。腹饰夔纹，圈足饰兽面纹。内底铸铭文19行、357字，记述夨人付给散氏田地之事，并详记田地的四至及封界，最后记载举行盟誓的经过。

美学特征

字体朴拙，线条厚实。字形构架不固定，生动活泼，但却自然浑成。尤其是经过铸冶、捶拓之后，许多长短线条之间，不是呈现对称、均匀的规则，而是展现出不规则的趣味。圆笔、钝笔交叉使用，圆笔蕴含刚劲，钝笔并不滞涩。字型结构注重避让，但又不忸怩造作，在质朴中见精到。用笔凝重含蓄，朴茂豪迈，将稚拙与老辣、恣肆与稳健、粗犷与内蕴完美结合，有"拙""野"之气，故称"草篆"。

【颂鼎】

简介

颂鼎是宣王时的史官"颂"所作三件青铜鼎。

铭文

佳（唯）三年五月既死霸甲戌，王才（在）周康邵宫。旦，王各（格）大室，即立（位）。宰引右（佑）颂入门立中廷。尹氏受（授）王令（命）书，王乎（呼）史虢生册令（命）颂。王曰：颂，令（命）女（汝）官司成周贮廿家，监司新造贮用宫御。易（赐）女（汝）玄衣黹纯、赤市、朱黄、銮、旂（旗）、攸勒。用事。颂拜稽首，受令（命）册，佩以出，反（返）入觐璋。颂敢对扬天子不（丕）显鲁休，用乍（作）朕皇考龚叔、皇母龚姒宝尊鼎。用追孝，祈介康 纯右（佑）通禄永令（命）。颂其万年眉寿，畯臣天子灵终，子子孙孙宝用。

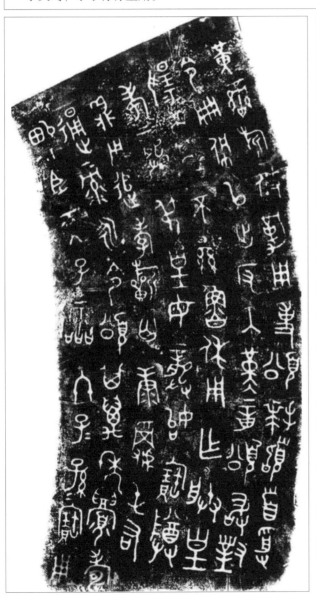

〖 虢仲簠 〗

简介

虢仲簠于1992年12月在河南省三门峡市上村岭虢国墓地出土。

簠内铸有铭文3行、17字（重文有2）。内容只记录作器者名，未记录作器缘由。

铭文

虢中（仲）乍（作）丑姜宝簠，其万年子子孙孙永宝用。

美学特征

字体大小不一，线条较细。章法布局纵、横较为规整。疏密随字体大小而变化，如"虢""丑""簠""宝"的笔画多而字大，"中""永"等字的笔画少而字小，周边留白相对较多，疏密错落显得自然。

〖 南宫柳鼎 〗

简介

南宫柳鼎通高38.8厘米，口径40厘米，腹深21.9厘米，重10.4千克，双立耳，平折沿，三蹄足，深腹圜底。口下饰垂冠回首夔龙纹。

铭文

隹（唯）王五月初吉甲寅，王才（在）康庙，武公有（佑）南宫柳即立（位）中廷，北卿（向）。王乎（呼）乍（作）册尹册令（命）柳：司六自（师）牧场大友，司羲夷场佃史（事），易（赐）女（汝）赤市、幽黄（衡）、攸（鋚）勒。柳拜稽首，对扬天子休，用乍（作）朕烈考尊鼎，其万年子子孙孙永宝用。

美学特征

字体凝重中富于变化，章法规整中有自由之趣。

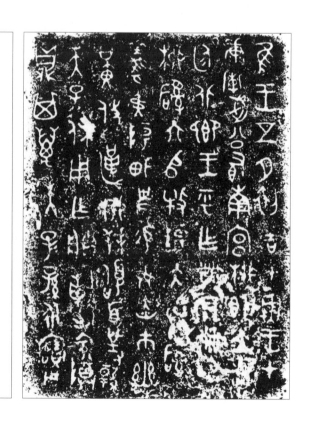

【丰邢叔簋】

简介

丰邢叔簋又名丰井叔簋，为西周晚期青铜器，1978年5月于陕西省扶风县齐村出土。通高18厘米，口径21厘米，腹深12厘米，重5.85千克。鼓腹弇口，圈足下有三附足，双耳作卷鼻兽首形，口下饰窃曲纹，腹饰瓦纹。

簋内底铸铭文3行、18字（重文有2），内容只记载作器者名，未记录作器缘由。

铭文

丰井（刑）叔乍（作）白（伯）姬尊簋，其万年子子孙孙永宝用。

美学特征

字体大小不一，"白"为三角形，"井""乍""叔""簋""永"为方形，余字基本为纵长形。整体纵向整齐，横向错落，间距不一，显得自由散漫。

【虢文公子段鼎】

简介

虢文公子段鼎又名虢文公鼎、虢公子鼎，现藏于辽宁省旅顺博物馆。通高28.9厘米，口径31.4厘米，平沿，方唇，立耳，腹部成半球形，底近平，素面蹄足，口沿下饰兽目交连纹，腹部饰有波曲纹。间隔以弦纹。

鼎内壁铸有铭文4行、20字，表明为虢文公子段所作叔妃鼎。

铭文

虢文公子段乍（作）叔妃鼎，其万年无彊（疆），子孙用宝用享。

美学特征

字体因势成形，错落有致，自有一种雄强气势。

【 四十三年逨鼎 】

简介

四十三年逨鼎有10只，造型敦厚，方唇折沿，立耳宽厚，宽体垂腹，底近平，三蹄足。口沿下饰变形兽面纹，腹饰波曲纹，蹄足上部饰有浮雕兽面，每组变形兽面纹间、足部的兽面鼻梁皆设宽厚的扉棱。2003年于陕西宝鸡眉县杨家村出土，为周宣王时器。铭文31行、316字，记述了王在周康宫，逨因担任虞林供应王室山泽物产有功，册封为官司历人，王训导其如何施政，并赏赐了矩鬯一卣、玄色礼服、赤色鞋子、驹车一乘。逨答谢天子赏赐，为祭祀亡父龚叔制作了这个鼎。

铭文

隹（唯）卌又三年六月既生霸丁亥，王才（在）周康宫穆宫。旦，王各周庙，即立（位），司马寿右虞逨，入门，立中廷，北向。史减授王令（命）书，王乎（呼）尹氏册令（命）逨。王若曰：逨，丕显文武，膺受大命，匍（敷）有四方。则□唯乃先圣且（祖）考，夹召（绍）先王，劳菫（勤）大令（命），奠周邦。肆余弗忘圣人孙子，昔余既令（命）女（汝）疋（胥）荣兑，摄（摄）司四方虞林，用宫御。今余隹（唯）至（经）乃先且（祖）考，又（有）勋于周邦，□（縄）□（就）□乃令（命）。令（命）女（汝）官司历人，毋敢荒宁，虔夙夕惠拥我邦小大猷。零乃敷政事，毋敢不□（规）不型，零乃讯庶又（有）粦（邻），毋敢不中不型，毋龏橐，龏橐隹（唯）又（有）宥从（纵），乃侮鳏寡，用乍（作）余我一人死，不小（肖）隹（唯）死。王曰：逨，易（赐）女（汝）秬鬯一卣，玄衮衣，赤舄，驹车：棽较、朱𩵋、靳靳、虎冟（幂）熏里，画□画□，金甬，马四匹，攸（鋚）勒。敬夙夕，勿废朕令（命）。逨拜稽首，受册佩以出，反（返）入（纳）菫（瑾）圭。逨敢对天子不（丕）显鲁休扬，用乍（作）朕皇考龚（恭）叔将彝，皇考其严才（在）上，廙（翼）才（在）下，穆穆秉明德，丰丰勃勃，降余康娱、纯右、通禄、永令（命），眉寿绰绾，畯臣天子，逨万年无疆，子子孙孙永宝用享。

【颂壶】

简介

　　颂壶因作器者为"颂"而得名，共有两件，一有盖，一无盖。壶器身呈椭方形，颈饰环带纹，颈两侧各有一兽首耳衔环，腹部四面各装饰环带纹和浮雕双身蛟龙纹，方圈足饰垂鳞纹和窃曲纹。铭文内容记载了宣王在康昭宫的太室对颂进行册命赏赐，命颂掌管成周的二十家商户，监理新设的商贾，为内廷宫室提供物资货物。

铭文

　　隹（唯）三年五月既死霸甲戌，王在周康邵宫，旦，王各（格）太室，即立（位）。宰弘右颂入门，立中廷，尹氏受王令（命）书，王乎（呼）史虢生册命颂。王曰：颂！令女（汝）官司成周贮廿家，监司新造贮，用宫御。易（赐）女（汝）玄衣黹纯、赤市、朱黄（璜）、銮旗、攸勒用事。颂拜稽首，受令（命）册，佩以出，返入觐璋。颂敢对扬天子不（丕）显鲁休，用乍（作）朕皇考龚叔、皇母龚始宝尊壶，用追孝祈介康司纯右、通禄永令，颂其万年眉寿，畯臣天子，灵终，子子孙孙宝用。

美学特征

　　颂壶铭文外围有方格，按格作字，规矩工整，字体是西周晚期典型的玉箸体，字形趋长方形，大小相近，笔道细劲均匀，线条柔和。典雅整齐，尽显庄重肃穆。

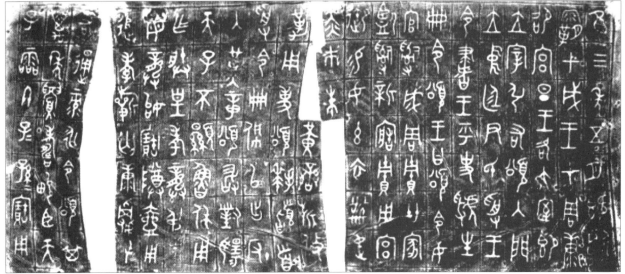

【柞伯鼎】

简介

　　柞伯鼎为柞伯率领蔡侯攻伐南国昏邑而铸造。

铭文

　　佳（唯）四月既死霸，虢中（仲）令（命）柞白（伯）曰：在乃圣祖周公，繇又（有）共于周邦。用昏无及，广伐南国。今女（汝）其率蔡侯，左至于昏邑。既围城，令（命）蔡侯告征（遂）虢中（仲）遣氏曰：既围昏。虢中（仲）至，辛酉尃（博）戎。柞伯执讯二夫，获馘十人。諆（其）弗敢怺（昧）朕皇祖，用作朕剌（烈）祖幽叔宝尊鼎。諆（其）用追享孝，用祈眉寿万人（年），子子孙孙其永宝用！

美学特征

　　字体多折笔，劲健有力。

【射壶】

简介

　　射壶共一对，壶主名射，为尹叔家臣，尹氏赏赐给射铜材，射作壶一对以祭享先父。

美学特征

　　二壶器铭均有阳线方格，以显铭文之规范整齐，字体笔画较细，布局错落有致。

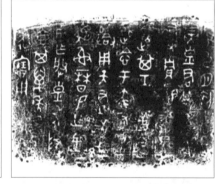 

【仲山父戈】

简介

仲山父戈的主人仲山父为鲁献公次子，封地为樊，曾大力推行经济改革，是"宣王中兴"的功臣。

铭文

中（仲）山父用。

美学特征

笔画均匀，"山"字下部为圆笔，婉转流畅。

【逨钟】

简介

逨钟铭文记载了逨继承祖先崇德，辅佐周王，管理天下虞林之资，为纪念亡父龚叔而作此钟。

美学特征

布局规范，笔画圆润，字形典雅。

【楷侯贞盨】

简介

楷侯贞盨是楷侯贞自作用器。盨为盛食物礼器，椭圆口，有盖，两耳，圈足或四足，从簋变化而来，西周中期偏晚时候开始流行。

美学特征

字体较长，笔画均匀，与大克鼎铭文特征相近。

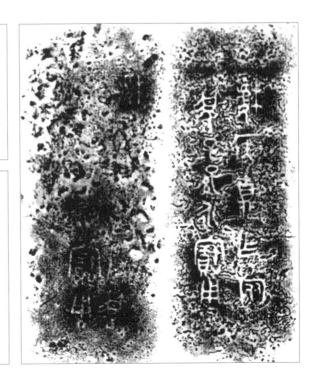

师楷鼎 周早　楷仲簋 周早　楷侯壶 周中

楷伯鼎 周早　楷仲鼎 周早　师趛盨 周晚

《说文解字》中的"楷"字

"楷"字的解读或许有误（因为字中有虍旁），这也牵涉到楷国是否存在的大问题，希望有学者再深入研究。

【虢季子白盘】

简介

　　虢季子白盘为圆角长方形，四曲尺形足，口大，底小，略呈放射形，四壁各有两只衔环兽首耳，口沿饰窃曲纹，下为波带纹。该盘于清末在陕西宝鸡出土，盘内底有铭文111字，语句以四字为主，修饰用韵，文辞优美，行文与《诗经》相类。字体用笔谨饬，圆转周到，风格别于同期金文，却与战国吴楚文有某种相近。单字线条清丽流畅，字间注重疏密避让。有些线条刻意拉长，造成空间效果的差异，清新秀逸。

铭文

　　隹（唯）十又二年正月初吉丁亥，虢季子白乍（作）宝盘。不（丕）显子白，壮武于戎工，经维四方。搏伐猃狁，于洛之阳。折首五百，执讯五十，是以先行。桓桓子白，献馘于王，王孔加（嘉）子白义。王各（格）周庙宣榭，爰卿。王曰：白父，孔显又光。王易（赐）乘马，是用左王；易（赐）用弓彤矢，其央。易（赐）用戉（钺），用政（征）蛮（蛮）方。子子孙孙，万年无强（疆）。

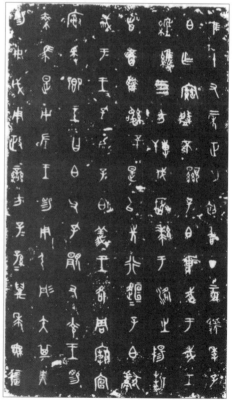

【琱生三器】

简介

　　琱生三器指五年琱生尊、五年琱生簋和六年琱生簋，三件器物铭文合起来记录了琱生在田地狱讼中得到宗族宗主庇护。

铭文

　　隹（唯）五年正月己丑，琱生又（侑）事，召来合事，余献妇氏以壶，告曰：以君氏令（命）曰：余老之，公仆庸土田多諫（刺），弋白（伯）氏从许。公宕其叁，女（汝）则宕其贰，公宕其贰，女（汝）则宕其一。余惠于君氏大璋，报妇氏帛束、黄（璜）。召白（伯）虎曰：余既讯，□。我考我母令（命），余弗敢乱，余或至（致）我考我母令（命）。琱生则堇（觐）圭。

　　隹（唯）五年九月初吉，召姜以（贻）琱生□五寻壶两，以君氏令（命）曰：余老之，我仆庸土田多束（刺）。弋许勿使散亡。余宕其三，汝宕其贰。其兄公，其弟乃。余熏大章（璋），报妇氏，帛束、璜一。有司罙□两墀。琱生对扬朕宗君休，用作召公尊□。用祈前录、得纯、灵终，子孙永宝用之享。其又（有）乱兹令（命），曰汝事召人，公则明殛。

　　隹（唯）六年四月甲子，王在旁。召伯虎告曰：余告庆曰公厥廪贝，用狱諫（刺）为。白（伯）有祗有成。亦我考幽伯幽姜令（命）。余告庆，余以邑讯有司，余典勿敢封。今余既讯，有司曰：□令（命）。今余既一名典，献。伯氏则报壁。琱生对扬朕宗君其休，用作朕刺（烈）祖召公尝簋，其万年子孙宝用，享于宗。

〖 晋侯稣钟 〗

简介

　　晋侯稣钟是一套打击乐器，共16枚（14件由上海博物馆从香港收回，2件藏于山西省博物院），因随葬于山西曲沃北赵村晋侯墓地第7代晋侯稣的墓中而得名。套钟可分为2组，每组8件，共计有铭文355字，首尾相连分别刻凿在16件钟上。这种在铸好的青铜器上用利器刻凿铭文的方法在西周十分罕见，笔画转折处要分四五刀或五六刀的接连刻凿笔道才能连起来，刀痕至今仍然清晰。

　　铭文记载了在西周某王三十三年，晋侯稣奉王命讨伐山东凤夷，折首执讯，大获全胜，周王劳师，并两次嘉奖和赏赐晋侯。铭文有两项难得的记录：一是记录了"初吉""既生霸""既望""既死霸""方死霸"五个记时词语，在一件器上有这么完整的时间记录，前所未有；二是全篇铭文用利器刻出，且笔画流畅规正，为我们研究西周晚期的冶金工艺提供了一个新的材料。

【虢叔旅钟】

简介

虢叔旅钟又名虢叔大林钟，共7件，铭文连续，记载了旅为报答天子之恩，制作了纪念亡父惠叔的大钟。钟体呈合瓦形，桥形口，长乳，甬饰环带纹，篆及鼓饰鸟纹，通高65.4厘米，铣距36厘米，鼓距26.6厘米，重34.6千克。

铭文

虢叔旅曰："不显皇考惠叔穆穆秉元明德，御于厥辟，得纯亡愍。旅敢肇帅型皇考威仪，口御于天子。乃天子多赐旅休。"旅对天子鲁休扬，用作朕皇考惠叔大林和钟。皇考严上，异在下，降旅多福。旅其万年，子子孙孙，永宝用享。

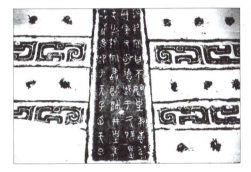

【 宗周钟 】

简介

　　宗周钟又名㝬钟、胡钟，高65.6厘米，重34.9千克，为钟口朝下、钟柄加环悬挂演奏的标准甬钟（商代钟多口部朝上，用长柄支起而奏），钟身两面装饰36枚高突的长形乳丁纹，华丽多目。宗周钟铸铭文123字（一说122字），为甬钟单件铭文之冠，记载厉王（一说是昭王）征服南方之事。

铭文

　　王肇建相文武，堇强（疆）土，南或（国）□（服）要，敢为虐我土，王□我其至，□（扑）伐乃都，要□遣间来逆邵王，南人东人具见，廿又六邦，佳（唯）皇上帝百神，保余小子，朕猷又。有。成亡竞，我佳司配皇天王，对乍宗周宝钟，仓仓它它雍雍。用邵各。格。不显且。祖。考先。先王，其严才（在）上，能□降余多福。福余泊孙，参寿佳□刺（赖）。㝬割。其万年，□允（稟）保四或（国）。

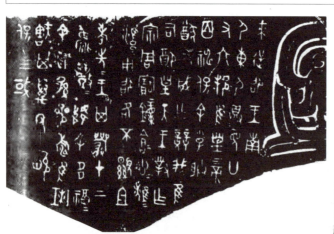

【伯公父簠】

简介

伯公父簠于1977年在陕西省扶风县雪塘村西周窖出土，现藏于陕西省周原博物馆。簠通高19.8厘米，口长23厘米，宽28.3厘米，腹深6.4厘米，重5.75千克。盖器相对，造型基本相同，长方口，腹斜收，两侧有环耳，盖与器合口处有牛首卡。口沿饰鳞纹，腹饰波曲纹，圈足饰垂鳞纹，盖、器同铭，共61字，记载伯公父择吉金造器铜辟王，满孝诸兄，祈长寿多福。

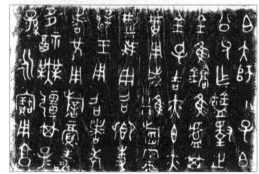

美学特征

字体线条厚重，结体自由，大小不一，布局错落。

【伯多父盨】

简介

伯多父盨现藏于陕西省周原博物馆，1976年1月出土于陕西省扶风县云塘村。盨呈椭方形，龙首耳，盖上透雕扉棱，盨口缘饰兽体卷曲纹，盖顶饰兽目交连纹，腹盖铸平行沟纹。伯多父盨高21.5厘米，口长17厘米，口宽25厘米，重7千克。盨盖、器对铭10字，记载了伯多父作此器。

铭文

白（伯）多父乍（作）旅盨，其永宝用。

美学特征

字体庄重，但又不失自由，大小错落有序，为典型的西周晚期书风。

【散伯簋】

简介

散伯簋因其制器者散伯而得名，为西周晚期的青铜簋。通高22.9厘米，口径21厘米，宽33.1厘米，敛口鼓腹，一对兽首衔环耳，圈足外撇，下面有三个兽面足，盖隆起上有侈口圈状捉手。通体饰以瓦沟纹，圈足饰两道弦纹。内铸铭文3行、12字。

铭文

散白（伯）作矢姬宝簋，其厉（万）年永用。

美学特征

大小错落，庄重而含灵动。

【鲁伯悆盨】

简介

鲁伯悆盨是鲁伯余为其父母所作，1977年曲阜鲁国故城乙组墓地30号墓出土，现藏于山东省博物馆。通高19.2厘米，口横23.5厘米，口纵15.2厘米，腹深8.7厘米。椭方体，敛口鼓腹，兽首耳，圈足四面的中部有长方缺，盖面隆起，中部有一圆雕虎钮，其外有四个透雕的夔龙扉，可以却置。盖沿、口沿和圈足饰窃曲纹，盖面饰象鼻纹和瓦纹，器腹饰瓦纹。铭文字数，盖、器同铭，各37字。

铭文

鲁白（伯）悆用公□，□（其）肇乍（作）其皇孝（考）皇母旅盨□（簋），悆□□用追孝，用□（祈）多福，悆□（其）万年眉寿，永宝用□（享）。

中　春秋

概述

春秋时期是东周时期的前半段。随着周王室的衰落，"礼乐征伐自天子出"的局面不再，周天子只是华夏诸侯名义上的共主，部分实力强大的诸侯崛起，先后出现了齐、晋、楚、吴、越等诸侯称霸的局面。到春秋晚期，只剩下晋、楚、齐、秦、燕、鲁、宋、郑等十几个主要诸侯国。

尽管政治动荡，战争频繁，但是人们的思想却非常开放、自由，中国古代文化在这一时期飞速发展，尤其是文学、艺术和哲学思想的发展，如《左传》《诗经》《国语》《楚辞》《老子》《论语》《管子》等文化经典都肇于此时。

春秋时期的书体属于金文范畴，但是相比西周已呈现出多元化的局面。早期的各诸侯国青铜器铭文尚能保持西周特色，到了中期，以秦、晋、齐、楚等大诸侯国为中心，逐渐形成了富于地域特色的文化艺术中心，出现了因地域不同而风格各异的现象，东南各国的铜器铭文还有美术化的趋向（或作鸟虫书，或作蝌蚪书等）。春秋晚期和战国早期，书法的装饰化趋势日渐盛行（如鸟、凤、龙、虫书等新书体作品日渐增多）。

春秋时期金文书风可按地域分类，王国维分为：西土系（秦国文字）、东土系（六国文字）。陈梦家分为东、西、南、北、中五大类：

东土系：包括齐、鲁、邾、莒、杞、铸、薛、滕国文字；
西土系：包括秦、晋、虞、虢国文字；
南土系：包括吴、越、徐、楚国文字；
北土系：包括燕、魏国文字；
中土系：包括宋、卫、陈、蔡、郑国文字。

也有学者按地域书风特征分为：

齐鲁型：包括齐、鲁、杞、戴、邾、薛、滕国文字；
中原型：包括郑、卫、虞、虢、蔡、陈国文字；
秦型：包括秦、晋国文字；
江淮型：包括楚、吴、越、徐、许国文字。

郭沫若认为：有意识地把文字作为艺术品，或者使文字本身艺术化和装饰化，是从春秋时期开始的。这种有意识的书法新阶段主要表现在两个方面：

一是文字随时代和地域差异而变化。

春秋时期的金文逐渐由西周的凝重端严转向清新秀丽，行笔加长，字体呈纵式，线条均匀，风格圆润，时称"玉箸"，如《攻吴王夫差鉴》《秦公簋》《陈曼簠》等，已开秦代小篆的先声。

到了春秋晚期，各国还出现了文字异形的现象，至战国更甚。同一个字的写法，地方差别非常明显。尤其在竹帛、货币、玺印、陶器、漆木器等有浓厚列国痕迹的器物上，字体各异，以至于其他诸侯国的人难以识读。

书法上的南北风格差异也逐渐形成，出土的青铜器铭文、古玺文字均见于南北方，而简牍、帛书则仅见于南方；盟书、石刻文字则仅见于北方。

二是书写材料的改变影响书法风格。

毛笔的出现以及铁器的运用，使书法从技术到艺术发生了一场革命。竹、木、帛、石、玉等都成为书法的载体，毛笔和墨成为书法的主工具，使书法从西周的铸造和铭刻逐渐演变为以笔墨为媒介的书写，并沿用至今。

竹牍、帛书、盟书、石刻、玺印成为春秋战国时代富有时代特色的书法。出土的书写材料中，南方诸国书写载体多与竹帛有关，北方诸国则多与玉石有关。这种差异还表现在审美风格上，"南文尚华藻，字多秀丽；北文重事实，字多浑厚"。战国时代较春秋时代更显著。

按书写工具、材料等来分类，可以分为两种：一种是用毛笔书写的文字（包括简牍、盟书、帛书，以及书写在漆木器和俑上的文字），另一种是用铸造手段或利器铭刻的文字（包括青铜器铭文、石刻文字、古玺文字）。

▌书体

春秋时期的书体属于金文范畴。从考古发现来看，以秦、齐、楚三国的文字最具特色，本篇章以代表性的诸国文字分类述之。

从文化传承的角度来看，与周王室关系密切的诸侯国（鲁、虢、郑、卫等）书法基本是从西周王室的风格演化而来。在西周故地，平王东迁后，秦国书法全面继承了西周王室书法的厚重质朴，如《秦公簋》《石鼓文》等。齐国和楚国由于自身逐渐强大并形成地域性的政治、经济和文化中心，其书法也呈现出明显的地域特征。其周边的小诸侯国也受其影响，书法风格也相近。北方的晋国尽管在春秋时期一直非常强大，在政治上却一直是周王室的坚定支持者，在文化上也和周王室基本保持一致，故其书法风格与周王室和秦国最为接近。

总体来看，与秦国书法风格接近的有晋、郑等国；与齐国书法风格接近的有鲁、邾、邹、燕、纪等国；与楚国书法风格接近的有黄、陈、宋、吴等国。

钱币： "武"字斜肩弧足空首布

金文

1. 秦国

秦国立国源于秦襄公在西周末年的动乱中率军救周，并派军护送周平王东迁洛邑，平王封秦襄公为诸侯，赐以岐西之地。秦人在文化上原本落后，坐拥周人故地后，直接继承了周人文化，文化迅速进步，势力日渐强大。到春秋中期，秦穆公成为"春秋五霸"之一。春秋晚期至战国初期，秦国受诸侯排挤，落后于东方诸国。秦孝公任用商鞅变法，国力重振，逐渐吞并他国，直至秦始皇统一全国。

从《诗经·秦风》看，秦人风俗质朴豪放，崇尚武力，诗歌多旷远雄霸之气，文字也与此相应。春秋战国时期的秦国文字以《史籀篇》为基础。《史籀篇》是中国最古的一部字书，相传为周宣王太史籀所作。

在山东诸侯文字日渐改变时，秦国则在一个相对封闭的环境中保持了西周的文字传统。春秋早期的《秦公钟》和稍晚的《秦公簋》还保留了西周时期的风格，点画线条如后来的玉筋篆（又称玉箸篆），结体规范而器宇轩昂。制作于春秋中晚期的《秦公簋》结体方正，点画遒劲，已经具有了后来秦代小篆的艺术风范。约制作于春秋晚期的石鼓文是中国石刻书法史上的一座高峰。

秦国钱币，铭文为"半两"，字体近乎小篆，规整肃穆。

【秦公钟】

简介

　　秦公钟共有5件，1978年于陕西宝鸡太公庙村出土，现藏于陕西省宝鸡市青铜器博物馆。出土地是春秋早期秦国首都平阳所在地，因此秦公钟应是平阳封宫或宗庙遗物。这5件为一组编钟，形制、文饰沿袭了西周后期编钟的作风，最大的通高48厘米，重24千克；最小的通高27.6厘米，重6千克。钟体呈合瓦状，甬上饰4条小龙，舞部饰变形夔纹，钲部中间为刻铭处，篆间饰两条双身夔龙，鼓中部装饰相对而立凤鸟一对。整个钟可以敲击出两个音阶，一个在鼓的中心位置，一个在鼓右侧，右侧小鸟即为第二音阶标志。此类钟称为双音钟，优点是用数量较少的钟即能构成完整的音阶。

　　秦公钟铭文为刻铭，是我国现存的最早的青铜刻铭。

　　铭文字体略细，但是风格雄强，反映出秦系金文一贯的严谨与雄浑风格。

【 秦公镈 】

简介

秦公镈和秦公钟为同一个青铜器窖藏出土，为秦武公所铸青铜乐器，也是祭祀祖先的礼器。秦公镈造型雄伟，镈身饰有四道飞棱，纽上有环，下部环形带部位刻有135字铭文，记述了先祖秦襄公被周王"赏宅受国"之事，以及文公、静公、宪公三代治国兴邦的业绩，表示自己要继续虔诚祭祀祖先和上帝以求得秦人的福祉。

铭文

秦公曰：我先且（祖）受天命，商（赏）宅受或（国），剌剌卲（昭）文公、静公、宪公，不惰于上，卲（昭）合皇天，以虩事蛮方。公及王姬曰：余小子，余夙夕虔敬朕祀，以受多福，克明又（有）心，盭（戾）和胤士，咸畜左右，蔼蔼允义，翼受明德，以康奠协朕国，盗百蛮具（俱）即其服，乍（作）厚（厥）和钟，灵音镨镨雍雍，以宴皇公，以受大福，屯（纯）鲁多厘，大寿万年。秦公其畯綅在位，膺受大令（命），眉寿无彊（疆），匍（敷）有四方，其康宝。

美学特征

字体舒展，行列疏朗，流美遒宛，为春秋时期秦系文字的典范。

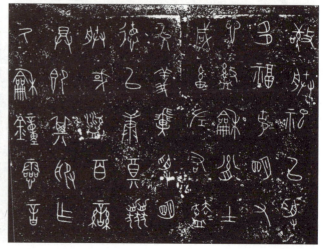

【秦公簋】

简介

秦公簋为秦襄公（一说秦景公）时的祭祀礼器，1917年出土于甘肃天水秦州区秦岭乡。

铭文分铸于器及盖上。器和盖上又各有秦汉间刻款（秦汉时当作容器）。铭文由印模打就，青铜器的此种制作方法，仅见于此例。

盖铸铭文 秦公曰：不（丕）显朕皇且（祖），受天命，鼏（幂）宅禹责，十又二公，才（在）帝之坏（坯），严，龏䆿天命，保奠厥秦，虩事蛮夏，余虽小子，穆穆帅秉明德，剌剌超超（桓桓），迈民是敕。

器铸铭文 咸畜胤士，冀盛文武，□静不廷，虔敬朕祀，乍（作）噂宗彝，以邵（昭）皇且（祖），嬰严御各，以受屯（纯）鲁，多厘眉寿无疆，畯夷才（在）天，高弘又（有）庆，灶（造）囿（佑）四方。宜。

器刻铭文 公元器。一斗七升小拳（剩），□（簋）。

盖刻铭文 一斗七升大半升，盖。

美学特征

字体整饬严谨，用笔多刚狠方折之笔，笔道雄壮。风格和秦国以至秦朝的其他金文都不同，刻铭熔工整与自由于一炉，气息高迈。

【石鼓文】

简介

　　石鼓文因刻石圆顶平底、外形似鼓而得名。共十枚，分别刻有四言诗一首。最早被认为是记叙周宣王出猎，故又称为猎碣。唐代初期出土于天兴三畤原（今陕西省宝鸡市凤翔县），后被迁入凤翔孔庙，故又名"陈仓十碣""雍邑刻石"，现藏于故宫博物院石鼓馆。

　　石鼓文的年代颇有争议，十鼓简介如下：(1)《马荐》歌颂秦祖非子牧马建秦、复续嬴氏祀，关键时间点为非子复续嬴氏祀（前897）；(2)《汧殹》歌颂秦襄公封侯始国，关键时间点为襄公始国（前770）；(3)《霝（灵）雨》歌颂秦文公伐戎迁汧建都，关键时间点为秦文公三年东猎迁汧（前763）；(4)《虞人》歌颂秦穆公用贤乃至称霸西戎，关键时间点为穆公五年用虞人大夫百里奚（前655）；(5)《作原》歌颂秦孝公变法和迁都咸阳，关键时间点为孝公十二年迁都咸阳（前350）；(6)《銮车》歌颂"天子致伯"秦孝公之事，关键时间点为孝公十九年天子致伯孝公（前343）；(7)《田车》歌颂秦惠文王使张仪取陕打开东扩要道，关键时间点为惠文君十三年使张仪取陕（前324）；(8)《而师》歌颂"天子致胙"秦惠文王以及嗣王武王始国，关键时间点为武王元年始国（前310）；(9)《吾车》歌颂秦昭襄王定蜀，关键时间点为秦昭襄王六年司马错定蜀（前301）；(10)《吾水》歌颂始皇帝统一天下，"收天下之兵，聚之咸阳，销以为钟镶，金人十二"，至天下太平之事，时间应不早于始皇二十六年兼并六国时（前221）。

美学特征

　　字体多取长方形，善用中锋，笔画粗细基本一致，体势整肃，端庄凝重，笔力稳健，用笔起止均为藏锋，圆融浑劲，结体促长伸短，匀称适中。有的结体对称平正，有的字则参差错落，平行线条多作排列装饰，严谨茂密，堂皇大度，气质雄浑，刚柔相济，古茂遒朴而有逸气。章法布局上，字字独立，但注意上下、左右之间的偃仰向背关系，其笔力之强劲在石刻中极为突出，在古文字书法中，堪称别具风神。而且，石与形，诗与字浑然一体，古茂雄秀，冠绝古今。

　　石鼓文开小篆之先河，在书法史上起着承前启后的作用，是由大篆向小篆衍变而又尚未定型的过渡性字体，被历代书家视为习篆书的重要范本，故有"书家第一法则"之称誉。康有为称其"如金钿委地，芝草团云，不烦整我，自有奇采"。

止 鯉 可 雙 雙 雙

庶 可 雀 連 馬 東

楊 乙 戀 睦 膝 膝

為 毒 雀 殃 咸 工

連 繼 其 雙 甲 尸

其 止 枢 帛 棗 漆

爽 壘 戎 東 棗 止

雀 鯉 庶 戀 春 鱗

2. 晋国

晋国首任国君唐叔虞为周武王姬发之子，周成王姬诵之弟。因受封于故唐尧故地，故其国初名为唐，唐叔虞之子燮（一作燮父）继位徙治晋水，改国号为晋（一说因善射改名）。

晋国文字多见于甲骨、青铜器、陶器和货币等材料上，其中以春秋时的作品最为常见。山西洪洞出土春秋晚期甲骨中的文字笔画纤细，与殷墟发现的商朝甲骨文不同，和春秋战国时的青铜铭文接近。出土的晋国的盟誓载书，其中最为著名的是《侯马盟书》，这批盟书都是由毛笔用朱红墨水写就于玉石片上，从书中娴熟的笔法可看出笔墨在当时已使用了很长时间，其文字的整体风格一致，字形和楚国文字相似。

《诗经·国风》中收有的晋国民歌都集结于魏风和唐风，在"十五国风"里，晋地占有其二。其诗内容丰富，题材广泛，在描写手法上采用铺陈、比、兴等多手法。此外还有不见于现存《诗经》的诗歌，常被《左传》所引用。

从《左传》的记载还可看出当时的人们已经初步形成文字学，师服所说的"嘉耦曰妃、怨耦曰仇"和史赵的"亥有二首六身"都被认为是对文字的研究。

铭文：□□□黄釿
名称：耸肩尖足空首布

【子仲姜盘】

简介

子仲姜盘为春秋早期盥洗用青铜器，是晋国太师为妻子仲姜所作。盘高18厘米，口径45厘米，由香港叶肇夫先生捐赠给上海博物馆。整器风格质朴浑厚，盘壁两侧有对宽厚的副耳，外侧饰有云纹。前后各攀一条曲角龙，龙首耸出盘沿探视，龙身躬背曲体欲跃入盘中。内底铸有鱼、龟、蛙等，鱼为七条一周，龟、蛙相间排列。盘中心是带头冠雄鸟，边上为四条鱼，外圈为四只雌鸟，造型生动。最独特的是这些动物可在原地转动360度，这是以前青铜器中绝无仅有的。铭文内容是学术价值极高的史料，文字精练、简要，用词及用韵精妙。

铭文

隹（唯）六月初吉辛亥，大（太）师乍（作），为子中（仲）姜沬，盘孔硕且好，用旂（祈）眉寿，子子孙孙永用为宝。

美学特征

书体工整，线条瘦劲，结体谨严而富有动势。

【苏卫妃鼎】

简介

苏卫妃鼎，立耳卷沿，三足略呈马蹄形。腹饰凸弦纹，内壁铸铭文2行、9字：穌（苏）卫妃乍（作）旅鼎，其永用。

【大师氏姜匜】

铭文

佳（唯）王三月丁丑，大师氏姜乍（作）宝般（盘）。其万年无彊（疆），子子孙孙永宝用，其敢又（有）夺，则卑（俾）受其百央（殃）。

【栾书缶】

简介

栾书缶为盛酒水的青铜器，外形似壶，小口，短颈溜肩，圆腹，矮圈足，光素无纹，为栾书子孙祭祀祖先而作。栾书又称栾伯、栾武子，春秋时晋国大夫。腹部外为错金铭文，共5行、40字，从左向右读。

铭文

正月季春元日己丑，余畜孙书也，择其吉金，以作铸缶。以祭我皇祖，虞（余）以祈眉寿。栾书之子孙，万世是宝。

美学特征

字体规整，线条婉转，具有装饰意味，融合晋国手写体和楚风书体。

【温县盟书】

简介

温县盟书是1980—1982年间在河南温县武德镇西张计村晋国遗址出土的4588片盟书，年代与侯马盟书相近。因旧属泌阳县，曾被称为泌阳玉简、泌阳载书。温县在春秋时为州邑，赵、魏、韩三家势力发展后，州邑主要属于韩氏所领有。盟书中"十五年十二月乙未朔辛酉"的纪年为晋定公十五年（前497），韩氏宗主是韩简子（名不信）。盟誓忠心事主，决不与贼为徒，否则将受到晋国先公在天之灵最严厉的惩罚，夷灭氏族，绝子绝孙。

【侯马盟书】

简介

　　侯马盟书为1965—1966年于山西省侯马市秦村出土的玉片，数量有5000余片，绝大多数为圭形，另有圆形及不规则形。其中656件上有可辨识文字，多的200余字，少的10余字。内容可分为主盟人誓辞、宗盟类、委质类、纳室类和诅咒类等五类。辞文多以朱笔书写，少数为墨笔书写。玉片上文字刊载了各诸侯国或卿大夫之间订盟誓约中所记言词，因此称作盟书或载书。

美学特征

　　文字属于春秋晋国官方文字，是中国现今考古发现最早的毛笔字（约在前550年），运笔娴熟流畅，字形活泼多变。

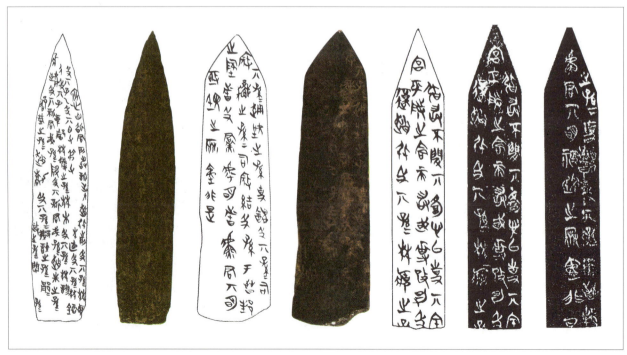

3. 楚国

楚国和以周王室为代表的华夏部族基本处于敌对状态，双方战争不断。春秋晚期，楚国吞并了江汉流域的姬姓、姜姓和妘姓小国，成为雄踞南方的大国。楚文化与中原地区有明显差异，如神秘浪漫的巫觋文化，青铜器造型也个性鲜明。

楚国文字虽传承了西周金文的雄浑流美，但颇革新，西周晚期《楚大林钟》《楚公逆镈》铭文已显露出反叛西周正统书法的端倪。春秋时期的《楚王领钟》铭文圆转流媚。春秋中晚期后，楚国金文的装饰美化倾向渐显，如《王子申盏》线条纤曲，粗细划一，婉转柔美。《王孙遗者钟》字体狭长，线条柔细屈曲，飘逸生动。此后经过一个时期的酝酿，一种体态修长、婉转多姿、极富装饰意味的书法风尚在南方的广大地区流行开来，以《王子午鼎》《王孙钟》铭文为后劲，而《楚王酓肯盘》鸟虫书为极致。《长沙子弹库帛书》曾侯乙墓、信阳长台关、仰天湖、包山、郭店等大量的楚系简牍，体势宽博阔大，笔致率意天真，为楚系书法开拓出另一新境。

王酓章镈

【王子午鼎】

简介

王子午鼎于1978年在河南省淅川县下寺楚墓中出土（全套鼎共7件，造型、装饰艺术相同，大小依次排列，其中最大的一件为王子午鼎），通高76厘米、口径66厘米、侈口束腰、鼓腹、平底、三蹄形足，口沿上有两外侈长方形耳，旁边攀附六条龙形兽，腹部满浮雕的攀龙和窃曲、弦纹。鼎内腹、底和盖内均铸有相同铭文14行、86字，鼎主王子午为楚庄王之子、楚共王之弟，曾任楚国令伊（宰相）。此鼎中铭文有确切的人名与地名，是研究楚文化的重要器物。

铭文

佣之（盨），器铭：佳（唯）正月初吉丁亥，王子午（择）其吉金，自乍（作）彝（盨）鼎，用宫（享）以孝（于）我皇且（祖）文考，用（祈眉寿）（弘恭舒迟），（畏忌）趩趩，敬乓（厥）盟祀，永受其福。余不畏不差，惠（于）政德，（惄于）威义（仪），阑阑（兽兽）。令（命）尹子庚，殹（繁）民之所亟，万年无谍（期），子孙是制。

美学特征

字体修长，笔画婉转，笔画装饰类似鸟虫书，别具一格。

▌王孙遗者钟▐

简介

　　王孙遗者钟出土于湖北宣都，上端略有残缺。铭文分6面，共19行、117字（重文4），现藏于美国旧金山亚洲艺术博物馆。铭文在钟体外部当眼之处，与周围的装饰图案紧浑然一体。内容记述王孙遗者制作和钟，用以佩享先祖、宴乐亲朋之事。铭文也是一篇文辞优美的歌赋，其中更有摹拟和钟乐音的双音词句，读来琅琅上口。

铭文

　　隹（唯）正月初吉丁亥，王孙遗者，择其吉金，自乍（作）和钟。中韵虘扬，元鸣孔煌。用享以孝，于我皇且（祖）文靠。用祈眉寿，余宏龚舒。犀畏期趯，肃恣圣武，惠于政德，淑于威仪，谋猷不饮。阑阑和钟，用匿以喜。用乐嘉宾，父兄及我朋友，于凭吾心，延永余德。和修民人，余专明于国。皇皇熙熙，万年无谋。枼万子孙，永保鼓之。

美学特征

　　字形瘦长齐整，笔画细长柔美大方，笔势趋于方折，由于线条的平行状态，整个铭文看起来极富装饰性，与常见楚国文字略有差别。既有装饰性书体的笔法和结构特点，又有自然书写的笔意和不尽矜意的布白结构以及自然酣畅、挥洒自如的个性特色。

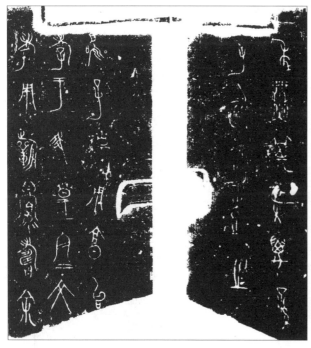

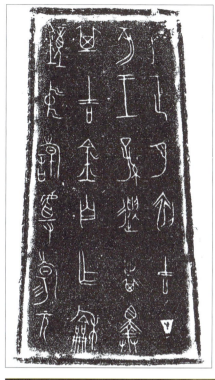

【中子化盘】

简介

中子化盘为春秋初期一位名叫中子化的贵族所制器物（一说铭文中"保楚"应为"保胥"，故应为西周时期器物）。

盘内铸有铭文4行、19字。

铭文

中子化用保楚王用征秸，用择其吉金，自作盥盘。

美学特征

字体平正，纵横布局规整，有西周时期风格。

4. 徐国

徐国为嬴姓，在西周时期曾是强国，到春秋晚期被吴国吞并。徐国文化气质与楚国极其相似，金文书法与楚国如出一辙，代表作品有《徐王量鼎》《庚儿鼎》《徐王义楚盘》等，线条清瘦圆韧，飘逸生动。

【庚儿鼎】

简介

庚儿鼎高43厘米，口径48厘米，腹部有蟠螭纹两层，中间隔以陶文，耳部是蟠螭纹，足膝部作饕餮纹。

庚儿鼎于1961年在山西省侯马市的上马村东周墓地出土，现藏于山西博物院。内壁铸有铭文3行、29字，记载了作器者名为"庚儿"，是徐国国君之子。

铭文

隹（唯）正月初吉丁亥，徐王之子庚儿，自乍（作）饮（食）䌛（繁），用征用行用和用鬻，眉寿无疆（彊）。

美学特征

笔势流畅，疏朗奔放，章法错落有致。

5. 齐国

〖 国差𦉢 〗

简介

　　国差𦉢为酒器，高34.6厘米，敛口、短颈、阔唇，底圆近平。上腹壁饰4个兽面铺首衔环，唇口有1字，肩部饰铭文10行、52字，记载国差主政时期工师铸此器。国差即春秋齐卿国佐，又称国武子、宾媚人，国归父之子，任齐国上卿，历惠公、顷公、灵公三代。顷公十年（前589），晋、鲁、曹、卫四国联兵攻伐齐国，齐败。国佐奉命出使求和，与晋军签订了"袁娄之盟"，齐国得以转危为安。

铭文

　　国差立事岁咸丁亥，攻（工）帀（师）。偖□西□宝𦉢四秉，用实旨酉（酒）侯氏受福□寿，卑旨卑瀞，侯氏母（毋）□母（毋）□，齐邦贮安静宁，子子孙孙永□（保）用之。

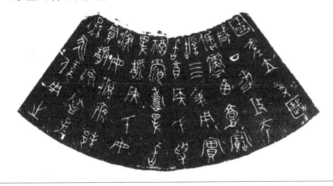

6. 鲁国

【鲁大司徒厚氏簠】

简介

鲁大司徒厚氏簠，1932年在山东省曲阜书院乡林前村出土，共三件，其中一件是鲁国大司徒厚氏的元簠，高28.6厘米，宽25.2厘米，重7.24千克。厚氏元簠为直口浅盘，平底，圈足，腰部有一束箍。盖、器对铭4行，25字。同时出土的大司徒厚氏元匜上也有同样的铭文。

铭文

鲁大司徒厚氏，元乍（作）善（膳）簠，其眉寿万年无彊（疆），子子孙孙永宝用之。

美学特征

字体大小错落，结体富于变化。

【伯愈父匜】 【鲁大司徒匜】 【归父敦】

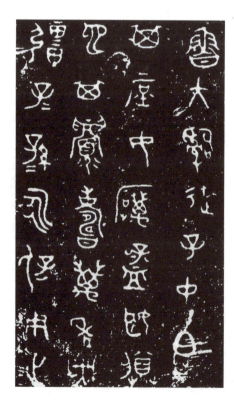

（归父敦为西周鲁国铜器）

7. 吴国

吴国为姬姓国。吴王阖闾时期日渐强大，曾攻占楚国都城郢（今湖北江陵）。夫差时期，几乎攻灭越国，并北上争霸，但最后为越国所灭。传世金文有《吴王御士簋》《臧孙钟》和《吴王孙无壬鼎》等。《吴王御士簋》保持了宗周大篆的特点，有的则偏于装饰化，其青铜乐器铭文蕴含十分丰富的诗乐思想。

【攻吴王夫差鉴】

简介

攻吴王夫差鉴为吴国国君夫差所铸器皿，清末同治年间于山西州蒙王村出土。器为兽耳衔环，腹饰蟠虺纹及叶形纹。腹内铸有铭文3行、13字。

攻吴，也作工吴、工敔、勾吴、句吴，本为族名，后指吴国。"勾吴"当作"工吴"是中原古籍文献中错记吴音之故。工又写作攻，吴的写法较多。王国维《观堂集林吴王夫差鉴跋》说："工即攻吴，皆勾吴之异文。古音，工攻在东部，勾在候部，二部之字阴阳对转。故勾吴亦读作攻吴。"

铭文

攻吴王大（夫）差罢斗吉金自乍（作）御盥。

美学特征

字休呈瘦长体。字形、笔画不加修饰，显得质朴规整，线条均匀，起止尖锋。字距、行距较大，布局疏朗。已具小篆的雏形。

【吴王光鉴】

简介

吴王光鉴是吴王光（吴王阖闾又称公子光）为女儿叔姬出嫁时所制的媵器，共2件，1955年出土于安徽省寿县蔡侯墓（器内各有一小铜瓠）。器高35厘米，口径59厘米，圆腹平底、双兽耳，有铭文52字。

铭文

隹（唯）王五月，既字白期，吉日初庚，吴王光择其吉金、玄铣、白铣，台（以）乍（作）叔姬寺吁宗彝荐鉴。用享用孝，眉寿无疆。往已（矣）叔姬，虔敬乃后，子孙勿忘。

美学特征

字形修长而飘逸，具有刻意夸张的装饰性。

【攻吴王夫差剑】

简介

攻吴王夫差剑为吴王夫差时所制造的一系列青铜剑，已知存世量共有9柄（截至2014年5月），分藏于国内多家博物馆。

铭文

攻吴王夫差自作其元用。

铭文字体效果对比图

吴王夫差自乍（作）用铲

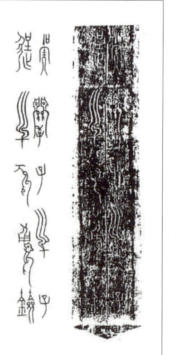

明末清初收藏家、书画家孙承泽旧藏季子之子剑拓本

山东新泰周家庄东周墓出土的吴剑及其铭文拓片

8. 越国

【 越王勾践剑 】

简介

越王勾践剑全长55.6厘米，柄长8.4厘米，剑宽4.6厘米，1965年在湖北省江陵县望山一号楚墓出土。剑首向外翻卷作圆箍形，内铸十一道极细同心圆圈。靠近剑格处刻有鸟篆体错金铭文"越王鸠潜（勾践），自乍（作）用剑"8字。"鸠浅"即"卧薪尝胆"的越王勾践。

美学特征

文字风格迥异于同时期的金文，却与当代美术字相近，对于文字细部的装饰已夸大到了繁琐的程度（后世的鸟虫篆或受此影响），但与书法精神相悖。

9. 随国

随国在周初为姬姓诸侯国（故地在今湖北省随州市），后为楚的附庸国。史书载于《春秋左氏传》始见于桓公六年。封于何时，史无明载，但据宋代出土的"安州六器"，不会晚于周昭王之世。

【 随大司马戏有戈 】

简介 随大司马戏有戈是出土于湖北随州的春秋晚期青铜戈，戈上有"陸（随）大司马嘉有之行戈"9字铭文，是首次发掘出土的随国铜器。随国为春秋战国时期一诸侯国，史料有载"汉东之国随为大"。

注 陸字在《说文》中不读随，一读作huī，同"隳"，毁坏义。二读作duò，同"堕"，坠落义。

【随仲嬭加鼎】

简介

随仲嬭加鼎是楚王为女儿"随仲嬭加"而作的青铜器。"随"是楚国公主所嫁夫君家之国名，"仲"是指排行第二，"嬭"是姓，"加"是名。

铭文

唯王正月初吉丁亥，楚王媵随仲嬭加饮（食）緐（繁），其酋（眉）寿无期，子孙永宝用之。

美学特征

字形大小不一，布局错落，较为松散。

曾国（与随国为一国二名）

10. 陈国

【曾子原鲁簠】

【伯远匜】

11. 虢国

虢国是由西虢（故地在陕西省宝鸡市虢川镇）东迁而来，是西周晚期春秋早期的重要诸侯国。周宣王时的虢季子白盘为重要的金文作品，虢季子白即为虢宣公。虢国从厉、宣之际，虢公长父始东迁至三门峡立国，到前655年虢公丑亡国，历时近200年，先后有八位国君在位。春秋时期见于历史文献的第一位虢国君是虢公忌父。

【太子车斧】

简介

太子车斧为仪仗用青铜器，出土于虢国贵族M2011号墓葬，出土时銎内有朽木，现藏于河南省三门峡市虢国博物馆。斧身为扁平长方体，双面刃，刃略弧。长方形銎，銎口沿有半环形穿。斧身一面铸有铭文"大（太）子车斧"。字体端庄整饬，布局疏朗。

【虢季鼎】

简介

虢季鼎于1990年3月在河南省三门峡市出土，共7件，形制、纹饰与铭文均相同，大小相次，最大者为虢季鼎。鼎通高39.8厘米，口径44.2厘米，腹深21.4厘米，重17.4千克，侈口敛颈，圆底蹄足，腹微鼓，附耳与口沿间以两小横梁相连，耳饰大小相间的重环纹，口下饰窃曲纹，腹饰垂鳞纹，为春秋早期鼎（一说西周晚期）。

铭文

虢季乍（作）宝鼎，季氏其万年子子孙孙永保用宫（享）。

下　战国

概述

　　战国（前5世纪—前221）是东周的后半段，与东周前半段的春秋并无确切的时间界限，通常是按前453年韩、赵、魏灭掉智氏、三家分晋为起始，至前221年秦统一六国终止。

　　战国是继春秋之后的大变革时期，思想、学术、科技、军事及政治发展进入黄金时期，史称"百家争鸣"；与此同时，图强求存的各诸侯国展开了许多举世闻名的变法和改革，如吴起、商鞅变法图强，张仪、苏秦纵横捭阖，廉颇、李牧战场争锋，春申君、孟尝君、信陵君、平原君政治斡旋等，涌现出了大量为后世传诵的典故。

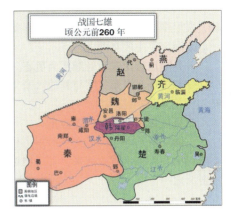

　　战国初期东周境内尚有十几个国家，其中以齐、晋、楚、越四国的实力最强，有四分天下之势。战国中期剩下来的七个主要大国秦、楚、韩、赵、魏、齐、燕被称为"战国七雄"。其中，秦国约占有今陕西关中、汉中，甘肃东南部，四川中东部；魏国约占有今山西南部，河南北部、中部和东部；赵国约占有今山西北部、中部和河北中部、西南部，内蒙古自治区的一部分；韩国约占有今河南中部、西部和山西东南部；齐国约占有今山东北部，河北南部、西部和山西东南部；楚国约占有今湖北全省，河南、安徽、湖南、江苏、浙江的一部分；燕国约占有今河北北部，辽宁、吉林的一部分。战国后期，秦昭襄王用范雎为相，采用"远交近攻"之计，破坏了各国的"合纵"，加强了秦国的国力、军事，成了战国时期的第一强国，削弱了各国的力量。

文字

　　诸侯纷争，打破了原本周文化独尊的局面，各地文化开始有"本地化"的趋势。在文字使用方面可以粗略依照地域分为五大系统：东方齐系、东北燕系、南方楚系、北方晋系和西方秦系，各系统的文字大体上相近，只有小部分文字有所差异，因此彼此文书往来并没有太大问题。

　　语音方面属于上古音，但是因为地域差异，语音差异显著。

文学

　　战国时代的散文创作十分兴盛，有各种历史散文、诸子的散文和其他散文作品。这些散文都用接近口语的文字写成，或汪洋恣肆（如庄子），或娓娓动人，或激情横溢，或绚烂多彩，或譬喻连珠（如韩非子），或剖析透彻（如孟子），或逻辑严密。现实主义和浪漫主义的完美结合，使屈原的诗作具有极大的艺术感染力。宋玉的作品在模仿屈原的同时，对楚辞有发展和创造，在骚体中变化出赋体，对后代的文学创作有很大影响。

百家争鸣

　　战国时代，社会的剧烈变革对学术文化提出了一系列要求，加上士阶层的形成和统治者的提倡，许多学派纷纷出现，号称"诸子百家"，形成"百家争鸣"的局面，在思想史上成为最辉煌的时期。当时，除了最有影响的儒、道二家以外，还有以墨翟为代表的墨家，以韩非、商鞅为代表的法家，以邹衍为代表的阴阳家，以公孙龙子为代表的名家，以孙膑为代表的兵家，以许行为代表的农家，以张仪、公孙衍、苏秦为代表的纵横家，以吕不韦为代表的杂家等。各家都著书立说，广授弟子，参与政治，互相批判，又互相渗透，学术思想极为繁荣。秦统一六国后，崇尚法家，兼用阴阳家，焚书坑儒，崇尚暴力，将法家学说夸大君权的一面发挥到极致。

▍书体

战国文字上承春秋金文，下启秦汉篆隶，文字铸、刻、写的材料和范围继续扩大。战国文字整体属于金文范畴，在后期有隶书的萌芽（我们在秦朝的隶书篇中介绍）。

战国文字主要有两大特点：

一是地域性比春秋时期更为显著。

主要体现在秦系文字与其他六国文字的区别上：秦系文字字形谨饬，有西周文字的特点，六国文字则大胆革新，面貌多元。

二是俗体字在民间广泛应用。

正体字指官方使用的文字形体，书写端庄、形象、规范；俗体字是平民大众日常使用的文字形体，由正体字在实际书写中略有省改而来，书写相对简便，是社会实践的产物，因此逐渐得到广泛应用，这也成为后世异体字的源头之一。

金文

战国金文的分类与春秋金文基本一致，本章我们按照书写载体和诸侯国别两条主线来展开。

1. 货币

战国货币和春秋货币一脉相承，种类繁多，币制混乱。由于周王朝势力渐弱，列国均各自为政，经济也自成体系，因此各自铸造货币，相互流通，形成了多币制以及多币型长期共存并用的特殊局面。若从形状和分布上来看，可分为布币、刀币、圜钱和蚁鼻钱四种，币面铭文则多姿多彩。

（1）赵国

赵国货币以布币为主，有尖足布、刀币、类圆足布、圆足布、三孔布、方足布。战国初期用平首耸肩尖足布（为春秋晋国耸肩尖足空首布演变而来）。战国中期，改尖足布为圆首、圆肩、圆足布。类圆足布与圆足布其铸量均少，圆足布的钱文地名均为赵国城邑。圆足布形制主要为赵国铸币（中山国有仿造）。战国晚期铸行三孔布，形制圆首、圆肩、圆足，而且在布首及双足各有一孔，故称为"三孔布"。

赵国的方足布是战国时期赵国和燕国属地普遍通行的一种货币，平首、平肩、方足形制。赵国铸有安阳、兹氏半、中都、蔺，同是货币，与韩、魏、燕货币一起在北方诸侯国之间相互通用。

货币上的铭文字体瘦劲、线条挺拔，与货币形制浑然一体，美学价值颇高。

名称：三孔布币

正面铭文：安阳　　**背面铭文**：十二·一两

美学特征：线条瘦劲，俊逸挺拔，布局得当。

名称：离石圜钱
铭文：离石
美学特征：字体较为松散，纵横搭配，旋读，富于动感。

名称：阴坪圜钱
铭文：阴坪

名称：齐阴圜钱
铭文：齐阴
美学特征：字体大小悬殊，线条纵横交错。

名称：蔄字圜钱
铭文：蔄
美学特征：字体刚劲。

名称：安阳小方足布
铭文：安阳

名称：蔄字圆足布
铭文：蔄

名称：三孔布币
正面铭文：武阳
背面铭文：十五·一两
美学特征："武阳"为竖排，"阳"字错开为二字，与"武"字错让，自由烂漫。

尖足布离石（正、反面）

尖足布文阳（正、反面）

（2）魏国

魏国货币在货币钱文中铸造了单位"钌"，有"二钌、一钌、半钌"三等币制。其币值、大小、重量依次递减，符合"子母相权"的规则，在商品交易过程中便于流通使用，是先秦货币制度上的一大进步。

魏国早期建都安邑（今山西省夏县西北），位置距秦、韩、楚较近，属军事重地。安邑钌布铸造精整，足值。币形平首、圆裆、方足，俗称桥足布。

美学特征

字体为纯直线构成，纵横与斜线相交织，线条硬朗。正面的"邑"字由两个三角形和斜线构成，非常奇特。整体纯由直线分割，别具一格。

正面铭文：安邑一钌

背面铭文：安

正面铭文：安邑二钌

背面铭文：安

倒书钱文

钱币背面为空白时，正面铭文为倒置。

安邑半钌

安邑一钌　　　安邑二钌　　　安邑半钌

梁钌布：魏国迁都大梁（今河南开封）后所铸，钱币铭文均为倒书。

铭文：梁半钌　　**铭文**：梁一钌　　**铭文**：梁二钌　　**铭文**：高安一钌

这四种釿布也符合"子母相权"的法则，寽是一种重量单位。

铭文：梁充釿百当寽　　**铭文**：梁充釿五十当寽　　**铭文**：梁半币二百当寽　　**铭文**：梁正币百当寽

圜钱：铸造时间应起于魏国迁都以后，大约是魏国中后期的产物。

铭文：共　　　　　　　**铭文**：垣　　　　　　　　**铭文**：漆垣一釿

铭文：共少半釿　　**铭文**：漆垣一釿　　**铭文**：漆垣半釿　　**铭文**：半釿

方足布：三晋地区的一类货币，其整体数量较多。为当时赵、魏、韩国间相互流通所使用。

铭文：莆子　　　　**铭文**：奇氏　　　　**铭文**：授氏　　　　**铭文**：高都

（3）齐国

齐国以刀币为主，齐刀分为三字刀、四字刀、五字刀和六字刀，铭文有齐法化、齐之法化、安阳之法化、节墨之法化、簟邦法化、齐建（造）邦长法化等数种。其中节墨、安阳、齐均为地名，节墨即今山东即墨，安阳即今山东曹县一带，齐指都城临淄。齐威王到齐宣王时（前378—前324），以齐法化统一了各种刀币。

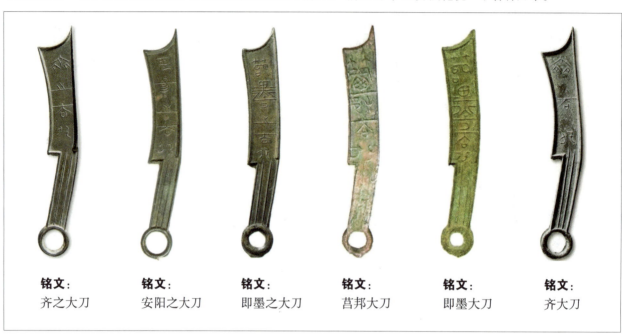

| 铭文：
齐之大刀 | 铭文：
安阳之大刀 | 铭文：
即墨之大刀 | 铭文：
莒邦大刀 | 铭文：
即墨大刀 | 铭文：
齐大刀 |

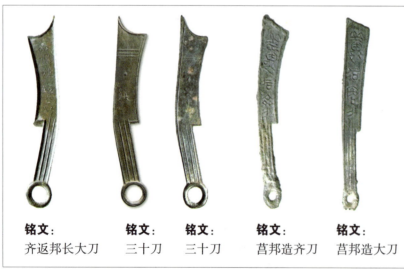

| 铭文：
齐返邦长大刀 | 铭文：
三十刀 | 铭文：
三十刀 | 铭文：
莒邦造齐刀 | 铭文：
莒邦造大刀 | 正面铭文：齐法化 |

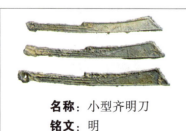

名称： 小型齐明刀
铭文： 明

赙刀　赙四刀　赙六刀

（4）楚国

楚国以铜铸贝"蚁鼻钱"体系著称，自春秋延续而来，爰金盛行，也出现了布币。

战国时期蚁鼻钱铭文除"书""拿""毌"（君）字常见外，还有"全（金）""乡仓行""析"（新）、"习""只"等字样，全为阴文。蚁鼻钱中最多的是"哭"字钱，其次是"常"字钱。此字有学者释作"各六朱"或"五铢""圣泰""落卜"（降率），皆含记重的意思。其余几种如"号""国""只"，较少见。

铭文：斋

铭文：哭

铭文：君

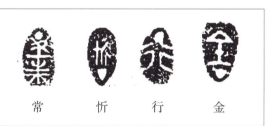

常　　忻　　行　　金

正面铭文：殊布当釿（或为桡比堂忻）
背面铭文：七侻

（5）其他诸侯国

名称：韩国唐是布
铭文：唐是

名称：晋国离石布
正面铭文：离石　背面铭文：五

名称：四布当釿连布
简介：一面有"四""布"4个字，另一面有"当""釿"4个字。四布当釿连布，是战国币中形制最为奇特的钱币，存世的真品中大多已被分开。

名称：秦国圜钱
铭文：珠重一两十三

2. 印玺

印玺又称玺印、印章，古时多作封发物件，把印盖于封泥之上，作为信验之用。《管子·君臣上》称："符节、印玺、典法、策籍。"尹知章注："符节、印玺，所以示其信也。"

印玺的名称各有不同，大体可以分为以下几种：

（1）**玺**。三代以前诸侯大夫之印通称玺，秦始皇以后为王者独用，以后历代皇帝御玺的体形、文字各有变异，但绝大部分都为螭虎钮。

（2）**印**。春秋战国时期出现印的名称，但不普及，秦印时期的官印通称"印"。六朝时朱文、白文并行。传世文物中汉印较多，据考证起源于封泥。

（3）**章**。汉代印和章并称，而称章的地位更高些，如广武将军章、御史大夫章等。

（4）**记**。与章并称，都有识记之义。

（5）**印章**。印和章连称，汉武帝时期有这种叫法，这与当时崇尚五行说有关，"之""印""章"有时是用来填字数的。

（6）**宝**。皇帝用玺的别称，武则天觉得"玺"的发音近于"死"，就改称其为宝，后世帝王沿用。

（7）**关防**。明太祖时，为防止官僚之间用空白官方文书舞弊，加强关防，就采用半印公文制，如同战国时期的合符一般，来勘测公文之真伪。后来尽管这种半印制度废弃了，但官员们仍称官印为"关防"。

春秋中期，印玺已应用于社会活动中。现在所能看到的早期印玺多是战国古玺。先秦印玺遗存约有6000余方，多属战国时期，铜质居多，分为官玺、私玺两类。官玺约300方，其余为私玺（包括姓名玺、闲文玺、肖形玺）。各国玺文的笔画结构也有区别，印玺质地、形状、纽式和铭文排列形式等无固定模式，结构紧密，笔画圆转多姿，布局错落有致，和谐自然，并依据构图美观的需要，或增减笔画，或挪动偏旁（甚至合文），古朴多变，精彩纷呈。

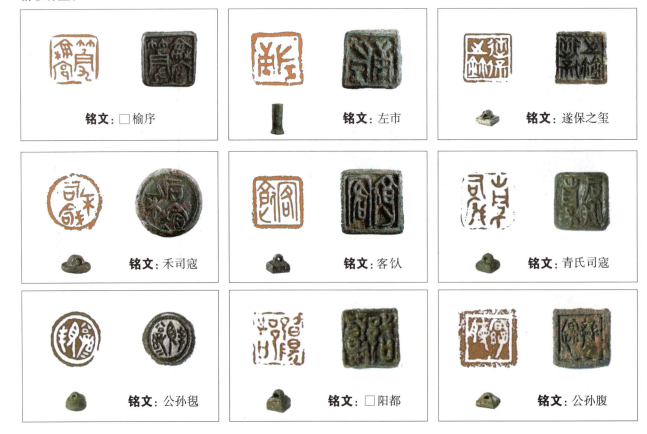

铭文：□榆序　　铭文：左市　　铭文：遂保之玺

铭文：禾司寇　　铭文：客钦　　铭文：青氏司寇

铭文：公孙毡　　铭文：□阳都　　铭文：公孙腹

铭文：司寇沓　　铭文：敦于吉　　铭文：命孤瘁

铭文：文是相如　　铭文：西闵沽　　铭文：子马绍

铭文：桐木角　　铭文：霍闭智　　铭文：乘马带

铭文：燧革　　铭文：左公车序　　铭文：下西闵

铭文：藏室　　铭文：介单序　　铭文：平匋

铭文：郏市出玺　　铭文：稷门　　铭文：左廪之玺

铭文：史义私玺

铭文：赤章成

铭文：赵朓

铭文：可以正下

铭文：萋叟

铭文：羊

铭文：可以正下玺

铭文：慎声

铭文：敬之

铭文：寸千金

铭文：鋊下官

铭文：俞市出玺

铭文：大府之玺

铭文：长信君

铭文：左逸徒

铭文：句丘官

铭文：□阳

铭文：新咸君

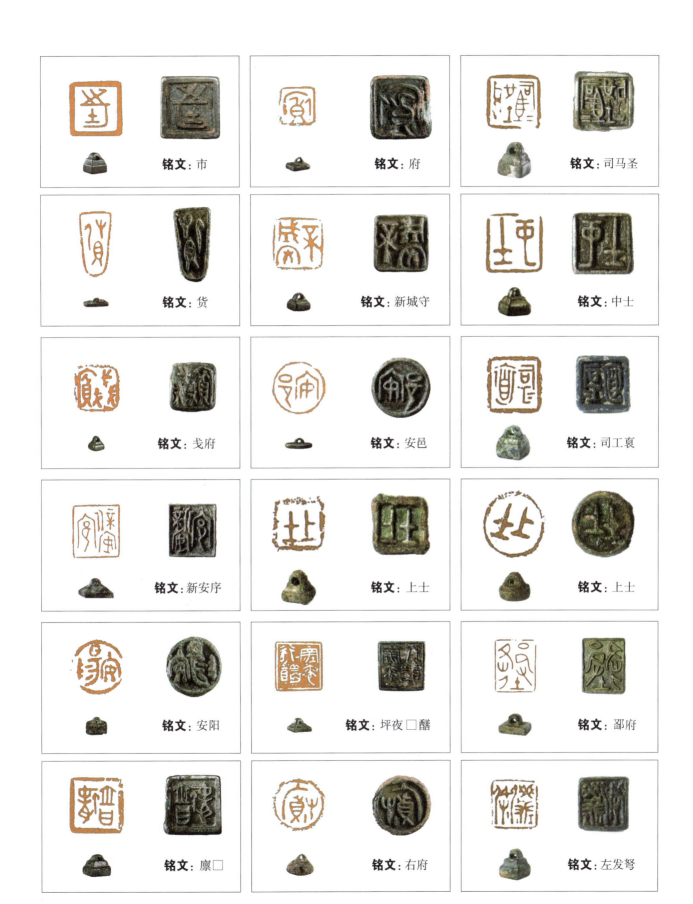

铭文：市

铭文：府

铭文：司马圣

铭文：货

铭文：新城守

铭文：中士

铭文：戈府

铭文：安邑

铭文：司工裛

铭文：新安序

铭文：上士

铭文：上士

铭文：安阳

铭文：坪夜□醅

铭文：邵府

铭文：廩□

铭文：右府

铭文：左发弩

3. 封泥

封泥又称泥封，是古时封缄文书、信件、货物时盖印的泥团，是印章按于泥上作为实物和木制牍函封缄的凭证，和印章互为表里。战国时，人们把简牍或物品用绳捆扎，在绳结处回检木上封此泥块以防泄密及便于检核。接收人收到物品后割断绳索开封并保存封泥，最后作废处理。封泥正面是印文，背面有绳迹，形状多是不规则圆形，少数呈方形。因年代久远，自然剥蚀脱落，致使封泥边缘多有破损，但却有一种古拙质朴、自然率真之美。

封泥之用见于先秦文献，封泥制度见于两汉文献。卫宏《旧汉仪》中载有"天子信玺皆以武都紫泥封"。晋朝以后，纸张、绢帛逐渐代替了竹木简，封泥消失。当今邮票还起着和封泥一样的封签作用。

大府之玺

郏市出玺

坪夜□醅

俞市出玺

4. 虎符

虎符是古代皇帝调兵遣将用的兵符，用青铜或黄金做成伏虎形状的令牌，劈为两半，其中一半交给将帅，另一半由皇帝保存。只有两个虎符同时合并使用，持符者即获得调兵遣将权。

〖杜虎符〗

简介

　　杜虎符高4.4厘米，长9.5厘米，厚0.7厘米，背面有槽。

铭文

　　兵甲之符，右才（在）君，左在杜。凡兴士披甲，用兵五十人以上，必会君符，乃敢行之。燔燧之事，虽母（毋）会符，行殹（也）。

5. 瓦当

瓦当又称瓦头，是古代中国建筑中覆盖建筑檐头筒瓦前端的遮挡，约始于西周时期。铭文瓦当始于战国时期，汉朝达到巅峰。本篇我们列举的是山东临淄齐国故城出土的战国陶瓦当。

万岁富贵

千秋万岁

天齐

6. 刻石

【诅楚文】

简介

　　《诅楚文》一说刻于秦惠文王五十二年（前313），内容为秦王使宗祝在神前咒诅楚王而祈求"克剂楚师"，属祝祷辞中的策祝。祭后或沉于水，或埋于土，于北宋嘉祐、治平年间相继发现。三石文字基本相同，分别以祭神命名：巫咸文，326字；亚驼文，325字；大沈厥湫文，318字。原石约在南宋末年亡佚，有元代拓本流传。

美学特征

　　字体规整，笔画匀称，秦代小篆与此接近。线条劲挺，收笔大多呈尖状，意味率真。字形结构也与石鼓文之方正相近。

【公乘得守丘刻石】

简介

　　《公乘得守丘刻石》又名《河光刻石》，刻在高90厘米、宽50厘米、厚40厘米的石头上。此石原在河北省平山县前七汲村外的田野里（战国时期古灵城遗址西），现藏河北省博物馆。

铭文

　　监罟有（囿）臣公乘得，守丘（其）臼（旧）□（将）曼，敢谒后贤者。

美学特征

　　随手刻成，未经书丹。因石质坚硬，行刀不能尽如人意，长直线和圆转处有生拙不顺感，但有质朴率意、散漫不经的天然趣味。

7. 青铜器

战国时期的青铜器铭文上承春秋时期，各国铭文的地域性特色发展到极致，直至秦王朝统一小篆后消亡。

（1）秦国

战国时期的秦国文字代表作有《商鞅方升》和《商鞅戟》等兵器铭文，线条瘦硬而气势开阔。但最能代表秦国书法艺术的是石刻书法，陕西凤翔秦公一号大墓出土的石磐之上就镌刻有不少清秀精美的文字，虽然有一些图案化倾向，但已经为我们展现出秦国刻石文字繁荣的端倪。

▮【 商鞅方升 】

简介
商鞅方升又名商鞅量，为秦孝公时器物。高2.32厘米，内壁平均长6.97厘米，容积202.15毫升，通长18.7厘米，内壁平均宽12.48厘米。方升外侧有铭文32字，记载秦孝公十八年（前344）齐国来访秦国，大良造鞅乃积算以十六寸五分之一寸为一升。此为秦国度量衡制度中一升的标准量器。 　　商鞅方升外壁四面环刻铭文，其内容表明它在秦孝公十八年被定为标准量器，并发至重泉地方使用；秦统一后又加刻二十六年诏书，改发到临使用。 **美学特征** 　　铭文中首次所刻铭文在左壁和前壁，线条圆润、体势稍纵，当是琢刻较精所致。而位于器底和右壁的加刻部分则方折敧侧、刀痕宛然，明显是率意之作。从书体演变角度看，十八年刻辞酷似同时的《诅楚文》和后来的小篆，大篆的古意已经消失。

▮【 秦公平侯盂 】

简介
秦公平侯盂又称都公平侯鼎，秦国青铜器。
铭文
隹（唯）□八月初吉癸未，□公平侯自乍（作）尊盂，用追孝于厥皇且（祖）晨公，于厥皇考□□（盂）公，用易（赐）眉寿，万年无疆，子子孙孙用宝用□（享）。

【秦宗邑瓦书】

简介　宗邑瓦书通长24厘米，宽6.5厘米，厚0.5—1厘米，为秦惠文王时瓦书。两面刻121字，画内涂朱，是战国时秦系书法中的草篆佳作。

正面铭文　四年，周天子使卿大夫辰来致文武之酢（胙），冬十壹月辛酉，大良造庶长游出命曰：去杜才（在）酆邱到滴水，以为右庶长歜宗邑。乃为瓦书。卑司御不更顝封之，曰：子子孙孙以为宗邑。顝以四年冬十壹月癸酉封之。自桑□（郭）之

背面铭文　封以东，北到桑匽（堰）之封，一里廿辑。大田佐敖童曰未，史曰初。卜蛰，史□（羁）手，司御心，志是霾（埋）封。

美学特征　字形接近小篆，呈长方形，圆弧笔画常以几折转刻。字距行距皆无，随手刻来，不计工拙，具有天真烂漫之趣，堪称草篆。风格与《商鞅方升》铭文相似，并下启秦始皇二十六年权量诏版铭文之风气。

摹本

【邵钟】

简介

邵钟有13枚，清代咸丰同治年间山西荣河出土，铸有铭文84字（重文2）。邵钟为魏国早期器物，王国维考证为毕公之孙，邵伯之子，为吕锜后人所作，或以为邵伯即魏献子。据"佳王正月初吉丁亥"，定为前475年丙寅，恰是周平王元年，通常认为是战国始年。

铭文

佳（唯）王止（正）月初吉丁亥，邵曰：余翼公之孙，邵白（伯）之子，余顝罘事君，余兽□武乍（作）为余钟玄谬钟铝，大钟八聿（肆）其灶四□绪乔上其龙，既寿伙虞大钟既县（悬）王□□鼓，余不敢为乔（轿）我以享孝，乐我先且（祖），以薪（祈）眉寿，世世子孙承以为宝。

美学特征

字体与侯马盟书类似。

（2）陈国

【陈曼簠】

简介

　　陈曼簠为齐宣公时期所制，全称齐陈曼乍皇考献叔簠，现藏上海博物馆。通高11厘米，口径19.4厘米，口横31厘米，重3.15千克，窄沿外招，直腹，下部向内折，然后收成平底，下承四只斜支足。此簠铭文4行、22字，记述了陈曼为其皇考献叔作器之事。

铭文

　　齐陈曼不敢逸康，肇堇（勤）经德，乍（作）皇考献叔□（馈）□（盘），永保用簠。

美学特征

　　多数字体起笔方、收尾尖，用笔纵锐横方，但又不乏圆转笔画，具有较强装饰意味，在齐国书法崇尚方势流派中脱颖而出。风格精劲谨严，规整秀丽，与雄重庄严的西周金文迥异。从文字造型和书法风格来看，字体取纵式，从笔画的齐整和字距、行距的均匀分布来看，已呈小篆体势的雏形。

　　铭文下列三字均作反文，风格与上文不一致，当出自另一人手，应为制作时临时变故而成，此为先秦金文书法中仅见。

（3）魏国

【大梁鼎】

简介

　　大梁鼎通高15.5厘米，口径13.8厘米，腹径17.6厘米，魏安厘王二十七年（前250）造，现藏于辽宁省旅顺博物馆。圆形，半球状腹，底部较平，敛口，缺盖，子母口，两耳附在口缘外，微外撇，三蹄足较矮。通体光素，腹外侧阴刻铭文"大梁司寇赵无智铸"等18字，史料价值较高。它是战国至西汉流行的铜鼎典型式样。曾经罗振玉收藏，《三代吉金文存》《小校经阁》有记。

（4）齐国

〖齐量三器〗

简介

齐量三器是指子禾子釜、陈纯釜、左关和，又称陈氏三量，为战国田齐时期所铸，是齐国中央政权在左关安陵地区（即灵山卫一带）征收税赋的专用标准量器范具。

左关和

左关和高10.8厘米，口径19.4厘米，1854年于山东胶县灵山卫古城出土。半球体，有流，铭文为"左关之鉳（和）"。容量2070毫升，现藏上海博物馆。

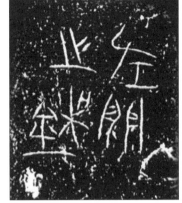

陈纯釜

陈纯釜通高8.65厘米，口径22.65厘米，底径18.08厘米，重12.08千克，容积20580毫升。罐形，直口束颈，圆肩连腹，向下收敛成小平底，腹两侧有一对把手。素面无饰。腹外壁铸铭文34字：

陈猷立（莅）事岁，□月戊寅，于兹安□（陵）亭，命左关币（师）发敄成左关之□（釜），节于廪釜，□（屯）者曰陈纯。

子禾子釜

子禾子釜高38.5厘米，口径22.3厘米，底径19厘米，1857年于山东胶县灵山卫古城出土，现藏于中国历史博物馆。釜为直口大腹，溜肩平底。腹部有半月形双耳。肩下部有铭文十行，因伤残锈蚀，能识者近90字，内容是告诫官吏用标准量器不得犯戒舞弊，违者论其轻重，施以相应惩罚。由此可见，战国时期度量衡已有明确的校量制度和严格的管理措施。此器实测容量为20460毫升。

子禾子是田和为大夫时之称谓，禾、和二字互相通用。《战国策·魏策四》和《吕氏春秋·顺氏》都有子禾子的记载，故知子禾子釜是田和未立为诸侯前所铸之器，其年代在前404—前385年之间。

（5）曾国

〖 曾姬无恤壶 〗

简介

曾姬无恤壶也称曾姬壶、无匹壶，共一对两件，1933年出土于安徽省寿县李山孤堆楚幽王墓。壶身高124厘米，口径32厘米，底径36厘米，铭文各39字，为楚宣王所铸。

铭文

佳（唯）王廿又六年，圣桓之夫人曾姬无恤，口（吾）宅兹样陵，蒿间之无匹，甬（用）乍（作）宗彝壶，后嗣甬（用）之，职才（在）王室。

美学特征

字体大小悬殊，笔画清秀，行笔圆转，结字以长方为主。既有楚文字的夸张，又有秦文字的庄严与肃穆。由于器型变化，许多字呈欹侧之势，章法错落，富有动感。

（6）郑国

〖 哀成叔鼎 〗

简介

哀成叔鼎于1966年在河南省洛阳市西工区东周墓出土，现藏于洛阳市博物馆。鼎高33厘米，口径32.5厘米。敛口，浅圆腹，立耳，瘦高蹄足，带圈首拱盖。腹内壁有铭文8行、54字，记载哀成叔游宦到周（洛阳）当了康公家臣。此鼎是哀成叔死后，其家人制作的一件殉葬器，希望他死后永远侍奉康公。

铭文

正月庚午，嘉曰：余郑邦之产，少去母父，乍（作）铸饮器黄镬，君既安叀，亦弗其口蓑，嘉是佳（唯）哀成叔之鼎，永用口祀，死（尸）于下土，台（以）事康公，勿或能怠。

（7）中山国

中山国的建国时间众说纷纭，中山侯□铜钺第一次以出土实物的形式明确记载了中山国建国的有关情况，为解开中山建国时间提供了最可靠的实证。战国中山国划分为三个阶段："侯"国阶段、"公"国阶段和"王"国阶段。中山"侯"国是中山"公"国的前身，中山"公"国又是中山"王"国的前身。中山侯国最早建立的时间应该在"天子建邦"且受封为"中山侯"这一时期，约在前516年到前506年之间。

"中山"之名普遍认为是因为中山国"城中有山，故曰中山"。晋张曜《中山记》说"以其城中有山，故谓之中山"。但是中山国或中山先人定都"新市"（今河北省石家庄市正定县新城铺）时城中无山；中山武公定都"顾"（今河北省保定市定州市）时，亦城中无山。因此有学者认为，中山先人因生产力低下，打猎时多为集体围猎，武器多为殳和叉类，"中山"二字为此二类武器的象形演变而来。中山国典型的武器装饰就保留了"山"字形。

马家窑"山"字纹彩陶

苏鲁锭、王耆墓"山"字形器

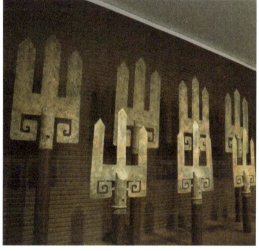

〖中山侯□铜钺〗

简介

中山侯□铜钺为陶范铸造的青铜礼器，1977年出土于河北省平山县三汲乡七汲村。钺长29.4厘米，刃宽25.5厘米，中部最厚处0.6厘米，重2.3千克。形体扁方，刃呈圆弧形，中部有一圆孔，两肩等宽，各有一长方形横穿，其内侧饰由直棱纹组成的一个山字纹。这些纹饰都是阳纹铸造。钺的两面纹饰相同，一面刻有铭文，另一面无铭文。孔与刃之间竖刻2行、16字铭文，每行8字。

铭文

天子建邦中山侯□，乍（作）兹军钺以敬厥众。

美学特征

字体布局规整，线条刚劲中蕴含婀娜，耐人寻味。

【中山王三器】

简介

　　中山王三器是指中山王鼎、中山王圆壶和中山王方壶三件器物，1977年在河北平山的古中山国遗址出土。中山王鼎为铁足铜鼎，铸有铭文77行、469字，为中山王十四年铸，用以赏赐中山相周，为奉祀宗庙的礼器，是迄今为止发现的最大铁足铜鼎。中山王圆壶是中山王的嗣王为先王所作，腹与圈足皆有铭文，腹部铭文59行，182字。圈足上文字1行，22字，内容是追颂先王的一篇悼词，除歌颂先王的贤明外，还赞扬相邦马𱆶的内外功劳。中山王方壶有铭文448字，为中山国王命令其相邦（相国）铸造的酒器，又名𱇛壶、彝壶。

美学特征

　　铭文字数以中山王鼎最多，也最精美。字形修长，上紧下松，笔画一丝不苟，线条下垂，布局均匀。纤细劲秀，风格绮丽多姿，典雅飘逸，极富装饰趣味，有悬针篆的风格。章法随势附形，文字排列参差错落，穿插自如，圆转流畅，灵动自然，堪称战国晚期金文书法艺术的代表作品。

中山王方壶

中山王圆壶

中山王鼎

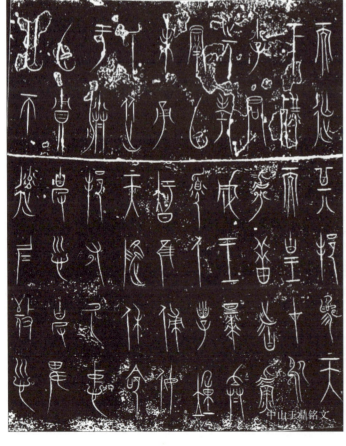

中山王鼎铭文

中山王方壶铭文

中山王方壶铭文

中山王圆壶铭文

（8）楚国

【楚王酓忑鼎】

简介

　　楚王酓忑鼎于1933年在安徽寿县朱家集出土，现藏天津市历史博物馆。该鼎整体造型古朴敦厚，是早年出土楚器中的重要代表，曾一度被誉为南北楚器之冠。直腹，底微圆，双长方形耳，三兽形足外撇，盖上有环和三个变形的鸟状钮。器中部有弦纹一周，弦纹上满饰细密变形的涡纹，弦纹下为素面。在器口、盖内、腹部刻铭文64字，内容说明鼎是楚幽王熊悍用缴获的兵器铸成的。

铭文

　　楚王酓（熊）忑（悍），战隻（获）兵铜，正月吉日，室铸镥（乔）鼎，以共（供）岁棠（尝）。

　　集脰。冶师盘埜（野）差（佐）秦忑为之。

美学特征

　　文字灵动，线条起止有"刀"的意趣。铭文所处的位置在器物的多地方，体现了创作的自由。字体与《郭店楚简》《包山楚简》字法基本相同，处处体现"书写"意趣，起笔自然，行笔流畅，收笔顺势而止。特别是一些弧笔的运用，使整个点画显得流畅、轻盈。一些笔画虽细如蚁足，但充满韧性与张力。

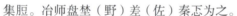

【楚王酓章镈】

简介

　　楚王酓章镈钟，1978年湖北随州擂鼓墩一号墓出土。钟体扁近于椭圆，口平，钮饰为两对蟠龙对峙，其下一对回首卷尾，其上一对引颈对衔。钲部两侧衬以浮雕龙纹，并有5个圆泡形饰呈梅花状排列。楚惠王熊章五十六年（前433），楚王以此镈钟送给曾侯乙。

铭文

　　佳（唯）王五十又六祀，返自西阳，楚王酓章乍曾侯乙宗彝，囗之于西阳，其永时用享。

美学特征

　　笔画纤细，字体修长，线条婉转流畅，并有美术装饰性的效果。

〖 鄂君启铜节 〗

简介

鄂君启铜节于1957年在安徽省寿县城东丘家花园出土，形似劈开的竹节，在镶嵌工艺的基础上进行"错金银"以防伪，故又称错金鄂君启金节。

铜节分舟节和车节，双方各持一半，合节验证无误才发生效力。舟节长30.9厘米，宽7.1厘米，厚0.6厘米，有错金铭文9行、165字；车节长99.6厘米，宽7.3厘米，厚0.7厘米，有错金铭文150字，记载了楚怀王六年（前323），怀王发给儿子鄂君启（鄂为地名，启是鄂君之名）使用运输货物的免税证件，规定了交通路线、车船大小与数量、运载额、运输货物的种类、禁运货物和纳税及免税情况等。

铭文

大司马昭阳败晋师于襄陵之岁，夏□之月，乙亥之日，王居于茂郢之游宫。大工尹□□铸金节。屯三舟为舿，五十舿，舿岁能返。自鄂往，逾湖，徒（涉）汉，庚邵，庚芑易，逾汉，庚郢，逾夏，内□，逾江，庚□（彭）□，庚松易，内浍江，庚爰陵，徒（涉）江，内湘，庚□，庚□易，内□，庚鄙，内□，沅、澧、□、徒（涉）江，庚木关，庚郢。见其金节毋征，毋舍桴饲；不见其金节则征。如载马、牛、差以出内关，则征于大府，毋征于关。

大司马昭阳败晋师于襄陵之岁，夏□之月，乙亥之日，王居于茂郢之游宫。大工尹□以王命，命集尹□□，□尹逆，□令阢为鄂君启之□□铸金节。车五十乘，岁能返。毋载金、革、黾（鼋）、箭，如马、如牛、如特，屯十以当车；车如梏（棒）徒，屯廿廿（二十）梏以当一车，车以毁于五十乘之中。自鄂往，庚易丘，庚邡城，庚□禾，庚畐焚（或作埜），庚繁易，庚高丘，庚下□（蔡），庚居鄵，庚郢。见其金节毋征，毋舍桴饲，不见其金节则征。

美学特征

字体挺拔秀丽、圆润秀劲、庄严肃穆。

8. 简牍

战国时期楚国金文以青铜器铭文和竹简文字为代表，其中竹简文字代表性的发现有信阳楚简、郭店楚简、包山楚简等，处于商周金文大篆向秦汉篆隶的转折期。

【郭店楚简】

简介

郭店楚简于1993年10月在湖北省荆门市郭店村郭店一号楚墓发掘出土，有竹简804枚，其中有墨迹的字简为730枚，计13000多个楚国文字。郭店楚简的发现对研究中国哲学、思想史、古文字学、简册制度和书法等方面都提供了可贵的资料。

美学特征

郭店楚简文字是典型的楚国文字，典雅、秀丽。丛文俊在《古文蝌斗》一节中认为："这批竹简出自数人手笔，风格颇不相同，而皆娴熟精到，神采飞扬。""这些简书表明，手写体中锋、侧锋的自然变化，优美飘忽的圆曲笔势。""顿生奇姿逸态。""如《成之闻之》篇简，其笔势圆融，正欹变化空灵有致，充分显示长锋笔的风格美感，是楚系墨迹中唯一可以揭示虫书秘奥的作品。"《语丛三》简，"其字体势皆纵，挺拔雄媚，泱然大度，有廊庙气象"。《性自命出》简，"逸逸草草，无拘无束，笔道流媚，意态天然，非精熟至极，无以臻此境界"。《语丛四》简"用笔清劲圆美，秀润婉转，简虽狭窄，却能纵横洒落，流光溢彩，与《楚帛书》面目极近，可谓精品"。

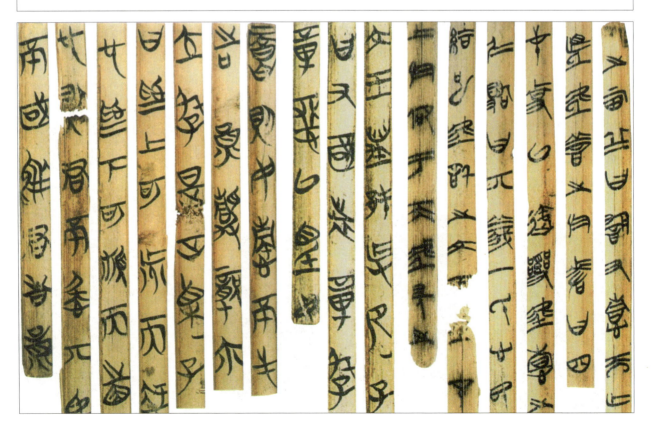

【包山楚简】

简介

　　包山楚简于1986年在湖北省荆门市包山2号楚墓出土,有字竹简278枚、简牍1枚,年代约为楚怀王前期(前328年之前),现藏湖北省博物馆。

　　竹简内容有遣册、卜筮祭祷文及司法文书等。遣册简长68—72.6厘米,宽0.75—1厘米,厚0.1—0.15厘米,基本为上中下三道编丝线编联。卜筮祭祷文简长67.1—69.5厘米,宽0.7—0.95厘米。司法文书简长55—69.5厘米,宽0.6—1.1厘米。这两类简为二道丝线编联。文字大都写于篾黄面,有少数书于竹青面。字距疏密不一,每简字数一般为50—60字。同一简用空格区别不同内容,或用横线表示起首,三角形墨点表示分段。篇题有书于简背者。

　　字体风格不一,出自多人之手。笔力圆劲,用笔率意,多侧锋取势,藏头露尾,或重按重收,间有连笔草简,简化了篆引缠绕扭结之法,横画上拱而顺势回锋,撇捺笔左右舒展,蕴含隶化意味。

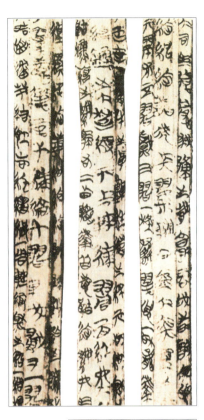

【仰天湖楚简】

简介

　　仰天湖楚简于1953年在湖南省长沙市仰天湖出土,共42支,其中完整简为19支。竹简内容为遣策,每简文字2—21字不等。简长20.2—21.6厘米、宽0.9—1.1厘米、厚0.12厘米。书写于竹黄上,背面竹青未削去而保存完好。在简的中部右边削有两个小缺口,两者相距8—9厘米,以便编束成册。

　　1952—1954年在长沙出土的三批资料(五里牌楚简、杨家湾楚简和仰天湖楚简),使人们亲睹先秦竹简实物,其中仰天湖楚简保存较好,字迹较清楚。

【信阳楚简】

简介

　　信阳楚简于1957年在河南省信阳市长台关一号楚墓出土,共119枚,为战国早期竹简。竹简发现于战国墓的前室和后左室。后左室还有书写工具箱,箱内装有铜质的削、锛、锯、锥、刻刀、夹刻刀和毛笔等12件修治竹简的工具和书写工具。

　　竹简字体呈方形,结构紧密,用笔平缓流畅,笔画匀称,平入顺出,无波磔,呈遒劲挺拔之势。书写风格与上博竹书的《性情论》《民之父母》接近。

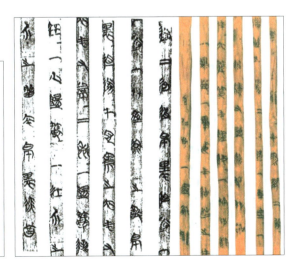

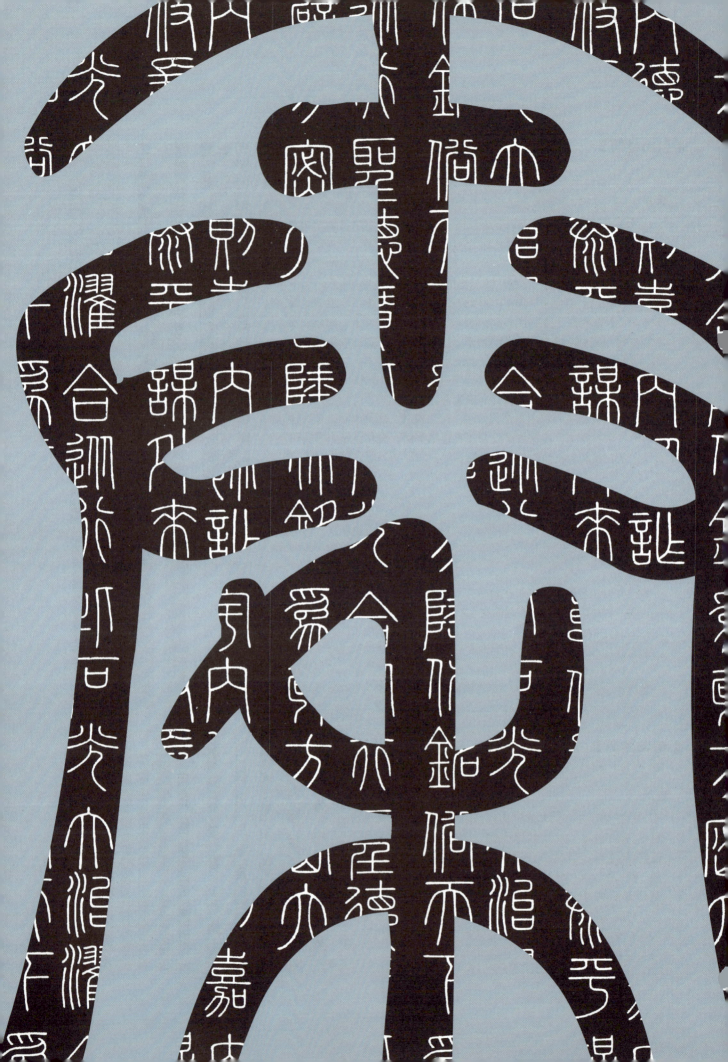

肆　秦朝

概述

秦朝（前221—前207）传两帝一王，国祚14年。因秦朝王室为嬴姓，又称为嬴秦，以区分其他国号为秦的政权。

秦国原为周朝的诸侯国，嬴政继位后，先后攻灭关东六国，结束了五百多年诸侯分裂割据的局面，成为中国历史上第一个多民族共融的中央集权制国家。嬴政自认为功劳胜过三皇、五帝，于是合并成"皇帝"的称号（后世沿用），自称"始皇帝"。

秦朝在原来秦国基础上规范了全国的政治、经济、文化等制度，创立帝制及以三公九卿为代表的中央官制，以郡县制代替分封制，打破自西周以来的世卿世禄制度，强化中央对地方的控制，又强力推行"车同轨、书同文、行同伦"，力图

统一文化风俗，加强大一统的凝聚力，奠定了中国大一统王朝的统治基础，故称"百代都行秦政法"。

秦二世胡亥与赵高篡改秦法，施行暴政，导致农民起义。公元前207年，秦王子婴向刘邦投降，秦朝灭亡。

君主世系

序列	称谓	姓名 / 生卒年	在位时间
1	始皇帝	嬴政（前259—前210）	12年（前221—前210）
2	二世皇帝	嬴胡亥（前230—前207）	3年（前210—前207）
3	秦王	嬴子婴（?—前206）	46日

在汉字的发展历史上，秦朝是一个"承前启后"的重要节点。秦朝开始把"文字"叫做"字"（见《琅琊山刻石》）。"文""字"之别，独体为"文"，合体为"字"，合称"文字"（基本个体称为"字"）。先秦时期的各国文字芜杂，秦始皇命丞相李斯负责统一。李斯以秦国文字为基础，参照六国文字，制定标准文字，并写成范本，在全国推行，后世称之为"小篆"。

姜亮夫《古文字学》中说："汉文字的一切规律，全部表现在小篆形体之中，这是自绘画文字进而为甲文、金文之后的最后阶段，它总结了汉字发展的全部趋向、全部规律，也体现了汉字结构的全部精神。"从文字学的角度看，小篆是古文字的"承前"，隶书是今文字的"启后"。

秦朝还把印玺做了规定，只有皇帝的印章才能称为"玺"（材料为玉质），官员的印章称为"印"或"章"，一般是文官的称为"印"、武官的称为"章"（材料一般为铜质）。

"书同文"是汉字"形"方面的统一，"音"方面则不同地域各有差异。比如我们写字所使用的笔，本字为"聿"，楚国称为"聿"，吴国称为"不律"（不、律二字的切音），燕国称为"弗"，秦国称为"笔"，秦朝时统一称为"笔"。

"书同文"示意图

秦小篆和秦石鼓文是一脉相承的。我们以马字为例来看"书同文"的结果:

统一后的秦小篆:马

秦石鼓文:马

战国文字:马

商朝甲骨文:马

商朝金文:马

周朝金文:马

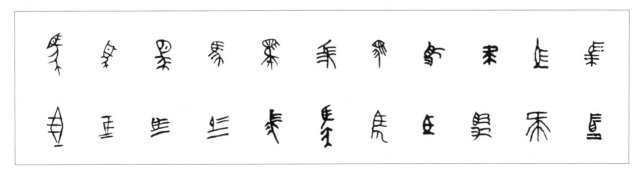

书体

秦朝官方字体是小篆，同时，还有小篆所依托的石鼓文等一类的大篆，民间书写也有隶书。

许慎在《说文解字》的序言中记载："秦书有八体：一曰大篆；二曰小篆；三曰刻符；四曰虫书；五曰摹印；六曰署书；七曰殳书；八曰隶书。"

1. **大篆**：这里指周宣王时太史籀写的十五篇文字，故又名"籀文"。段玉裁认为包含了《说文解字》中的古文字体。广义的大篆是指小篆之前的文字。甲骨文发现后，通常把甲骨文之后到小篆之间的文字称为大篆，也叫金文、钟鼎文、籀文。

2. **小篆**：由李斯、赵高、胡毋敬根据大篆而改定，个别部首有省略，分别写成《仓颉》《爰历》《博学》，字体有别于大篆，所以被汉代人称为小篆，又名秦篆、斯篆。

3. **刻符**：刻在符节上的字体。因系用刀刻在金属上，不能婉转如意，故笔画近于平直，形体近于方正，如阳陵虎符上的文字。

4. **虫书**：也称鸟虫书，指写在旗帜或符节上的字体，是篆书中的花体。大都铸或刻在兵器和钟镈上。往往用动物的雏形组成笔画，似书似画，饶有情趣。汉代不乏鸟虫书入印的实例。因这些字体有的像鸟，有的像虫，而鸟也称羽虫，所以称为虫书。

5. **摹印**：也称缪篆，指写刻在印材上的字体。其实是汉代摹制印章用的一种篆书体。形体平方匀整，饶有隶意，而笔势由小篆的圆匀婉转演变为屈曲缠绕。印材有大小，所以在写刻前必须先规划，故称为"摹印"，特点是屈曲填密。具绸缪之义，故又名缪篆。

6. **署书**：也称榜书，指题在匾额上的文字。清代段玉裁《说文解字注》载："检者，书署也，凡一切封检题字，皆曰署，题榜曰署。"

7. **殳书**：铸在兵器上的文字。殳是一种兵器。

8. **隶书**：也称史书、左书、佐书，据说由下杜（今陕西省西安市长安区南）人程邈所作。段玉裁认为其法便捷，可以佐助篆所不逮。隶书之名隶，或是起于徒隶所书；其佐书之佐，或是起于书佐所书而名。

这八种书体是根据载体的差异而命名，总体而言是金文、小篆、隶书三种。

一、金文

秦朝金文是战国时期秦国文字的延续（一般归入到战国金文体系），秦始皇从建立秦朝到"书同文"实施统一小篆的这一过程中，秦国金文一直在应用过程中。随着秦小篆的颁布实施，金文逐渐退出历史舞台。

著名的石鼓文断代范围从周朝到秦朝之间，准确的断代时间众说纷纭，其中有一种说法认为石鼓文是秦朝的器物（如果这一说法成立，那就是秦朝建立后到"书同文"实施之前的这一时段）。

 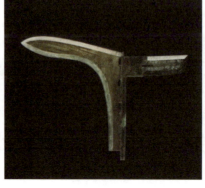 

二、小篆

1. 钱币

　　秦朝统一货币（本章始用钱币）上的文字为小篆。黄金为上币，单位"镒"（20两）；铜为下币，单位"半两"，还有"布"。半两钱在战国秦即已铸行，初为国钱，旋即改为方孔圆钱。秦将半两钱推行到全国，自此，方孔圆钱这种货币形制一直沿用了2000余年。《史记·平准书索隐》引《古今注》："秦钱半两，径一寸二分，重十二铢。"《史记·六国年表》："（始皇）三十七年十月，帝之会稽、琅琊，还至沙丘崩。子胡亥立，为二世皇帝。杀蒙恬，道九原入。复行钱。"说明复行钱是秦二世所行。秦二世即位刚一年就爆发了农民起义，天下大乱，私铸蜂起。于是制作粗劣，穿孔较大，钱径不到2厘米，重不足2克的小半两，也称"秦榆荚钱"出现于市场。秦末货币的严重减重变质，与秦王朝的衰亡是同步的。

铭文：半两

秦朝统一货币图示

魏国　赵国　韩国　齐国　燕国　楚国

秦国

半两钱范

半两钱范

2. 印玺

秦朝印章分为官印和私印两种。官印的印面一般用"田字格"加边框，印面多为2—3厘米的方形，低级别官员为"日字格"的长方形，大小约为正方官印的一半，称为"半通印"。官印多为白文（朱文凿刻的很少），书体为摹印篆，和秦代刻石、权量字体相近。私印的形式比较多样化，印面有正方形、长方形、圆形、椭圆形等，内容除了姓名之外，多有吉祥之语，比如敬事、和众等与修身相关的格言，开后世闲文印章的先河。

秦朝印章以热刻为主，在印体未完全冷却时直接入刀，刀法有平刀、尖刀、圆刀等。字体具有以下四种美感：(1) 天真烂漫的自由美；(2) 不可重复的单纯美；(3) 大美若缺的残缺美；(4) 形式多元的多样美。

铭文：思言敬事
美学特征：方笔与圆笔相结合，刚柔相济，对比谐和。

铭文：王芯
美学特征："王"字窄，"芯"字宽，形成鲜明对比。

铭文：公孙谷印
美学特征：田字格官印，两个对角的字形成鲜明的疏密对比，线质浑厚中又有圆转的变化，整体风格张弛有度，协调统一。

铭文：法丘左尉
美学特征："法"字笔画多，布白紧密，为照顾其均衡，结构做了大胆变化。整体布局上，两个对角各自呼应，显得疏密有致。

铭文：右公田印
美学特征：此为秦朝管理公田的官吏印，四字结体为方形，笔画均衡，布白均匀，刀法简洁有力，又有自由烂漫之趣。

铭文：小厩南田
美学特征：此为秦朝管理小厩官田的田官之印，田指田官，有大田、小田之分。字体端庄规范，曲线和斜线调节了整体的庄重感。

铭文：中官徒府
美学特征：结体方正，线条刚劲，每个字几乎都是纯直线，使得整体有种雄浑之气。细节方面，又有倾斜的短笔画增添了层次的变化。

铭文：修武库印
美学特征：田字格呈长方形，字体修长，线条直线为主，刀法雄浑，疏密对比明显，整体彰显浑厚华滋的风格。

铭文：桥胜
美学特征：字体笔势随圆形而屈伸，布白匀称而和谐。

铭文：蔡钧
美学特征：二字互相错让，整体搭配浑然一体。

铭文：冯季
美学特征：字体的斜线排列富有节奏，与留白又形成疏密的对比，别具匠心，

铭文：虞婴
美学特征：字体端庄典雅，线条方正，与"日字格"相融合，耐人寻味。

铭文：颍川干丞
美学特征：结体方正，刚柔相济，庄重典雅。

铭文：信安君印
美学特征：线条苍莽，布白均衡。

铭文：江胡干官
美学特征：笔画厚重，线条多直线而短，结体紧凑，风格刚健。

铭文：高陵乡印
美学特征：直线为主，有较明显的装饰性。

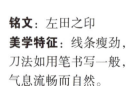

铭文：左田之印
美学特征：线条瘦劲，刀法如用笔书写一般，气息流畅而自然。

铭文：都司马印
美学特征：线条浑厚，整体上密而下疏，刀法畅顺，简洁明了。

铭文：平曲亭

美学特征："亭"字占两格，与右边两字形成鲜明对比，气息雄浑。

铭文：蓝田右尉

美学特征：两个对角的字各自形成疏密有致的对比，浑然天成。

铭文：广武君印

美学特征：线条纤细，风格婉约。缘于玉印过于坚硬，不易下刀。

铭文：左厩将马

美学特征：上面二字笔画少而在方格中略微上移，下面二字笔画多而居于方格中，整体有了疏密节奏的调和。

铭文：私府

铭文：私府

铭文：丧吏

美学特征：结构略有隶书笔意，在官印中显得与众不同。

铭文：效之私玺

铭文：交仁必可

铭文：忠仁思士

铭文：日敬毋治

铭文：千秋万岁

铭文：敬慎思事

铭文：君有百离

铭文：充地广邦

铭文：慎言敬愿

铭文：静

铭文：鲭

铭文：章

铭文：癸

铭文：疢

铭文：池

铭文：敬

铭文：荅

铭文：絮

3. 封泥

　　秦封泥文字源于秦玺印，又不同于玺印文字，与其他秦铜器、陶器、货币等载体上的文字有所不同。

　　这些玺印大多是秦官方正式颁布的，文字结构有的方正平整，有的便捷率意，具有秦风篆韵；有的顾盼呼应，富有变化。所以秦封泥文字具有相当的代表性，在中国汉字美学史上具有不可或缺的地位。

铭文：左丞相印

铭文：上雒

铭文：厩玺

铭文：蓝田丞印

铭文：成阳丞印

铭文：咸阳丞印

铭文：□谒者

铭文：高陵左尉

铭文：西成丞印

铭文：鄢丞之印

铭文：廷府

铭文：宦者丞印

铭文：大田丞印

铭文：中府丞印

铭文：阳都船印

铭文：夏阳丞印

铭文：内史之印

铭文：桃枳丞印

4. 刻石

秦代刻石史载有七处：泰山、琅琊山、峄山、碣石、会稽、芝罘、东观刻石。其中碣石一刻没入海中，芝罘和东观二刻石也早已散佚。峄山刻石原石毁于兵火，宋元两代曾作过翻刻，至今尚存。琅琊台刻石，为琅琊山的摩崖，为李斯小篆代表作，惜磨泐太甚，几无完字。会稽刻石为始皇帝最后一刻，南宋时尚在会稽山顶，但字迹几近全泐，后经辗转翻刻，书法已失原貌。

【泰山刻石】

简介

前219年，秦始皇东巡泰山，李斯书丹后刻石，为第一代泰山刻石。前209年，秦二世胡亥即位，李斯书丹后刻石，为第二代泰山刻石。现仅存秦二世诏书10字：斯臣去疾昧死臣请矣臣（又称"泰山十字"）。泰山刻石历代多有摹刻拓本，以29字拓本、10字拓本较常见，传世拓本以明代无锡安国所藏宋拓本为最早，存165字，此藏本于昭和十五年（1940）七月一日由中村不折氏（1866—1943）自晚翠轩购得。另一本存53字，也流传至日本。

铭文

皇帝临立，作制明法，臣下修饬。廿有六年，初并天下，罔不宾服。亲巡远方黎民，登兹泰山，周览东极。从臣思迹，本原事业，祗诵功德。治道运行，诸产得宜，皆有法式。大义休明，垂于后世，顺承勿革。皇帝躬圣，既平天下，不懈于治。夙兴夜寐，建设长利，专隆教诲。训经宣达，远近毕理，咸承圣志。贵贱分明，男女礼顺，慎遵职事。昭隔内外，靡不清净，施于后嗣。化及无穷，遵奉遗诏，永承重戒。

美学特征

法度谨严，线条浑厚端庄，圆健似铁，愈圆愈方。字体结构左右对称，外拙内巧，疏密有致。元代赫经赞道："拳如钗股直如筋，曲铁碾玉秀且奇。千年瘦劲益飞动，回视诸家肥更痴。"《岱史》称："秦虽无道，其所立有绝人者，其文字、书法世莫能及。"鲁迅也赞其"质而能壮，实汉晋碑铭所从出也"。

【 峄山刻石 】

简介

　　《峄山刻石》俗称《峄山碑》《绎山碑》《元摹峄山秦篆碑》（碑是汉代才有），现存山东邹城博物馆。《孟子》载："孔子登东山而小鲁，登泰山而小天下"中的"东山"即指此山。《史记·秦始皇本纪》载"始皇二十八年东行郡县，上邹绎山，与鲁诸儒生议刻石、颂秦德、议封禅，望祭山川之事"。原石被拓跋焘毁掉，但留下了碑文。现是根据徐铉摹本由宋代人所刻，现藏西安碑林。刻石为竖长方形，四面刻字，正面、左侧面刻颂扬秦始皇功绩，背面刻秦二世诏书。每面5行，共222字。

铭文

　　皇帝立国，维初在昔，嗣世称王。讨伐乱逆，威动四极，武义直方。戎臣奉诏，经时不久，灭六暴强。廿有六年，上荐高号，孝道显明。既献泰成，乃降专惠，亲巡远方。登于绎山，群臣从者，咸思攸长。追念乱世，分土建邦，以开争理。功战日作，流血于野。自泰古始，世无万数，陀及五帝，莫能禁止。乃今皇帝，壹家天下。兵不复起，灾害灭除。黔首康定，利泽长久。群臣诵略，刻此勒石，以箸经纪。皇帝曰："金石刻尽始皇帝所为也，令袭号而金石刻辞不称始皇帝。"其于久远也，如后嗣为之者，不称成功盛德。丞相臣斯、臣去疾、御史夫臣德昧死言：臣请具刻诏书，金石刻因明白矣。臣昧死请。制曰：可。

美学特征

　　横平竖直，布白整齐，笔画挺匀刚健，风格端庄严谨，一丝不苟，字体结构上紧下松，垂脚拉长，有居高临下之态。章法整齐，规矩和谐。线条圆润流畅，结字对称均衡，形体清瘦修长，风格精致典雅，可谓一派贵族风范。加之该碑笔法严谨，端庄工稳，圆润流畅、精细圆整。

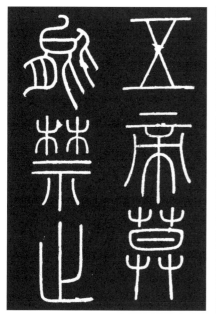

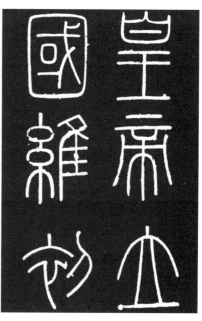

【 会稽刻石 】

简介

　　《会稽刻石》又称《李斯碑》，始皇帝三十七年（前210）立，李斯撰并书。碑文三句一韵，每字四寸见方，共289字，内容主要称颂秦王统一中国的业绩及秦王朝奉行的大政方针。原石在唐代以前已失，元代有重刻本，现存以元重刻本为底本翻刻，虽几经复摹，尚可一窥秦小篆的神韵。

铭文

　　皇帝休烈，平壹宇内，德惠攸长。卅有七年，亲巡天下，周览远方。遂登会稽，宣省习俗，黔首齐庄。群臣诵功，本原事迹，追道高明。秦圣临国，始定刑名，显陈旧章。初平法式，审别职任，以立恒常。六王专倍，贪戾憨猛，率众自强。暴虐恣行，负力而骄，数动甲兵。阴通间使，以事合从，行为辟方。内饰诈谋，外来侵边，遂起祸殃。义威诛之，殄熄暴悖，乱贼灭亡。圣德广密，六合之中，被泽无疆。皇帝并宇，兼听万事，远近毕清。运理群物，考验事实，各载其名。贵贱并通，善否陈前，靡有隐情。饰省宣义，有子而嫁，倍死不贞。防隔内外，禁止淫佚，男女絜诚。夫为寄豭，杀之无罪，男秉义程。妻为逃嫁，子不得母，咸化廉清。大治濯俗，天下承风，蒙被休经。皆遵轨度，和安敦勉，莫不顺令。黔首修絜，人乐同则，嘉保太平。后敬奉法，常治无极，舆舟不倾。从臣诵烈，请刻此石，光陲休铭。

美学特征

　　笔致工整，结体规格化，偏于外表仪态的圆整规范。

5. 诏版

诏版是指刻有帝王诏书的金属版，以求存世久远。秦诏版，也称秦量诏版、诏权，青铜制，刻秦始皇二十六年统一度量衡诏书，有的刻秦二世元年同类诏书，或二诏合刻。这些诏版外形各异，但铭文基本相同，其中廿六年诏版铭文为："廿六年，皇帝尽并兼天下，诸侯黔首大安，立号为皇帝，乃诏丞相状、绾，法度量则不壹歉疑者，皆明壹之。"

秦诏版主要是为了实用，字法相对草率，笔画较为方正，行款错落有致（笔画方折是因刀刻所致）。秦诏版刻字，风格大体近于东巡刻石，但因金属坚硬，镌刻时曲圆婉通的笔调已经走样，不及石刻、木刻那样流畅。但是这种与秦代刻石迥异的草率风格，恰恰为后世书法带来了新的启发。

【 廿六年诏权 】

简介

廿六年诏版，长10.8厘米，宽6.8厘米，厚0.4厘米，重0.15千克，四角各钻有小孔，铜质青色，铸于秦始皇二十六年。字体大小0.9厘米，竖5行、横8行，上下、左右结构整齐，阴文书刻40字。

铭文

廿六年，皇帝尽并兼天下，诸侯黔首大安，立号为皇帝，乃诏丞相状、绾，法度量则不壹歉疑者，皆明壹之。

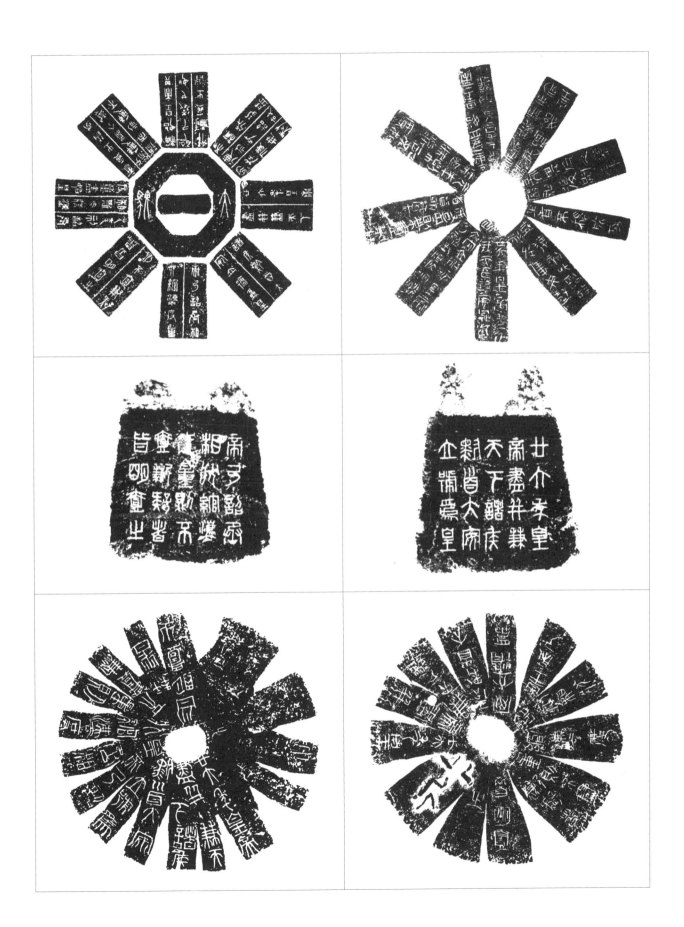

6. 权量

权量简称权，度量的衡器。商承祚认为权是天平的砝码，有学者认为应是杆秤的秤砣。秦始皇统一度量衡制度，用最高法令形式的诏书颁布全国。《汉书·律历志》称："权者，铢、两、斤、钧、石也。"1石为4钧，1钧为30斤，1斤为16两，1两为24铢。据测，秦代1斤约合现在的250克。

秦代权量（简称秦权）质地多为铜、铁，也有陶质，多为半球形，少数有觚棱，一般分为权身与权柄鼻钮两部分。秦始皇权大都是实心，但秦二世权高体小钮，多为一斤重，因此底部凹陷，空腹如钟，借以扩大外壁面积。

秦权铭文中，有圆整方正、整齐划一的，但大多数字体起笔露锋，行笔快捷，在圆笔中锋基础上出现了偏锋，笔势方折，多有断笔，甚至缩简为点，笔画清朗瘦劲，笔画间的粗细、长短、曲直、斜正、收放等关系丰富多变。在章法上率意自然，字、行及整篇都有对比关系，质朴率直、凝练生动，呈现出端正、奇肆、疏放、紧致、劲峭等多种风格，与秦刻石中笔画圆匀、结体均衡、体态庄严妍美的小篆风格迥异，形成了秦小篆实用书写中的俗体。

【高奴禾石铜权】

简介

　　高奴禾石铜权于1964年在山西省西安市阿房宫故地出土。现藏于西安碑林博物馆。权高17.2厘米，底径23.6厘米，重3千克。平底，鼻钮。正面铸凸起铭文：三年，漆工口、丞诎造，工隶臣牟。禾石，高奴。

　　铭文第一行"三"字前，有一铸造时形成的凹陷，并非残字遗迹。背面刻秦始皇二十六年诏书和"高奴石"三字，并加刻秦二世六年诏书。高奴在今陕西延川县境。漆，地名；工即工师；漆工当为监造者；丞为主造者；工隶臣为实际铸造者；隶臣是刑徒；工师、丞、工三级是秦国官府手工业的组织系统。口、诎、牟皆为人名。铭文表明秦在战国时期对于衡器制造已有严格的制度。秦始皇统一度量衡时，加刻二十六年诏书。秦二世即位后，再次验定，刻二世元年诏书。此权自始铸至秦二世六年，三次镌刻铭文，长期作为标准器。

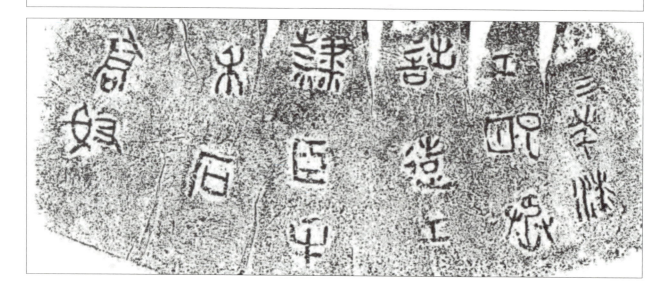

【秦始皇诏文铜权】

简介

　　秦始皇诏文铜权是一个十边形棱柱体的铜质秦权，体高5.5厘米，底部圆直径4.3厘米，上细下粗，挺拔方正。

　　铜权的棱面铸有秦始皇廿六年（前221）统一全国度量衡的诏文，除第一边5字、第5边3字外，其余每边4字，共40字。

　　从造型到铭文的刻铸都显得严谨规范，应是一件精工细铸的官制标准器。

美学特征

　　字口深峻，法度严谨，圆转与方折张弛有度，与同期其他诏版文字的草率形成了鲜明对比。

【秦两诏铜斤权】

简介

　　秦两诏铜斤权，出土于秦始皇陵墓，现藏于陕西秦始皇兵马俑博物馆。权体面上环刻的铭文有2篇，一是《秦始皇二十六年诏书》，共40字，内容为："廿六年，皇帝尽并兼天下诸侯，黔首大安，立号为皇帝，乃诏丞相状、绾，法度量则不壹歉疑者，皆明壹之。"二是《秦二世元年诏书》，共58字，内容为："元年，制诏丞相斯、去疾，法度量，尽始皇帝为之，皆有刻辞焉。今袭号，而刻辞不称始皇帝，其于久远也，如后嗣为之者，不称成功盛德。刻此诏，故刻左，使毋疑。"

7. 虎符

【阳陵虎符】

简介

  阳陵虎符高3.14厘米，长8.9厘米，传为山东省临城出土，现藏国家博物馆。虎颈至胯间左右各有错金铭文2行、12字，罗振玉认为是秦虎符，梁思成认为阳陵地名为汉景帝改戈阳后才有。但又有学者考证秦代设有阳陵县（在今河南许昌西北），故仍为秦虎符。

铭文

  甲兵之符，右才（在）皇帝，左才（在）阳陵。

美学特征

  字体谨严浑厚，风格端庄，笔法圆转。

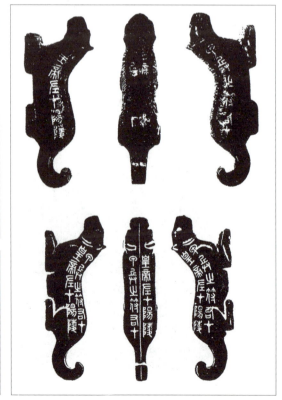

8. 陶器

秦代陶质器物有器皿、砖、瓦当等多种（其中砖、瓦当单独列出），其上的铭文基本可分为五种：

一是"物勒工名"和制陶地点等印陶铭文；二是刻于瓦上的刑徒墓志和其他文字；三是瓦当铭文；四是瓦量上的秦诏铭文；五是秦砖铭文。

这些陶文的年代基本集中在战国晚期至秦代的十五年间，字体基本属于小篆，除去陶量上的秦诏整饬规范，以及秦瓦当文具有较明显的装饰效果外，秦代陶器上的印陶铭文与刻画文字、秦代陶器上的打印戳记和刻画文字，多为下层官吏或制陶工匠所为，具有浓重的隶意。在自由、简朴的笔道中，反映了刻手不同的个性。所谓戳记，通常是在陶制或木制的印模上刻出文字，再打印到未经烧制的陶坯上，故又称印陶铭文。其内容反映了当时制陶业的真实情况，如器物的编号、制陶窑址、官署名、作坊名、陶工名、器物主名，以及各种吉语等。这些陶文的出土地点相对集中于秦故都雍城（今陕西凤翔）、咸阳和秦始皇陵。

1977年，陕西省凤翔县高庄村秦代墓葬出土了17件陶缶，其中8件刻有铭文，部分还填有朱色。铭文内容标示了陶缶的容量和所有者的姓名，如右上图。这些陶缶虽不能确定其制作的绝对年代，但其风格酷似秦诏版上的刻辞。1959年陕西省蓝田县出土的陶器刻文，1976年秦始皇陵东上焦村秦墓出土的陶器刻文，字体都为小篆，其风格与诏版刻辞同调，笔道瘦劲、刚健，反映了此时陶刻文字风格的独特性。

右图是为收藏家所重的《苏解为器盖》（出土地不明）。《摹庐藏陶捃存》中说："篆书硕大而雄肆，徐谓此秦物也。苏解乃陶工之姓名，物勒工名是也。'为'，犹'造'也，言'为'不言'造'者，先秦言'为'也。"他认为汉人开始将"为"改成"造"，所以断为秦代之物。此盖似陶工以木棒率意在泥坯上刻画而成，篆中带草，与上述阴刻文字相近。作为秦代印陶文字的标本，近世的发现也相当可观，主要见于当时秦中央官署控制下的制陶作坊所烧制的板瓦和筒瓦上。由于就地取材，就地造窑。所以大多数出土于秦都咸阳遗址和秦始皇陵园范围内。这些印陶多为阴文，少数为阳文。内容主要是烧砖瓦工匠的官署和人名。在秦代官窑徭役性制陶作坊烧制的砖瓦上，印陶内容多是工匠人名和其所属县邑的地望名称。在这些印陶中，前者属下层官吏所为，字体为小篆，相对说来，较为规整。后者属于徭役工匠所为，字体虽为小篆，但不少印陶风格粗犷草率，文字中常混入民间俗体，与秦隶风格相近。

此外，发现于秦都咸阳、秦始皇陵园、湖北云梦睡虎地秦墓的日用生活陶器和瓦器上的"市亭"类印陶文字（市亭为秦当时"市"的管理机构），以及在陶制量器上以印戳形式钤压出的成篇的秦诏铭文，也有以上艺术特点。这些陶文证明，秦统一中国前后，类似诏版风格的小篆和秦隶都是当时通行的日用文字。

铭文：隐成吕氏缶，容十斗

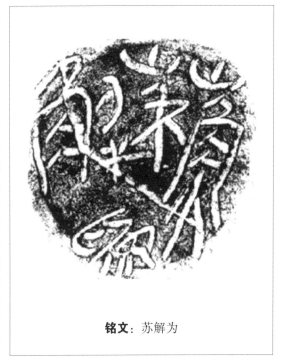

铭文：苏解为

9. 瓦当

秦代文字瓦当较少，以1953年于陕西省西安市出土的12字瓦当为代表（如右图），阳文小篆，表达了秦始皇"天命""神授"及"千秋万岁"永恒不变的思想。

文字瓦当的高峰在汉代，但肇始于战国时期。

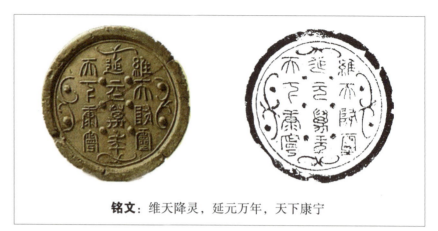

铭文：维天降灵，延元万年，天下康宁

铭文：千秋万岁

铭文：海内皆臣，岁登成熟，道无饥人

10. 铭文砖

秦砖上刻的铭文与甲骨刻画、青铜铸造、摩崖石刻、碑版等都属于传统金石学领域。我国制砖历史可上溯至西周，除建筑宫殿及其附属建筑物，多有不同造型、形制的砖材作为建筑附件而使建筑物整体增辉。砖较之于金、石等更为质朴，别具一格。砖头的铭文既是珍贵的历史文献资料，也是独特的汉文字美学载体，从战国至明清，砖刻铭文内容有姓氏、地望、干支、年号、纪事等各个方面，书体风格多样，精彩纷呈。

宫未

宫未

宁秦

大水

白章

白章

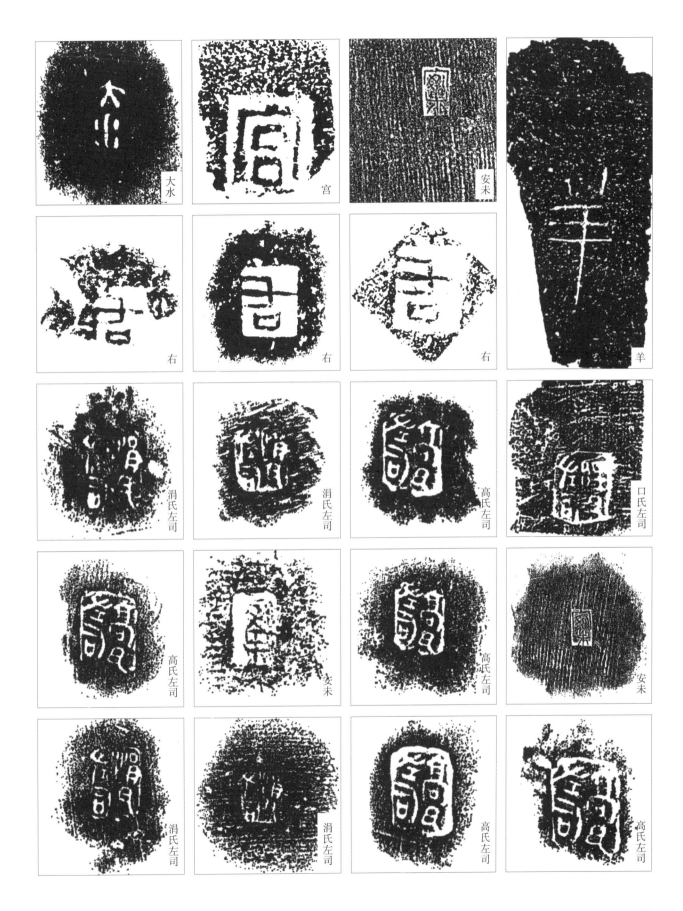

三、隶书

隶书的源头可以追溯到先秦时期。由于篆书的书写速度不能满足社会需要，于是逐渐产生了一种比篆书简易、书写速度较快的书体。因为主要是徒隶一类的下层吏员所书，因此称为隶书。民间传说隶书的发明人是秦始皇时期的程邈。

秦简牍墨迹的陆续出土，让我们见证了隶书演进初期的秦隶。这些墨迹上的字形从结构看仍属篆书，但体方笔直，笔法已含隶书笔意，这种书体称为秦隶，也称古隶。

简牍

秦简牍是秦朝以及战国时期的秦国所遗留下来的简牍总称，简称秦简。这些简牍上的墨迹为我们展示了隶书初期的本来面貌，丰富了汉字美学史的实物资料。为便于梳理，我们把战国时期秦国简牍也列入本章一起介绍。

目前已发现的秦简有：湖北省云梦睡虎地简牍、四川省青川郝家坪木牍、甘肃省天水放马滩简、湖北省江陵岳山木牍、湖北省云梦龙岗简牍、湖北省江陵杨家山简、湖北省关沮周家台简牍、湖北省江陵王家台简、湖南省龙山里耶简牍。还有最新的两批秦简牍：岳麓书院秦简（2007年底湖南岳麓书院购自港商并收藏）、北大秦简牍（2010年初香港冯燊均国学基金会捐赠北京大学）。

字形特征

字形特征主要从笔法、字法和章法三个方面来分析。

（一）笔法

起笔主要有全逆式回（调）锋和半逆式回（调）锋两种，后者笔法接近于汉隶典型的"蚕头燕尾"式起笔。行笔以中锋（正锋）运行为主，线条粗细均匀、持稳、厚重（也有部分字为侧锋行笔）。

收笔有回锋、驻笔、出锋三种方式。与起笔用锋相对应，保持笔画圆润、持隐的线条形象，长横、直划、右下伸展的斜划常用之。规整的简牍书写里，这种回锋收笔法尤其受到重视；书写愈是潦草，讫点回锋动作就愈少。

秦简出锋笔或尖锋尾笔不像楚简那样泛滥。楚简尾笔出锋往往尖、细、长，而秦简出锋常常钝、粗、短，秦简即便收笔出锋也总显得含蓄、节制，常作钝润状，锋芒圭角并不显著。

在调锋、隐锋的书写观念下，秦简牍墨书点线总显得匀整、含蓄、润泽、醇厚、质朴。秦人的调锋、裹毫、中锋行笔之法，即是后人广为推崇的逆锋起笔、藏头护尾法的早期形态。

（二）字法

布白相对均匀，点线多为平行、均衡排列。裘锡圭说："在整个春秋战国时代里，秦国文字形体的变化，主要表现在字形规整匀称程度的不断提高上。"这种对字形和写法的厘正与规范，体现于秦官文正体、俗书手写体两个系统内。秦简牍单字内点线一般做平行、等距列置，同类、同方向点线平行排列，如横势画、竖势画、斜势画分别平行、匀齐列置；点线间常作等距离、匀齐布置。

秦人这种理性的、讲求匀整的构形意识与同时期的东方书写有很大不同，晋盟书、楚简书的点、线多作非平行列置，点、线走向规律性差，甚至恣肆布置，楚简单字内点、线常做"四射状"，缺乏秦文字强调的点、线之同向、平行和均衡。

字势相对内敛，点画紧密内缩，不随意拉出长笔，也不像楚简等东土文字那样字内点线呈多向放射状。

（三）章法

笔势上具有一致性，字间具有连续性。虽然单字独立，却笔势相承，单枚竹简内字间相呼应。这种贯通主要来自三方面：一是点画笔触形象始终统一；二是平行、均衡点线结构；三是较快速的书写自然形成的"动势"引发了字间承续意味。这种承续性在同时的东方诸国手写体中要少得多。

〖睡虎地秦简〗

简介

　　1975年12月，湖北云梦睡虎地11号墓出土了竹简1155枚，另有残简80枚。竹简内容有：《编年纪》《语书》《秦律十八种》《效律》《秦律杂抄》《法律答问》《封诊式》《为吏之道》《日书》甲种、《日书》乙种，为秦始皇统一全国后第五、第六年间的遗物。墓主名喜，生于秦昭王四十五年（前262），卒于秦始皇三十年（前217）。

　　竹简书体虽然仍保存小篆的形体，但改变篆书的一些偏旁为隶书写法，而且用笔上的波磔挑笔已经初具形态，起笔重而露锋顿笔，收笔出锋。结体偏方形，线条厚重。竹简的宽度仅有半厘米，但上面的这些秦隶字体饱满，可谓笔小而气壮，有大字浑厚之象，足见书写者驾驭毛笔能力的高超与精到。

〖放马滩秦简〗

简介

　　1986年6月，甘肃天水放马滩1号墓出土了竹简461枚，包括《日书》甲、乙种、《志怪故事》。墓主丹初次下葬在秦王政七年（前240），二次下葬在秦王政十一年（前237）后，为战国晚期秦国竹简。文字一律书写在篾黄面，篾青面无文字。每简最多容43字，一般在25—40字。每简书写一条内容，至一章写完，如有空余再写不同章节，其间用大小圆点和粗线段区分。如遇转行，必写在与之邻近简的空余处。

【里耶秦简】

简介

2002年4—7月，湖南省龙山县里耶古城的1号井出土了38000余枚秦简，内容有四大类：简牍和封检、祠先农简、地名里程简、户籍简牍。这批简牍，除少数楚简外，绝大多数都是秦代简牍，年代为秦始皇二十五年（前222）至秦二世二年（前208）。

里耶秦代简牍是继秦始皇兵马俑之后秦代考古的又一重大发现，其研究成果大大填补史料缺佚，将极大地改变和充实人们原有的秦代知识结构，将从根本上改变秦史研究的面貌（其对秦史的意义类似于甲骨文对商代历史的意义）。

这些秦简上的古隶正是小篆向隶书的过渡书体，别具美感。

【郝家坪秦牍】

简介

1980年，四川青川郝家坪出土了《更修田律》木牍。正面记载秦武王二年（前309）左丞相甘茂更修《田律》等事，与《史记》中载甘茂伐蜀、定相位吻合。简牍中"王命丞相"称"王"不称"帝"，下文"正疆畔"的"正"字又不避秦始皇嬴政之名讳，故下限当在秦始皇称帝以前。

墨迹笔法率意，结体错落，有篆籀遗韵。字距大，行距小，与青铜器金文形成了巨大反差。

【岳麓秦简】

简介

2007年12月，湖南大学岳麓书院从香港购藏了2098枚竹简。次年8月，藏家又捐赠76枚竹木简。包括《日志》《官箴》《梦书》《秦谳书》《数书》《律令杂抄》。归入《日志》的简文共有三种，年代分别为秦始皇二十七年（前220）、三十四年（前213）和三十五年（前212）。简上多有编绳残痕，有先抄写后再编联的，一些残存的编绳已将文字笔画遮盖；也有先编联再抄写的。竹简文字抄写于竹黄一面，部分竹简背面也有篇题。书体为秦隶，有八种以上的字体特征，应由多位书写者抄写完成。

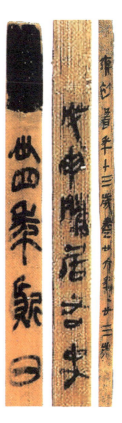

【周家台秦简】

简介

1993年6月，在湖北省荆州市沙市区关沮乡周家台30号墓发掘出土了389枚竹简（含残简和空白简）、木牍1枚。竹简有《历谱》《日书》《病方及其它》，木牍为《历谱》。

竹简《历谱》有三种，年代分别是秦始皇三十四年（前213）、三十六年（前211）、三十七年（前210）。

木牍《历谱》长23厘米，宽4.4厘米，厚0.25厘米，两面墨书，顶头分栏横排书写，共149字，内容为秦二世元年（前209）历谱，正面书二世元年十二个月的月朔日干支以及月大小，背面书该年十二月份的日干支等，被称为二世元年木牍。墨迹呈示至少四种笔迹面目，且均为当时较规范的正体写法，其点画最大特色是出锋明显，左右分出两笔尤其尖锐；横画起笔及行笔仍持秦文传统；尖笔出锋多是左向短笔画，和里耶牍左下向的短促尖笔极近似。

伍　汉朝

概述

汉朝（前202—220）分为西汉（前202—8）和东汉（25—220）两个时期，故也称两汉。汉高祖刘邦建立西汉，定都长安，又称前汉；光武帝刘秀建立东汉，定都洛阳，又称后汉。西汉末年王莽废汉建立新朝，定都常安。但后世史学家不承认新朝和玄汉合法性，所以一般将其合并到汉朝历史里。东汉末年汉献帝被迫禅位给曹丕后，刘备建立蜀汉，自称季汉，又称西蜀。后世一般把蜀汉归入魏晋南北朝时期。

汉朝文化、科技发达，以儒家文化为代表的汉文化圈正式成立，为华夏文明的延续和挺立做出巨大贡献，这是中国发展史上的第一个黄金时期，汉族、汉字都得名于此时。

汉代立国时用"无为而治"，"文景之治"时主用道家黄老思想，辅以儒家和法家思想为法制指导思想。汉武帝时期，刘彻采纳董仲舒提出的"罢黜百家，独尊儒术"，儒学成为统治思想，从而使得儒家文化成为当时和日后中原王朝的社会主流文化。汉明帝时期，佛教东渡首次来到中国，在洛阳营建了白马寺，这是中国第一座佛教寺庙，中国第一部汉译佛教经典是在白马寺译出的《四十二章经》。张道陵创立道教也是在汉朝。

西汉君主世系

序列	称谓	姓名/生卒年	在位时间
1	汉高祖	刘邦（前256—前195）	8年
2	汉惠帝	刘盈（前211—前188）	7年
3	汉文帝	刘恒（前202—前157）	23年
4	汉景帝	刘启（前188—前141）	16年
5	汉武帝	刘彻（前156—前87）	54年
6	汉昭帝	刘弗陵（前94—前74）	13年
7	汉废帝	刘贺（前92—前59）	27天
8	汉宣帝	刘询（前90—前49）	25年
9	汉元帝	刘奭（前76—前33）	16年
10	汉成帝	刘骜（前51—前7年）	26年
11	汉哀帝	刘欣（前26—前1）	6年
12	汉平帝	刘衍（前5—9）	5年

西汉惠帝时吕雉听政，曾立二帝：汉少帝刘恭（前190—前184），在位4年；后少帝刘弘（？—前180），在位4年。

东汉君主世系

序列	称谓	姓名/生卒年	在位时间
1	光武帝	刘秀（前6—57）	32年
2	汉明帝	刘庄（28—75）	18年
3	汉章帝	刘炟（58—88）	13年
4	汉和帝	刘肇（79—105）	17年
5	汉殇帝	刘隆（105—106）	未1年
6	汉安帝	刘祜（94—125）	19年
7	汉顺帝	刘保（115—144）	19年
8	汉冲帝	刘炳（143—145）	1年
9	汉质帝	刘缵（138—146）	1年
10	汉桓帝	刘志（132—167）	21年
11	汉灵帝	刘宏（156—189）	21年
12	汉献帝	刘协（181—234）	31年

三国时期的蜀汉（221—263）也被视作汉朝的延续，历昭烈皇帝刘备、后主刘禅二帝，享国祚43年。

新朝君主世系

序列	称谓	姓名/生卒年	在位时间
1	新始祖/建兴帝	王莽（前45—23）	16年

史学

司马迁的《史记》是中国第一部纪传体通史，也是"二十四史"中的第一部，为以后两千年正史的编纂提供规范。全书分为12本纪、10表、8书、30世家、70列传，共130篇。班固的《汉书》是中国历史上第一部内容完整的断代史，分为12纪、8表、10志、70列传。汉朝时的史书还有《东观汉书》《汉纪》和《吴越春秋》。

经学

文景时期开始展开了大量的献书和古籍收集工作，部分年长的秦博士和其他儒生，或以口述方式默诵已遭焚毁的经典，或把秦时冒险隐藏的典籍重新拿出，使之传世。因为文字、传述和解释体系的不同，产生了不同的学派，但其版本上则基本相同，后来统称为今文经。汉景帝末年鲁恭王兴建王府，坏孔子宅，从旧宅墙中发现一批经典；汉武帝时，河间献王刘德从民间收集了大批的古典文献，其中最重要的就是《周官》，皆收入秘府（即官方皇家图书馆）；汉宣帝时又有河内女子坏老屋，得几篇《尚书》。这些出土的文献都是用战国古文字书写，与通行的五经相比，不仅篇数、字数不同，而且内容上也有相当差异，此后即统称为古文经。

汉武帝独尊儒学，由于《乐》已失传，《诗》《书》《礼》《易》《春秋》五经成为崇高的法定经典，也成为士子必读的经典。汉代儒生们即以传习、解释五经为主业。自此经学正式宣告诞生，可以将经学视为先秦原初儒学的继承和发展。东汉晚期，古文经学走向发达，今文经学日益衰微。

文学

文学方面，汉政府设立乐府，搜集民间诗歌，即为乐府诗，后世的《乐府诗集》《古诗十九首》《玉台新咏》均搜集了不少汉代乐府诗，长篇叙事诗《孔雀东南飞》也是写成于汉代末年。赋是一种新的文学体裁，司马相如的《子虚赋》《上林赋》，张衡的《二京赋》等均为千古传颂的文学名篇。

文字学

汉代的文字训诂学成就巨大，代表性著作有《方言》《释名》和《说文解字》。

《方言》全称《輶轩使者绝代语释别国方言》，扬雄著，是中国第一部汉语方言比较词汇集，被誉为中国方言学史上第一部"悬之日月而不刊"的著作，在世界的方言学史上也具有重要的地位。

《释名》是一部从语言声音的角度来推求字义由来的著作，刘熙著，该书就音以说明事物得以如此称名的缘由，并注意到当时的语音与古音的异同。《释名》在吴末已广为流布，为学者所重，对后世训诂学"因声求义"影响很大，同时也是研究汉语语源学的要典。明代郎奎金将《释名》与《尔雅》《小尔雅》《广雅》《埤雅》合刻，称《五雅全书》。因其他四书皆以"雅"名，于是改《释名》为《逸雅》。

《说文解字》简称《说文》，许慎著，是中国第一部系统地分析汉字字形和考究字源的字书，首次对"六书"做出了具体的解释，奠定了中国文字学的基础。

书体

书体方面，隶书逐渐取代小篆成为主要书写字体，而隶书的出现则奠定了现代汉字字形结构的基础，成为古今文字的分水岭。隶书有很多种别称：佐书、左书、隶字、今文、古书、史书、八分、章程书、秦隶、散隶、古隶、汉隶、金隶、魏隶等，是相对于篆书而言的（隶书之名源于东汉）。隶书是汉字演变史上的一个转折点（小篆和隶书是汉字发展的"承前、启后"两大阶段。承前：小篆是象形等古文字的结束。启后：隶书是象形改为笔画新文字的开始），奠定了楷书的基础。唐代张怀瓘说"楷、隶初制，大范几同"，使书法进入了新境界。

汉 西 上

▌概述

　　西汉时期的汉字美学按照汉字的"形、音、义"三美来分，字形按篆书、隶书、草书的书体来分类介绍；字音属于上古音（传统音韵学把汉语语音史分为上古、中古、近代和现代四大阶段），上古汉语无轻唇音，无舌上音，无正齿音（上古音研究是从《切韵》音系的中古汉语倒推上古音，在中古音的基础上，用《诗经》的韵部和谐声系列来推测，兼用闽、粤方言的存古特征和一些外部证据）；字义则主要集中在东汉许慎的《说文解字》一书中。另外，西汉末年到新莽时期的扬雄著有《輶轩使者绝代语释别国方言》（简称《方言》），记录了西汉时各方国的语言，这是极为珍贵的语言学著作。

▌书体

　　西汉时期的书体有篆书、隶书和草书三大类，其中以隶书的成就最高，也最具代表性。

一、篆书

　　汉代小篆渗入隶意，风格转向多元化，笔势趋直，字势变为方整而长短、大小不拘，交错为用；字体布白变为茂密协调而又富于变化；章法由整齐划一变为多样而统一，强调装饰性。
　　西汉篆书与秦时方整、严谨的小篆已有区别，体势上方圆不悖、腾挪随势、增删就形、屈伸有致；用笔上，隶意凸显，行笔节奏与起收呈多样性。对于秦小篆是一次跨越，从而对后世篆书、篆刻产生了很大影响。

1. 墨迹

▎武威张伯升枢铭▎

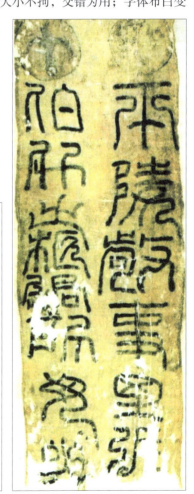

简介

　　《武威张伯升枢铭》是汉代最珍贵的大字墨迹，长120厘米，宽41厘米，有铭文2行。其上部有两个圆，左边圆中是乌，右边圆中配以回龙。葬仪时将死者籍贯和姓名书于旗上，并将之吊在横杆上作为葬仪行列的先导走向墓地，在棺木入墓坑时，置其于棺盖之上。这种旗帜称之为"铭旌"。

铭文

　　平陵敬事里张伯升之枢，过所毋哭。

美学特征

　　方正宽博，圆熟，藏锋逆入，圆笔收锋，使铭旌书法具有浓郁的装饰风格。东汉以来的碑额篆书，承其余绪。

2. 刻石

西汉篆书刻石数量稀少，但是书法却各有特色。

〖朱山刻石〗

简介

《朱山刻石》又名《娄山刻石》《群臣上酬刻石》，全称《朱山群臣上酬刻石》，在河北省邯郸市永年县吴庄村北朱山顶，为汉篆刻石之最早者。

铭文

赵廿二年八月丙寅，群臣上酬此石北。

美学特征

有浓厚的隶书意味，尤其表现在方折之势，丙、寅、石、臣等字近于隶体。同时，由于用笔的提按变化，字间的笔画粗细已现差异，字形长短一任自然，空间构造亦疏密得当，自然停匀，布行则较紧凑而有连贯之势，书风古劲朴雅，康有为《广艺舟双楫》评其"朴茂雄深，得秦相笔意"。

〖霍去病墓"左司空"刻石〗

简介

"左司空"刻石共有两块，大的一块长2.3米，宽2.2米，厚0.66米，灰砂石，属于霍去病墓前石雕中三件刻字石中的两件。

霍去病墓是汉武帝茂陵的陪葬墓之一，也是茂陵博物馆所在地，位于陕西省咸阳市的兴平市。墓前石雕造型古拙，气息雄浑，在中国美术史上具有重要地位。

铭文

左司空。

美学特征

二件均为阴刻，字形方正古朴。其中一款为竖排一行；另一款为两行，"左"字占一行，写法也略有差异，风格更接近金文。二款应出于石雕匠人之手。

【居摄两坟坛刻石】

简介

《居摄两坟坛刻石》位于山东曲阜孔庙内。

美学特征

古婉曲折，不拘于纵横方格。

【东安刻石】

简介

《东安刻石》又称《东汉汉里刻石》，全称《鲁市东安汉里刻石》，字径超过20厘米，是现存秦汉篆书刻石中的字体最大者。

美学特征

体势阔达，长短大小不拘一律，用笔纯以篆意出之，随形屈曲，瘦健婉转，起伏自如，气象博大。

【鲁北陛刻石】

简介

《鲁北陛刻石》刻于鲁恭王六年，即景帝中元元年（前149），为鲁恭王刘余修建曲阜灵光殿之年。该石作为西汉鲁王灵光殿唯一带有纪年刻字的实物资料。1980年移存孔庙，现存曲阜汉魏碑刻陈列。

铭文

鲁六年九月所造北陛。

3. 钱币

汉初货币允许私铸，引起通货膨胀，货币政策时有反复。从武帝元鼎元年（前116）起，五铢钱已作为唯一的钱币，独步于汉帝国的疆域。直到120多年后，王莽称"假皇帝"代行皇帝职权，才发行了三种新钱。

名称：半两钱

简介：刘邦时称为"荚钱"或"榆荚半两"，这种钱法定重量为三铢（约2.1克）。吕后在高后二年（前186）铸行"八铢半两"。汉文帝前元五年（前175）铸行"四铢半两"，简称"四铢钱"，又称汉半两。汉昭帝铸铁质"半两"钱币。

名称：三铢钱

铭文：三铢

简介：汉武帝建元元年铸，建元五年停铸，是中国货币史上流通时间最短的货币。

美学特征："铢"字左边的"金"旁，上呈三角形，下面是王字直笔到底为一横，与五铢钱的"铢"字迥异。

名称：五铢钱

铭文：五铢

美学特征："五"字造型优美，"铢"字"金"字旁的四点状斜线更与整体有了和谐中的对比。西汉早期五铢钱中"铢"字右边的"朱"上笔上抓，下笔圆抓，上下以中间横画为对称线。

名称：半两砝码钱

简介：砝码钱又称权钱，是官方称验流通钱币时所用的砝码，可称测数枚钱币。西汉放任铸币政策时推行这种"称钱"措施，在市场买卖中对钱币进行检验管理。

名称：四铢方形砝码钱

铭文：四朱、启晔

简介：四朱即四铢，背面的"启晔"为地名。

名称：四铢砝码钱

铭文：四朱（铢）

名称：四铢砝码钱

铭文：第五重四两

名称：五铢砝码大钱

铭文：新币士铢

简介：新币士（事）铢，意思是新的币制规定由五铢治事。

名称：五铢砝码小钱

名称：二两藕心钱

铭文：二两

简介：藕心钱曾被认为是一种钱币，但有专家据出土文物认为是用来衡量币重多寡的衡器，即今天之砝码。也有专家认为是一种符信。

名称：半两钱范

铭文：半两

简介：钱范又称钱模，是古代铸造金属货币的模子。可分为陶范、石范、铜范、铁范、铅范五类。

名称：三铢钱范

铭文：三铢

简介：青石质，已残。"三铢"为阴文篆刻。

名称：五铢钱范拓片

铭文：五铢

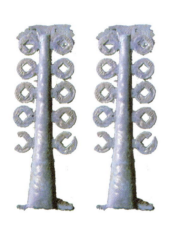

名称：半两钱范

铭文：半两

简介：右二为青石器，长方形，"半两"二字为阴文篆刻。

厌胜钱

  厌胜钱又名压胜钱、押胜钱、花钱，一种用作趋吉避邪的非流通钱币。厌（厭）通压（壓），"厌胜"意为"厌而胜之"（用法术诅咒或祈祷以达到制胜所厌恶的人、物或魔怪），是中国民间避邪祈吉习俗。

  厌胜钱起源于西汉，至清末民初都有铸造。最初主要是压邪攘灾和喜庆祈福，后来范围渐广，诸如开炉、镇库、馈赠、赏赐、祝福、辟灾、占卜、玩赏、戏作、配饰、生肖等，都铸厌胜钱。

  厌胜钱按不同的用途，大略可分为纪念、厌胜、凭信、上梁、供养、博弈、吉语、成语、戏作等品类。厌胜钱上各种书法、图案内容，多是体现当时礼俗时尚，因此厌胜钱对考察各朝代的政治、民俗、文化都具有极高的参考价值。

名称：五铢宜官厌胜钱

正面铭文：五铢宜官；背面铭文：大利宜子孙。

简介：青铜质。"五铢"二字为反书；穿上下"宜官"二字。背穿上有北斗七星纹，从穿上向左旋读：大利宜子孙。

美学特征：文字均为缪篆，篆体兼有隶意，古拙而有意趣。尤其"利"字，"刀"置于"禾"字的右上部，依据空间限制让文字富于变化，增加了艺术感染力。

名称：乐无事厌胜钱

正面铭文：乐无事、宜酒食；背面铭文：寿西王母、大宜子孙。

简介：青铜质。此钱饰有带钩和北斗七星纹，属于祝寿性质的厌胜钱。

美学特征：正面铭文基本为隶书，背面篆书也有缪篆特征，线条简洁。字体和币面上的装饰图案错落布置，相得益彰。

名称：王泉避兵厌胜钱

正面铭文：王泉避兵·宜官秩·宜子孙

简介：青铜质。正面穿四出叶脉纹，将钱分为四区，穿上读为：王泉避兵，对读。穿右"宜官"与穿下右边的"秩"字联为一句，读为：宜官秩。穿左"宜子"与穿下左边"孙"字联为一句，读为：宜子孙。钱背穿上是两只华胜，以簪相连，隐喻西王母的化身。穿下有双鱼和带钩，穿两侧还饰有金刚杵，穿四角饰乳丁，图案纤细繁复，并首次出现月孕星图案，极为少见。

名称：祖巳必祭厌胜钱

铭文：祖巳必祭·长宜子孙

简介：青铜质，镏金。正面六篆文两字一组，排列整齐。无内郭，光背。祖巳是商代薛国人，为商王武丁之师。

名称：唯吾知足厌胜钱

美学特征："唯吾知足"4字共用一个"口"字，利用汉字组件同形特点，构思巧妙，成为"借口字"的鼻祖（后世的"招财进宝""日进斗金""黄金万两"便是代表）。

避兵宜官　　　　　　　　长毋相忘　　　　　　　　长毋相忘

酒令钱

　　酒令钱又名酒筹钱、宫中行乐钱，酒宴中行酒令时所用，往往成套，一套可多达四十余枚，数量并不固定。河北保定满城陵山中山靖王刘胜及夫人窦绾墓中出土有一套酒令钱，号称"中山国四十钱"，其中有二十枚记数钱中，缺了"第三"，多了一枚"第十九"，钱径3.7厘米，大于其他记数钱。名为四十钱，实为三十九钱。

　　酒令钱铭文均为篆文，字体多方正，有缪篆特征。

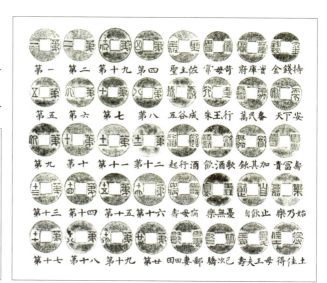

青铜错金银嵌宝石骰子

铭文：第廿二
美学特征："廿二"二字占据一格，和"第"字对称，形成疏密的对比。

铭文：第廿三
美学特征："第"字此处从艸，下面"弟"字两条主曲线相交叠，分隔出节奏感。

铭文：第廿三
美学特征：上下布置，使得"廿"字竖画多了曲线的变化处理，显得婀娜多姿。

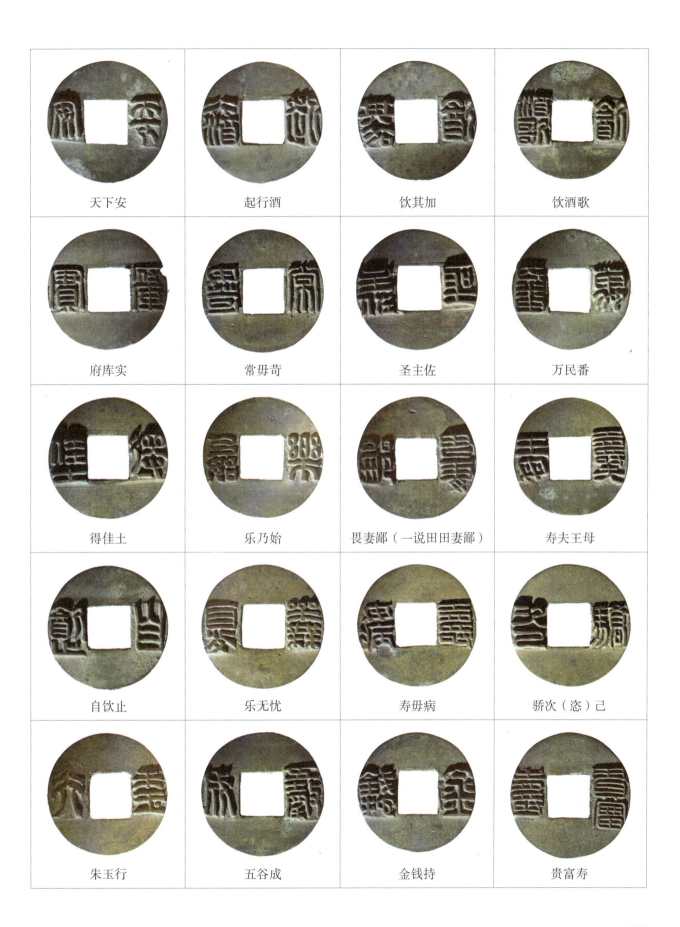

天下安	起行酒	饮其加	饮酒歌
府库实	常毋苛	圣主佐	万民番
得佳土	乐乃始	畏妻鄙（一说田田妻鄙）	寿夫王母
自饮止	乐无忧	寿毋病	骄次（恣）己
朱玉行	五谷成	金钱持	贵富寿

4. 印玺

汉代印玺开创了我国篆刻艺术的鼎盛期，具有"承前启后"的作用。"承前"是指汉承秦制，汉朝全面继承了秦朝的印章制度并加以完善，造就了尚法而不拘束，平直而又富于变化，正直而不板滞，端厚而博大的印风。"启后"是指后世印人以汉印为宗，汉代用于摹印的缪篆是在秦代摹印篆的基础上发展定型的。《汉书·艺文志》载"六体者，古文、奇字、篆书、隶书、缪篆、虫书，皆所以通知古今文字，摹印章，书幡信也。"缪篆以篆书笔画为基础，参以隶意，使之方整平正，成为一种最适宜于印面布局需要的形体。缪篆之"平正"是一种规范和秩序，也是汉印为后世篆刻艺术发展奠定的一块重要基石。

官印

西汉早期官印基本承袭秦代官印界格，方形印施田字格，半通印施日字格，印文为阴刻。通官印（秩二百石以上官印）多为四字，官称超过四字时会在表示分职以外的名词中进行简省。武帝时期对官印制度有过两次调整。第一次是对不同等级官印的使用材质及尺寸大小作了统一、明确的规定。第二次是使部分官印字数变为五字。四字印在印面上等分四块，每字各占一格。五字印等分六块，末字占二格。印文匀满充实，正直方平。

铭文：大刘记印
简介：2015年12月15日于江西南昌海昏侯墓椁室内出土，玉印，龟钮，约1.7厘米见方。
美学特征：字体舒展大气，典雅雍容。"大"字的简约和"刘"字的繁密对比显著，整体在动静、疏密、盈缩的对比上处理得当。点画多方起方收，线条匀停，方圆互彰，刚健婀娜。

铭文：刘贺
简介：2015年12月15日于江西南昌海昏侯墓椁室内出土，玉印，龟钮。
美学特征：线条浑厚匀称，字体典雅。"刘"字上面处理成两个"口"，与"贺"字上面的"口"形成呼应。"刘"字的"刀"部弧线处理得精妙，与"贺"字下面两弧线相得益彰。

铭文：海
简介：方形单字铜印，"海"或为"海昏侯"之省文。
美学特征：字腔深峻，字口垂直，字底平净，为汉铸印的典型特征。线条利落匀整，或为预制印模或印范进行浇铸，再经刀具修整。右下边框及印底有残断，反而为全印平添了古意。一说为烙马印，但在字法、笔法上有显见的"秦小篆"遗意，挺拔秀美，与汉代的其他烙马印风格不同，或为海昏侯之私印。"每"字下方线条起伏顿挫、粗细不一，或是滚烫的熔铜液体在浇铸时所发生的局部变形。

铭文：皇后之玺

简介：高2厘米，边长2.8厘米，1968年发现于陕西省咸阳市韩家湾狼家沟村，一说为刘邦之妻吕雉之印。现藏于陕西历史博物馆。

美学特征：字形方正典雅，刚健中含婀娜。

铭文：滇王之印

简介：前109年，汉武帝出兵征云南，滇王降汉，受赐此金印，重90克，印面边长2.4厘米见方，通高2厘米，蛇纽，蛇首昂起，蛇身背有鳞纹。

美学特征：字体方正，线条刚劲，疏密有致。

铭文：宛朐侯执

简介：龟钮金印，1994年于江苏徐州簸箕山宛朐侯墓出土，现藏于徐州市汉兵马俑博物馆。

美学特征：线条刚柔相济，方头起笔和收尾，中锋行笔，布白均匀，是典型的汉印风范。

铭文：石洛侯印

简介：龟钮金印，清嘉庆年间于山东省日照市北乡出土，现藏于中国国家博物馆。

美学特征：字体方正，线条刚劲有力，布白均匀，庄重中又有细节的变化，气度不凡。

铭文：关内侯印

简介：龟钮金印，1976年于山东省新泰县东石莱出土，现藏于山东省博物馆。

美学特征：线条细而劲健，刚柔相济，起笔和收笔可见刀法之凌厉。布局疏密有致，整体和谐。

铭文：诸国侯印

简介：龟钮金印，1979年于山东省即墨市皋虞县故地小桥汉墓出土，现藏于即墨市博物馆。

美学特征：布局均衡，风格整饬，线条稍屦弱。

铭文：日南尉丞
简介：青铜质，方形，瓦钮。日南，汉武帝时所置郡名。尉丞，汉代郡都尉佐官。
美学特征：线条刚劲，字体方正。但四字过于平均，显得"日"字大、"尉"字小。

铭文：汉匈奴破虏长
简介：汉政府授予匈奴的官印，尺寸为28厘米见方，超出汉朝自身等级规制。
美学特征：方笔为主，风格雄强，而"奴"字的弯笔使得刚健中增添了婉转。

铭文：遒侯骑马
简介：存世最大的一件烙马印。遒侯名陆疆，遒县为其封邑，在今河北省高碑店市西北。
美学特征：风格简淡，接近隶书。

铭文：广汉大将军章
简介：龟钮银印，高2厘米，边长2.4厘米。汉制秩俸二千石官得受银印龟钮，印文可称"章"。
美学特征：线条刚直，风格雄浑，为将军印之典型特征。"大"字旁边留白使得整体疏密有致。

铭文：后将军假司马
美学特征：线条浑厚，风格雄浑。

铭文：琅左盐丞
美学特征：田字格官印，字体规整，刚柔相济。

铭文：横海侯印
美学特征：字体方正，线条厚重，刚柔相济。

南越王官印

　　南越王墓于1983年10月在广东省广州市象岗山发掘，墓主为南越国第二代王赵眜，出土玺印23枚，其中金印3枚，玉印9枚，铜印5枚，绿松石印3枚，象牙印1枚，玛瑙印1枚，水晶印1枚，有印文的12枚，无印纹的1枚。

印文：文帝行玺

简介：通高1.8厘米，边长3.1厘米，重148.5克，是迄今出土最大尺寸的西汉金印。印文自号"文帝"而未仿汉天子的"皇帝"。龙钮金印也打破了秦汉天子用玺以白玉为材、以螭虎为钮的规制，印制尺寸也超过汉天子印玺规制，应是南越王独霸岭南之意。

美学特征：有边栏，有田字界格，笔画刚健，布局整饬。铸后局部又用利刃凿刻而成，"文"字曲线和"行"字的直线对比强烈。

印文：右夫人玺

印文：泰子

简介：泰子即太子，南越王墓出土有泰子金印和玉印各一枚。左图为方形龟钮金印，印台长2.6厘米，宽2.4厘米，通钮高1.5厘米，重74.7克。墓主赵眜系第一代南越王赵佗之孙，不应封称太子，故此印应是赵佗之子、赵眜之父的遗物。因这位太子尚未及嗣位而英年早逝，故而此印留给了其子赵眜。赵眜死后，由第三代南越王赵婴齐将它们一起放入墓葬之中。

美学特征：字体修长舒展，"泰"字和《峄山刻石》相似，"子"字和"泰"字形成宽窄、疏密的对比，整体优美和谐。金印系铸制而成，又经局部凿刻修饰，显得十分精致。

印文：赵眜

简介：印台长2.3厘米，宽2.3厘米，通钮高1.6厘米，为第二代南越王赵眜的姓名印。

美学特征：字体婉转，线条流畅。"眜"字的"目"旁婀娜多姿，与右边"月"字呼应。

印文：帝印

简介：方形玉印，印台长、宽均为2.3厘米，通钮高1.6厘米。

美学特征：线条刚劲有力，融之以圆润。"帝"字多一笔画。

私印

汉私印分姓名印、吉语印、肖形印三类，其中以姓名印最多。形式丰富，尺寸略小，文字、材料、制法与官印相近。

铭文：闾丘长孙
简介：闾丘，汉代县名。长孙，人名。

铭文：武意
美学特征：鸟虫篆，构图繁复。

李广

韩禹

刘向印

谭光

王长裕印

逯奴之印

尾生寄

薛光私印

曹成

张慎

曹钖

诸佗

李常喜印

冯过腆印

郭未央印

王广之印

吉语印

　　吉语印起源于战国，盛行于汉代。汉代吉语印一般为"日利""今日利行""日入千万""长富贵乐毋事""永寿康宁""利行""日利长年"等内容。

万年

日入千金

宜子孙

日利十千万

长吉

长幸

日利

长乐

利行

长利

绥统承祖，子孙慈仁，永葆
二亲，福禄未央，万岁无疆

黄神越章天帝神之印

宜子孙

5. 封泥

汉代封泥又称汉代泥封，是汉代印章按于泥上作为实物和木制牍函封缄的凭证。汉代封泥和汉代印玺是阴阳的对应关系，从汉字美学的角度来看，其字体美学的价值是等同的。从篆刻的角度来看，从这些珍贵的封泥字体中得到借鉴，用以入印，可以拓展篆刻艺术的表现空间。

另外，考古还出土有专门为容纳和保护玺印钤盖泥团的封泥匣（或称泥封匣），带有凹槽或井形凹坑，附于简牍或财货，常见为木质。

名称：长沙后府封泥匣
简介：长方形，纵断面呈凹字形，中间下凹处填以封泥，封泥上部印有"长沙后府"，现收藏于长沙简牍博物馆。

关都尉印章

齐哀□印

丹水右尉

丹水丞印

丹水长印

陕令之印

平舆丞印

陆浑丞印

淮□（阳）都水

上雒长印

新安令印

安国乡印

上蔡令印

弘农狱丞

平都令丞

河间王玺

武都太守章

山桑侯相

请郭丞印

西安丞印

6. 瓦当

汉代瓦当是在秦代瓦当基础上发展起来的，铭文瓦当大量出现，数量和种类都远远超过了秦代，可谓青出于蓝而胜于蓝，从而把中国古代瓦当艺术推向了最高峰。

这些瓦当中有大量的铭文瓦当，其包含的文字内容鲜明地反映了当时社会经济、思想意识形态，字体的艺术形态也开辟了一个全新的汉字美学领域，为后世的书法篆刻艺术提供了取法的宝贵资粮。

延年

亿年无疆

永奉无疆

延年

与天长久

亿年无疆

永奉无疆

与华相宜

永受嘉福

与华无极

五五大吉　　　　　　吉祥宜官　　　　　　安乐富贵

李　　　　　　　　　卫　　　　　　　　　富贵乐寿

石室神朝宫　　　　　鼎胡延寿宫　　　　　有万憙

汉并天下　　　　　　延寿长相思　　　　　华仓

都司空瓦

延年益寿

与年相宜

长乐广大

永保国阙

折风阙当

宗正官当

京师仓当

京师庾当

与天无极

长乐未央

长乐未央

长宜子孙　　　　　长生未央　　　　　冢上西当

上林　　　　　冢上　　　　　佐义

泱茫无垠　　　　　羽阳千岁　　　　　延寿长相思

长乐未央千秋万世昌　　　　　八风寿存当　　　　　宫年

7. 铜镜

汉代铜镜和战国铜镜、唐代铜镜相比，是这三个铜镜高峰中品种最繁、发现量最多者。而且，铜镜铭文肇始于西汉。

西汉早期的铜镜，普遍镜面较小，镜壁单薄，多弦纹小钮，构图以四乳丁为基点的四分布局法影响后世。

"文景之治"以后，铜镜的铸造与使用完全摆脱了战国铜镜的影响，数量和质量都有长足进展。到了汉武帝时期，一些新的镜类开始流行起来。

西汉中期以后，除尚方镜铭比较规范外，一般镜铭则一反汉初谨严不苟之风，常出现通假字、减笔字、缺字以及反书、偏旁移位等错别字现象。这种情况表明当时民间的铸镜业十分普及，铜镜已成为一般商品，铸镜工匠的文化水平普遍不高。这些大量的镜铭承载了丰富的文化信息，为汉字美学的探究提供了珍贵的实物资料。

名称：四乳草叶纹镜
铭文：见日之光，天下大明
简介：在草叶纹镜中占绝大多数，是西汉早、中期流行的主要纹饰。钮座外一般为铭文方框，方框外饰草叶纹，镜缘多为内向连弧纹。

名称：日光镜
铭文：见日之光，天下大明
简介：日光镜因铭文中有"日光"二字而得名。
美学特征：文字简约、流畅、规整，字与字之间用云纹和变形"田"字纹等符号隔开。

名称：昭明连弧纹镜
铭文：内清质以昭明，光辉象夫日月，心忽扬而忠
简介：昭明镜因铭文中"昭明"二字而得名，盛行于西汉中晚期。首尾字隔以短横线，宽素缘。

名称：昭明连弧纹镜
铭文：内清质以昭明，光辉象夫日月，心忽扬而愿忠，然雍塞而不泄。
美学特征：此类铭文字体在武帝时为圆转的篆隶，昭帝以后多为扁平方正的篆隶。

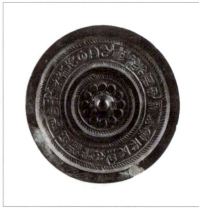

名称：昭明镜
铭文：内清质以昭明，光辉象夫日月，心忽扬而愿忠，□□（然雍）塞夫不泄。
美学特征：字体方圆规整，略扁笔画圆转。基本接近通行的书写文字。

铭文：与君相驩（欢），长乐无呕（极）。

铭文：居毋宗出游，欲见君毋由，褐私思憔忧。

铭文：君行卒，予志悲，久不见，侍前俙。

铭文：日清月明想见君，光天□富庆，长乐未央，常不相忘，以辟不羊（详）。

铭文：秋风起，使心悲，道路远，侍前希（俙）。

铭文：心与心，亦诚（成）亲，终不去，子从沱（他）人，所与子言，不可不信。

铭文：毋弃故而娶新，亦成亲，心与心，长毋相忘，俱死葬何伤。

铭文：道路辽远，中有关梁（梁）。鉴不隐请（情），修毋相忘。

铭文：恐浮云兮敝（蔽）白日，复请（清）美兮冥素质，行精白兮光运明，谤言众兮有何伤。

铭文：君有行，妾有忧，行有日，反毋期，愿君强饭多勉之，仰天大（叹）息长相思。

铭文：君行有日反（返）毋时，端政（正）心行如妾在，时心不端行不政（正），妾亦为之，君能何治?

铭文：行有日兮反（返）毋时，结中带兮长相思，而不疑，君负妾兮天知之，妾负君。

铭文：久不见君，心思不忘。
简介：从右上的"久"字开始顺时针方向旋读。

铭文：常乐未央，长安相忘。
简介：从上右的"常"字开始逆时针方向旋读。

铭文：山
简介：南越王墓出土，"山"字纹上有叶形装饰。

8. 鼎

鼎在汉代的地位远非商周时期显要，其铭文字体基本为小篆，兼有隶书（但因铸于青铜鼎上，在概念上仍可以称为金文）。

五

西

西

大官

中曾

斤

雍棫阳共厨铜鼎一
合容一升并重十二

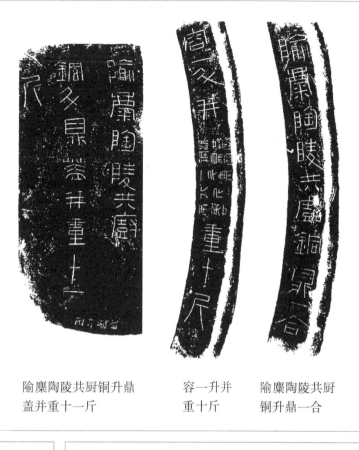

隃麋陶陵共厨铜升鼎　　容一升并　　隃麋陶陵共厨
盖并重十一斤　　重十斤　　铜升鼎一合

长杨共鼎

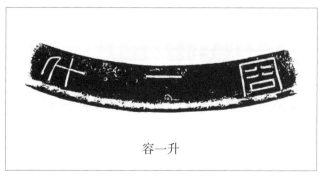

容一升

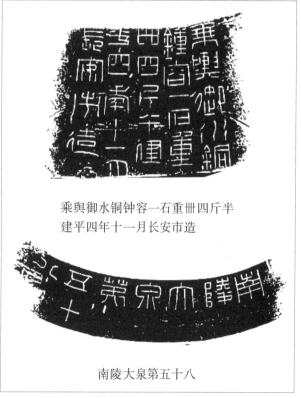

乘舆御水铜钟容一石重卅四斤半
建平四年十一月长安市造

南陵大泉第五十八

9. 铭文砖

汉代铭文砖分为图文砖和文字砖，其实用价值依托于建筑、墓葬的需要，铭文内容主要有：

（1）纪名类。铭刻地名、人名和官署名，多以戳记钤压于砖面。

（2）建筑标记类。主要是数目、建筑使用方位以及尺寸等。多为工匠以硬器直接刻画于砖上，如陕西凤翔汉代子母砖上的"四百卅"字样。

（3）纪年和纪事类。墓葬中多见，如"建宁元年八月十日造作砖""本初元年岁在丙戌砖"等。

（4）吉语类。西汉宫殿官署建筑的铺地砖上有"海内皆臣、岁登成熟、道毋饥人"砖、"单于和亲、千秋万岁、安乐未央"砖、长乐宫有"长乐未央、子孙益昌、千秋万岁"砖、"夏阳扶荔宫令壁与天地无极"砖、四川出土有"富贵昌，宜官堂，意气阳，乐未央，长相思，勿相忘，爵禄尊，寿万年"24字砖等，字体美观，富于装饰趣味，与宫殿瓦当之精美相匹配。此外西安建章宫遗址出土的"延年益寿、与天相侍、日月同光"砖，虽非铺地砖，但也展现了华贵的宫廷色彩，与上述铺地砖当为同一品类。

（5）墓志类。洛阳出土的东汉时期刑徒墓砖，类似秦代的葬瓦，所记录的仅为刑徒姓名、里籍、卒年等。

（6）其他类。如买地券，类似地契，铭文记录死者姓名、死亡年月及所买土地的来源、大小、范围、价值、证人等。汉代地券多见铅板条，扬州甘泉东汉墓《刘元台买地砖券》是一块七棱柱砖，七面阴刻文字。此外，还有一类与墓主事迹、制砖人、制造地均无关的铭文，大抵为民间工匠在劳动之余的信手刻画。

铭文：千秋万岁

铭文：颢益观延寿，万岁世安乐

铭文：长生未央

铭文：宜子孙，富番昌，乐未央

铭文：益延寿，益延寿

铭文：生人长寿

铭文：千秋万岁，长乐未央

铭文：长乐未央，长利后世

铭文：长乐未央，世世永安

铭文：践此万岁

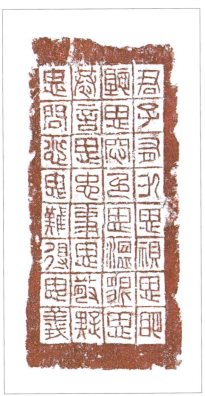

铭文：长乐未央，子孙顺昌，宜马牛羊

铭文：家富昌，田大得谷，后世长乐未央

铭文：君子有九思：视思明，听思聪，色思温，貌思恭，言思忠，事思敬，疑思问，忿思难，得思义。
简介：长48厘米，宽33厘米，山西夏县禹王城遗址出土，现藏西安秦砖汉瓦博物馆。

汉广皆强，岁登成熟，道毋饥僵

海内皆臣，岁登成熟，道毋饥人

海内皆臣，岁登成熟，道毋饥人

汉广益强，破胡灭羌，世乐未央

汉广益强，破胡灭羌，长乐未央

海内皆臣，岁登成熟，道毋
饥人，践此万岁

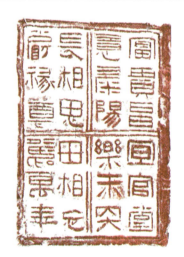

富贵昌，宜官堂，意气阳，乐未央，
长相思，毋相忘，爵禄尊，寿万年

富贵昌，宜官堂，意气阳，乐未央，
长相思，毋相忘，爵禄尊，寿万年

五凤元年

五凤二年

五凤二年

五凤二年

五凤二年

甘露二年八
月户浩氏

甘露元年岁
戊辰

建始元年八
月壬造

永始三年二
月造

元寿元年建
作刑大壁

黄龙元年
宋氏造作

10. 辕轴

海昏侯墓葬铜器

简介

海昏侯墓葬的篆文铭刻，除了前面我们介绍过的刘贺印玺外，还有青铜辕轴、青铜豆形灯等。

其中，青铜辕轴上有"昌邑"字样，豆形灯上含有"南昌"字样。

美学特征

字体方正，线条舒展飘逸，转笔由圆笔变为方笔，呈现出与秦代小篆不同的风范。

11. 虎符

❲错金铭文虎符❳

简介

错金铭文虎符，青铜器，长19厘米，1983年10月出土于广东省广州市南越王墓。铭文：王命命车徒。字体线条匀称，有玉箸篆之风范。

❲新郪虎符❳

简介

新郪虎符为汉淮南王刘安私铸，王国维误考为战国虎符（汉代始有新郪地名，战国则无）。虎符通长8.8厘米，前脚至耳尖高3厘米，后脚至背高2.2厘米，重95克。模铸，伏虎形，前后脚平蹲，头前伸，耳上竖，尾上卷。铭文字数，体有错银铭文39字。现为法国巴黎陈氏所收藏。

铭文

甲兵之符，右才（在）王，左才（在）新郪。凡兴士被（披）甲，用兵五十人□（以）上，□（必）会王符，乃敢行之。燔□（燧）事，虽母（毋）会符，行殹。

二、隶书

西汉曾被认为是隶书的蜕变期，但是考古新发现表明西汉时的隶书已经高度成熟，而且还有成熟的章草。西汉存留的隶书作品主要有两类：刻石和简牍帛书。刻石隶书的进程明显晚于简牍。

1. 刻石

西汉基本不立碑刻，王莽新朝时还把西汉仅有的碑刻破坏了，故传世碑刻很少。宋代尤袤《砚北杂记》说："闻自新莽恶称汉德，凡有石刻，皆令仆而磨之，仍严其禁。"

西汉代表石刻有《杨量买山地记》《五凤二年刻石》《麃孝禹刻石》等，字体结构与简牍相近，已是隶体，但多数笔画无波磔，兼具篆隶特点，显得很古朴。

▐【杨量买山地记】▌

简介

《杨量买山地记》刻于宣帝刘询地节二年（前68），清代在四川巴县出土。道光十一年（1831）被钱安父携归湖州，拓赠同好。后又归吴重光家。咸丰十年（1860），石毁，原拓本流传极少，有翻刻逼真。

铭文

地节二年十月，巴州民杨买山，直钱千百。作业守，子孙永保其毋替。

美学特征

篆隶相间，雄浑古朴。虽多有漫漶，但仍古意盎然。

▐【五凤刻石】▌

简介

《五凤刻石》又名《鲁孝王刻石》，五凤二年即鲁孝王三十四年（前56）刻，长71.5厘米，左高38厘米，右高40厘米，厚43厘米，石灰岩质。刻字3行，左侧刻高德裔发现此石的题记。刻字处宽25厘米，高24.5厘米，凿成龛形。

铭文

五凤二年鲁卅四年六月四日成。

美学特征

简直古朴，篆隶相间，其中两个"年"字竖画舒展飘逸。

【霍去病墓"平原"刻石】

简介

"平原"刻石是霍去病墓前石雕中三件刻字石中唯一的一件隶书刻石。整块石块较为平整，字为阴刻，竖排的最后一字"牙"更象"直"，横排的三字"孟"字更接近于"益"字。

铭文

平原乐陵宿伯牙（直？）霍巨孟（益？）。

美学特征

字形方正古朴，少波磔，有篆书笔意。

【麃孝禹刻石】

简介

《麃孝禹刻石》又名《麃孝禹石刻》《河平刻石》《麃孝禹碑》《平邑麃孝禹碑》，清代同治年间出土于山东省平邑县原平邑集，现藏于山东省博物馆，是迄今我国现存最早的墓碑。

碑高147厘米，宽45厘米，碑首圆形，上刻粗花纹屋形，下刻两鸟相对（左为鹤，右边已泐），均为阴刻。碑文2行、15字，有界栏。右行刻有"河平三年八月丁亥"8字，左行刻"平邑成里麃孝禹"7字。

从碑文上看不出麃孝禹的生平事迹，但可知平邑集是其居住之地，逝后葬于该处。碑所立时间"河平三年八月丁亥"，即汉成帝河平三年（前26）。专家考证，从已发现的西汉墓碑中可以看出，该碑刻立于汉碑初兴之时，墓碑定制尚未形成，因此该碑的形制、书丹、绘画等具有独特的价值。

美学特征

苍劲古茂，为古隶之代表。

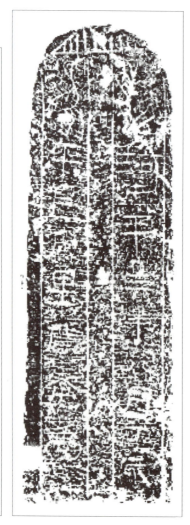

2. 骨签

　　1986年9月至1987年5月，中国社会科学院考古研究所汉长安城考古队发掘了未央宫第三号建筑遗址，出土了骨签6万多件，其中有刻字的骨签5.7万多件。骨签以动物骨骼制作而成，其中以牛骨为原料的占绝大多数。骨签的颜色以白色或黄白色者数量最多，此外还有一些灰色、黑色和褐色的骨签。用坚硬的动物骨头刻文，远比在竹简、木简和帛书上书写困难得多。加之骨签刻文细微，这又远比一般书写难度大。骨签大小相近，一般长5.8—7.2厘米、宽2.1—3.2厘米、厚0.2—0.4厘米。骨签形制基本相同，为长条形骨片，其上、下端加工成圆弧形，一般上端较尖。从骨签横截面观察，其正面微呈圆弧状，背面平。正面和背面均有竖行锯痕，背面的锯痕更显粗糙。骨签体积小，其上刻文更为微小，有的近乎"微雕"。

　　从刻字内容来看，有物品代号、编号、数量、名称、规格等，还有反映西汉时代官制变化、手工业管理、军工生产等内容。字体浑朴，富于奇趣。

 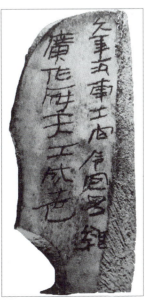  

3. 简帛

　　西汉初期的隶书简帛有湖南长沙马王堆出土的简策、帛书；安徽阜阳出土的文帝时期残简；山东临沂银雀山出土的《孙膑兵法》《尉缭子》《晏子春秋》等；湖北江陵凤凰山出土的竹简；湖北光化西汉墓出土的竹简等。

　　西汉末期隶书简帛有青海大通县出土的宣帝时期竹简；甘肃敦煌出土的天凤元年（前14）木牍；江苏仪征胥浦汉墓出土的竹简、木牍等。而堪称代表的，当属河北定县汉墓出土的竹简，书于宣帝（前73—前49）时。结体取横势，波挑定型，点画之间已能自如地表现后来隶书常见的俯仰呼应，风格端庄、整洁，脱离了前期的古朴稚拙。此外《王杖诏令册》简、《始建国天凤元年》简等也有一定的代表性。

　　在上述比较成熟的简牍中，有相当多的隶字，或是笔画，或是结构，都多少有其他字体的因素掺杂其间，这也许是墨迹书写相对自由的缘故。

（1）马王堆帛书

简介

　　马王堆帛书是指1973年12月出土于湖南长沙马王堆3号汉墓中一漆木匣中的帛书，共28种，计12万余字，内容涉及战国至西汉初期政治、军事、思想、文化及科学等诸多方面，学术意义重大。帛书字体有篆、隶之分。篆书约写于汉高祖十一年（前196），隶书写于汉文帝初年。帛书依《汉书·艺文志》分类，六艺类有《周易》《丧服图》《春秋事语》和《战国纵横家书》；诸子类有《老子》甲乙本、《九主图》《黄帝书》；兵书类有《刑德》；数术类有《篆书阴阳五行》《隶书阴阳五行》《五星占》《相马经》等；方术类有《五十二病方》《胎产图》《养生图》等。其中的帛书《老子》甲本，尚有浓厚的篆书结构特点，但也有一定程度的隶化，如化圆为方、末笔重按似波磔等。而帛书《老子》乙本，结构基本已是隶书，末笔更具波磔形貌。

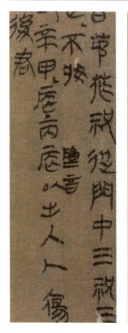

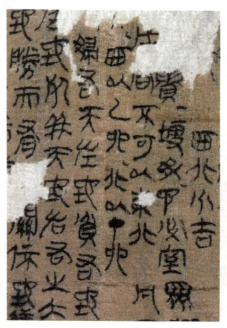

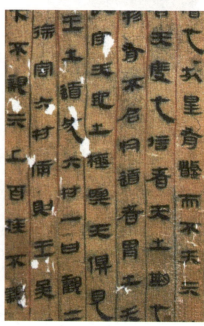

（2）马王堆汉墓简

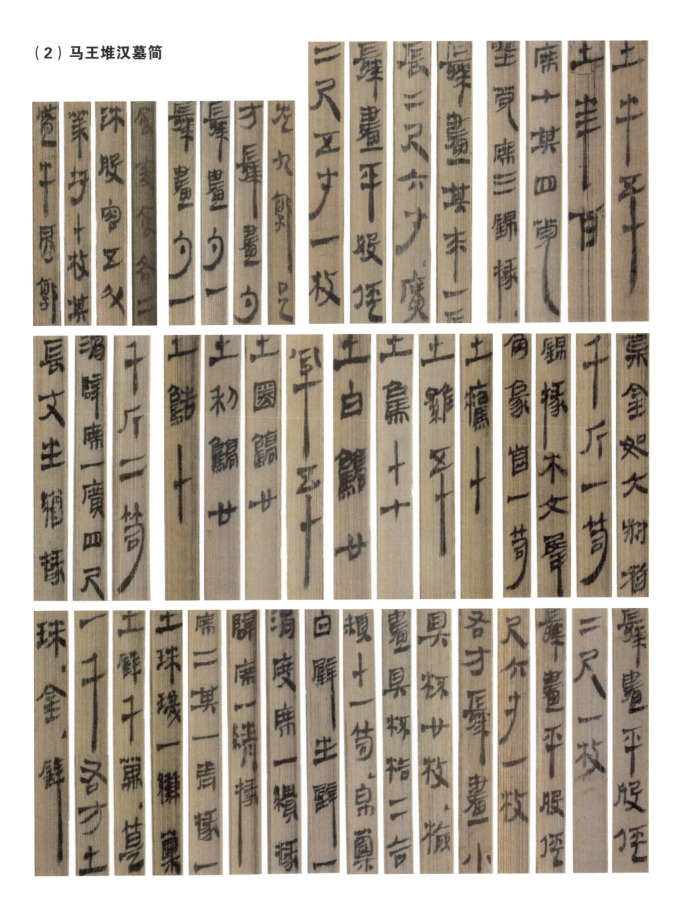

（3）海昏侯墓葬简牍

简介

　　海昏侯墓葬中发现了多达三千枚的竹简和近百版木牍，字体均为隶书。章副本木牍有"陛下""海昏侯臣贺""呈太后陛下""元康四年六月"等字样清晰可见（右图）。竹简的字体风格与西北地区出土的汉简有所差异，具有极高的史料研究价值，同时，对于汉字美学史的认知也有很高的价值。因此可以说海昏侯墓中出土的这批汉简对于西汉中晚期书法是一个极大的补充。

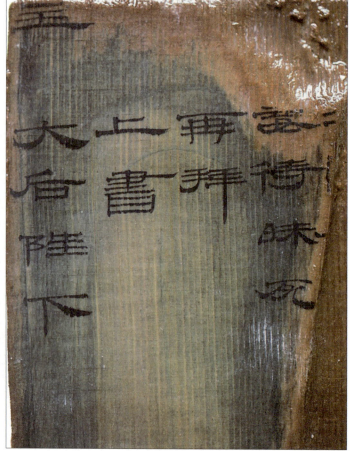

（4）武威汉简

简介

　　武威汉简是甘肃武威地区出土的汉代木简总称，和居延汉简、敦煌汉简、甘谷汉简并称"四大汉简"，甘肃省也因其汉简出土数量与内容为全国第一而有"汉简之乡"的美誉。20世纪以来，在酒泉、嘉峪关、武威、天水等地烽燧遗址和墓葬中发掘出汉简约3.5万枚，内容有经籍、官方诏书、屯戍文书等。官方诏书和经籍书写字体工整、法度谨饬，为成熟的隶书。屯戍文书则自由随意、自然率真、活泼生动。这些汉简可分为两类：一类是在汉代西北边塞地区遗址里发现的，可称为边塞汉简，另一类是在汉墓里发现的，可称为墓葬汉简。

　　武威汉简有《仪礼》简、王杖诏令简和医药简牍等。其中《仪礼》简于1959年在武威磨嘴子6号汉墓出土，计有《仪礼》简469枚，其他日忌杂占简11枚。简分三种：甲本木简398枚，每枚长55.5—56厘米，宽0.75厘米，包括《士相见》《服传》《特牲》《少牢》《有司》《燕礼》《泰射》7篇。乙本木简37枚，每枚长50厘米、宽0.5厘米，内容仅《服传》1篇。丙本竹简34枚，每枚长56.5厘米、宽0.9厘米，内容仅《丧服》1篇。

　　简中隶书笔法自由，不少波磔非常夸张，具有强烈的个性色彩。

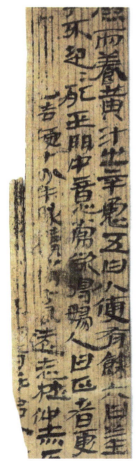
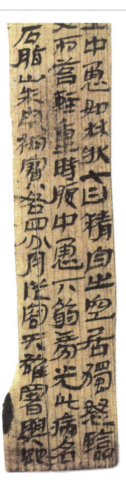

（5）甘谷汉简

简介

　　甘谷汉简于1971年12月在甘肃省天水市甘谷县新兴镇刘家屲的一座汉墓中出土，共23枚。简长23.5厘米，宽2.5厘米，厚0.4厘米，多系松木制作。每枚简的正面都用隶书分三段抄写，背面编有"弟一""弟五""弟二十三"等字样。根据与同墓出土的陶罐上朱书"刘氏之泉""刘氏之冢"的记载，确定这批简牍是东汉末刘姓墓随葬品。简文内容是汉阳郡太守转发给所属县、乡的诏书、律令及敕命文书。先编后写，索绳二编，留有空当，整齐划一，分为三段，隶书抄写，一枚两行，每枚60余字，其中第五枚74字。

美学特征

　　行笔由圆转变成方折，改变了秦篆匀速圆转的线条，行笔有迟速缓急之变化，左磔右波，轻重顿挫，起笔藏锋逆入，形成蚕头，托出独特的燕尾或掠脚，形成厚重而飞动，端庄而灵巧的笔势。笔画飘逸秀丽，摇曳多姿，近似《曹全碑》的风格。

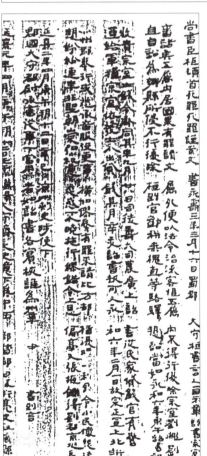

（6）敦煌汉简

简介

　　敦煌汉简包括甘肃省敦煌、玉门和酒泉三地汉代烽燧遗址出土的简牍，共发掘出9批汉简，25000余枚，以汉代敦煌郡范围内发现的时间最早、数量最多，故称为敦煌汉简。时代自汉武帝末年（前1世纪）至东汉中期（1世纪），形制与居延汉简相类，主要有简、牍、觚、楬、封检等。官、私文书居多，官文书有诏书律令、司法文书、品约、符、传、例行公文及各式簿籍，私文书有买卖契约、书信等，书风自由而多变。

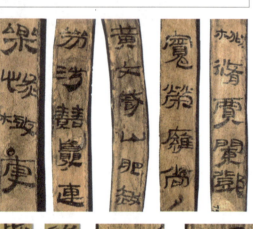

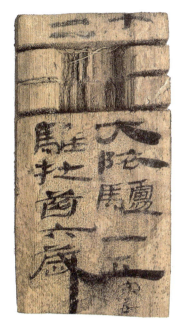
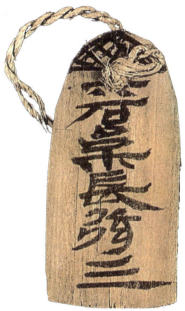

（7）南越国木简

简介

南越国木简为南越王宫的文书档案，包括管理、财务、军事、法律等，涉及纪年、地名、职官、宫室管理、物品进贡、奖罚制度、社会风俗等方面。2004年底在南越国宫苑遗址出土。木简中的第81、91、96号简均有"廿六年"纪年，为南越王即位纪年，而非秦汉皇帝纪年。在南越国的五代王中，赵佗在位时间达67年，而其他四位南越王在位时间都未超过26年。所以木简上的纪年应该是"赵佗廿六年"，即公元前178年。因此这批木简的年代比《淮南子》要早近40年，比《史记》早80多年。

4. 漆器

（1）马王堆汉墓漆器

　　马王堆汉墓出土的漆器十分精美，其中有部分漆器有隶书铭文，笔画飘逸，有篆书笔意。其中辛追墓出土漆耳杯90件，其中50件漆书"君幸食"，40件漆书"君幸酒"，也可见其用途分工之明确。

名称：云纹漆耳杯
铭文：君幸酒
简介：饮食器，长22.3厘米，宽27.5厘米。

名称：漆耳杯
铭文：君幸食
简介：饮食器，长18.6厘米，宽17.8厘米，高3.6厘米。杯内壁涂红漆，内底黑漆书"君幸食"，耳背部有朱书"一升半升"，实际容量为420毫升。

名称：云纹漆耳杯
铭文：君幸酒
简介：饮食器，长16.9厘米，高4.4厘米。斫木胎，椭圆形。杯内髹红漆，底黑漆书"君幸酒"，为请君饮酒之意。耳背面朱书"一升"。

名称：云纹漆耳杯
铭文：四升
简介：耳杯或称羽觞，其名由来一说是因其形状似爵（雀），两耳像雀之双翼；一说是杯上可插羽毛，有催人速饮之意。古时用于盛酒或盛羹。作为饮食器皿，漆器比青铜器更具优越性，故为宫廷及贵族官僚所喜爱。漆器因此也成了特权和财富的象征。

名称：云纹小漆卮
铭文：君幸酒
美学特征：笔画飘逸，"幸"字为篆书结体，气息高古。

名称：小漆盘
铭文：君幸食
简介：盛食器，口径18.3厘米，高3厘米，盘内涂红漆。

（2）海昏侯墓葬漆器

海昏侯墓出土的"昌邑九年造"漆器，器表的隶书直接用漆书写，纵向整齐，横向错落，显得自由随意。

5. 马蹄金

海昏侯墓出土的马蹄金上铸有"上、中、下"铭文，接近楷书，尤其是"下"字，似现代版黑体美术字。

6. 建筑构件

中山靖王刘胜墓出土的铜制帷帐构件，是两组帷帐上的附件。帷帐木架已经腐朽无存，但这组国内发现时代最早的铜质帷帐构件上刻有甲、乙、丙等记号。其中"甲""下"二字非常接近现在的美术字。

7. 铭文壶

杜陵扁壶，永始元年（前16）制，汉宣帝陵出土。壶高18.2厘米，口径6.6厘米，腹宽17.3厘米。椭圆口，腹部扁平而椭圆，长方形圈足。肩部各有一铺首衔环耳。一面腹两侧铭刻"杜陵东园铜壶容二斗重四斤八两……"39字。

三、草书

　　作为特定字体的草书，分为章草和今草。草书初期为章草（隶书的草写），据说是汉元帝时的史游所创，一说是汉章帝时的杜度所创，据说汉章帝喜欢杜度的草书奏章，因此把这种书体叫章草。但这二人始创的说法被东汉书家赵壹反驳，他在《非草书》中说："盖秦之末，刑峻网密，官书烦冗，战攻并作，军书交驰，羽檄纷飞，故隶书趋急速耳。"这里指出隶书写快、写潦草便成了章草，又称作隶草。"章"字指篇章、章法、章则，含有法度之义。东晋新体草书形成后，由于旧体草书法度严谨，遂称"章草"，新体草书则称"今草"。

　　章草是篆书向隶书演变时派生出来的，唐代张怀瓘称之为"既隶书之捷"，是指由隶书简写发展演变而成，是隶书草化或兼隶、草于一体的一种书体，因此说章草是草书中带有隶书笔意的一种书体。

　　章草非一时、一人所创，它是从秦代草隶中逐渐演化而来，经过长期流通，大致成型于西汉宣、元帝之间，兴盛于东汉、三国及西晋，从而成为一种成熟的书体，代表了汉晋时期草书艺术的面貌。

　　近年大量出土的汉代竹木简，基本证明隶草即是章草，起于秦末汉初。如《流沙坠简》中前44年的《汉元帝永光二年简》、13年的《新莽殄灭简》都有章草墨迹。近代学者罗振玉在考定《新莽殄灭简》时称"此简章草精绝，虽寥寥不及二十字，然使过江十纸犹在人间，不足贵也"。东汉时的章草墨迹有《居延汉简》《武威汉代医简》与《敦煌汉纸墨迹》等。隶草用笔沿袭隶书，在起笔住笔处，多为隶法，只是从求速应急出发，简便书写，但它在每一字的笔画中已有萦带的笔法，开创了今草的连绵笔势。

　　今草包括大草（又称狂草）、小草，虽然是从章草变化、脱化而来的，但去掉了波磔，笔势已楷书化了，具有"方不中矩，圆不中规、状似连珠，绝而不离"的特点。1949年后出土的《武威医简》《居延汉简》中都有不少今草的简文。

【神乌傅】

> **简介**　《神乌傅》又称《神乌赋》，作于永始年间（前16—前13），1993年3月出土于江苏省连云港市东海尹湾汉墓，竹简21支，章草640余字（神乌傅三字为隶书）。此文是我国最早的四言俗赋，记述了雌雄二乌于阳春三月在官府前高树上筑巢，遇盗乌。雌乌被盗乌击伤，遂断然求死，告诫雄乌逃走，希望它将来再婚能照顾好儿子。雄乌大哀，远离家园，高翔而去。
>
> **美学特征**　字体写在每支宽度不足1厘米的竹简上，笔锋精细，运笔纯熟。笔画富有张力，纤细却不柔弱；横画、捺画的波势带有明显隶书特征又富于变化；特意加粗的笔画不但不臃肿，反而表现出厚重的力度；一些竖画的长笔及向斜下方的拖笔使章法疏密有了变化，也更加生动。

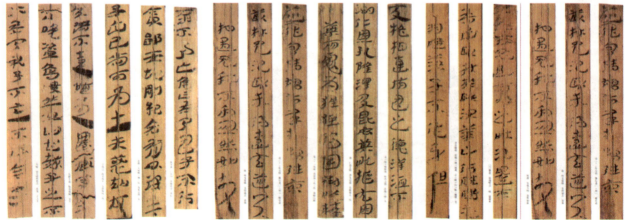

朝　新　中

概述

　　新朝（8—23）是继西汉之后由王莽建立的朝代，建都常安（王莽改长安为常安，在今陕西西安），史称新莽。王莽为解决土地兼并严重等多项问题锐意改革，但政令繁琐，又朝令夕改，导致社会急剧动荡。地皇四年（23），新朝被绿林军推翻而灭亡。经历农民战争后，刘玄建立玄汉政权。

　　新朝开创了中国历史上通过禅让称帝的先河，传统历史观崇尚通过战争革命取得政权，却鄙弃禅位这种和平移转政权方式，所以王莽一直被传统史学家定为伪君子，对新朝的评价几乎都是负面的，尤其是《汉书》。直到清末，这个评价才有所改变。

经学

　　官方提倡古文经，使古文经与今文经抗衡，即古今文之争。王莽还于五经以外增设乐经，增加古文经博士和博士弟子的人数，扩建太学，于地方广招生徒，征求异才。

语言文字学

　　扬雄所著的《方言》一书记述了西汉时期各地方言，是研究古代语言的重要资料。《方言》全名《輶轩使者绝代语释别国方言》，是中国语言学史上第一部对方言词汇进行比较研究的专著，在世界语言学史上也是一部开辟语言研究新领域的著作，是一部开创性的个人实际调查语言研究新方法的经典。

书体

　　新朝提倡复古，王莽意图恢复小篆，新朝主要使用字体是小篆、隶书，以小篆成就最高。王莽改定文字为六书（后被称为"新莽六书"）：

　　(1) 古文；(2) 奇字（一说大篆）；(3) 篆书；(4) 佐书；(5) 缪篆；(6) 鸟虫书。

　　这六书可分为大篆、小篆、隶书，也可分为古代文献文字、通用文字与应用文字。古文为孔壁经书的战国文字，奇字是非孔壁古文的战国文字，均属古代文献文字。王莽为抬高古文经学的地位，将古文、奇字分列六书的前二位。篆书即小篆，佐书即隶书，也称古隶。缪篆即摹印篆，在权威、庄重的场合使用（如铜器、印章、石刻、货币、瓦当），新朝后称为缪篆；鸟虫书即用于旗帜和符信的秦体虫书，与缪篆都是装饰性的应用文字。

一、小篆

1. 钱币

天凤四年五铢钱范

　　新朝进行了五次货币改革，恢复刀币和布币。尽管币制复杂混乱，但却是中国钱币史上的高峰，书体为悬针篆（又称垂针篆），上密下疏，舒展雅致，字形狭长，住笔尖锐，如钢针倒悬，俊美绝伦。其中，"货布"上的悬针篆最长笔画为32毫米，宽度不超过0.3毫米，为古钱"四绝"之首；"小泉直一"铸于新莽始建国六年，钱径仅1.5厘米，厚度仅0.08厘米，重仅0.55克，制作精细，文字清秀，是中国历代小钱币中的最佳品，充分体现了铸造工艺的精湛和币文书法的绝美。

左图
铭文：一刀平五千
品类：错刀
特征："一刀"二字为黄金
材质错到刀币上
兑换五铢钱：5000

右图
铭文：契刀五百
品类：契刀
特征：长二寸，环如大钱，
身形如刀
兑换五铢钱：500

铭文：小泉直一
品类：六泉
兑换五铢钱：1

铭文：幺泉一十
品类：六泉
兑换五铢钱：10

铭文：幼泉二十
品类：六泉
兑换五铢钱：20

铭文：中泉三十
品类：六泉
兑换五铢钱：30

铭文：壮泉四十
品类：六泉
兑换五铢钱：40

铭文：大泉五十
品类：六泉
兑换五铢钱：50

铭文：货泉
备注：王莽以"泉"
代"钱"。

铭文：货布

铭文：小布一百 **品类**：布货	**铭文**：幺布二百 **品类**：布货	**铭文**：幼布三百 **品类**：布货	**铭文**：序布四百 **品类**：布货	**铭文**：差布五百 **品类**：布货

铭文：中布六百 **品类**：布货	**铭文**：壮布七百 **品类**：布货	**铭文**：第布八百 **品类**：布货	**铭文**：次布九百 **品类**：布货	**铭文**：大布黄千 **品类**：布货

名称：大泉文章厌胜钱
正面铭文：大泉文章·禄命长
背面铭文：乐未央·富贵昌·大吉羊·命益长
简介：青铜质。正面"大泉文章"四字间隙装饰"禄命长"三字及带钩一只，"禄命长"三字为反书。除"大泉"二字为篆书外，其他五字为隶书。用在钱币上的"文章"指古代绣、绘于冕服上的花纹图案，借喻高官厚禄。

2. 印玺

新莽印玺继承了西汉印章体系，但在制度、印文、字数、名称诸方面又与秦汉、魏晋南北朝的印玺有较大区别。新莽印玺工艺水平极高，其艺术水准堪称秦汉印章体系中的高峰。

王莽改革对印玺产生的影响：

（1）**官名**。依据《周官》《礼记》等改易官制，增加新官职，中央设大司马司允、大司徒司直、大司马司若；地方上实行州、部、郡、县四级制，州置牧副，部置监副等；还有改变原来官名，如中央更名大司农为羲和，后改为纳言，太常为秩宗，少府为共工，执金吾为奋武等，地方上改太守为大尹，都尉为太尉，县令（长）为宰等。

（2）**地名**。王莽据《禹贡》将西汉十三州并为九州，西汉郡县名称几乎全部拆散改变，如敦煌改为敦德，武威改为张掖等，人称"莽州郡官名，改无常制，乃至岁复变更"，有时连官吏也不甚了了。

（3）**爵名、封地名和"新"字国号**。《礼记》有"公、侯、伯、子、男"五等爵，王莽据此再依五服亲疏来议定封爵授土之制，收回西汉赐给少数民族印绶，改以"新"字开头印绶，并且改"玺"为"章"。

新莽官印最典型特点是印文多数为五个字或六个字，不见四字印，符合王莽所信奉的"土德"之说。新莽官印目前出土有170多方，印文章法整齐、匀称，五字印分三行排列，末字占一行；六字印也分三行排列，每行两个字。印文是规范的缪篆，不像西汉官印圆劲，也不像东汉官印方正，而是字形稍长，笔画圆润、匀称，肥瘦适中，结体严谨工整，端庄秀丽。常用印文中的"丞"字最下一笔的两端上翘甚高，而西汉印文中的"丞"字最下一笔虽翘而短，东汉以后的"丞"字下一笔则多写成一横。

铭文：阿陵空丞印
美学特征：方笔为主，力度十足，"印"字独占两格，疏密有致，耐人寻味。

铭文：设屏农尉章
美学特征：字形方正，风格质朴，线条雄强刚劲，"章"字占两格，气势逼人。

铭文：建伶道宰印
美学特征："印"字笔画已和边缘合一，留白较多，空疏感和右边的密集布白形成鲜明的对照，刚劲中又显得灵动。

铭文：安属左骑千人
美学特征："属、骑"二字笔画多，布白紧密而均匀，"千、人"二字笔画少，布白稀疏而空灵，整体对比鲜明而协调。

铭文：军中侯胡循印
美学特征：线条刚劲，斩钉截铁。在直线中又有斜线和曲线加以对比调和，刚柔相济。

铭文：偏将军印章
美学特征："章"字独大，"偏、军"二字布白紧密，"将"字的斜线生动活泼。

铭文：昌威德男家丞
美学特征：篆文方正，线条刚劲，具有典型的汉印气魄。男指男爵（新朝五爵之一）。

铭文：新保塞乌桓犁邑率众侯印
美学特征：字体优美，布白均匀，线条流畅，转折处多圆润，实为难得之作。

铭文：校尉左千人
美学特征：与左边印文为同一风格，"人"字右边书画略加婉转，整体从右向左由密变疏，变化自然，意味隽永。

铭文：文德左千人
美学特征：笔画婉转，刚柔相济，"人"字笔画最少，却占两格，使得笔画更修长，整体显得更为别致。

223

铭文：校尉之印章

美学特征："印、章"二字并用（为凑成五个字，五字代表新莽时期五行之土德）。线条刚劲，布白均匀，仍为汉印之风范。

铭文：军曲侯丞印

美学特征：方笔为主，线条刚健，"丞"字左右"两手"为曲线，调节整体刚劲，刚柔相济，"印"字分布如两字，更添妙趣。

铭文：棘阳县宰印

美学特征：左边"印"字长而疏，右边四字密而宽，形成了强烈的对比。与汉印的田字格相比，"印"字这种处理显得颇为怪异。

铭文：修合县宰印

美学特征：风格与左边印章相类似，"合"字笔画少，但是所占面积和"修、县、宰"三字相等，显得突兀。

铭文：破奸军马丞

美学特征：线条刚劲，气度非凡，线条密集却显得从容别致，"丞"字占两格而不觉突兀，足见刻者水准之高。

铭文：军司马丞印

美学特征："印"字按两字处理，整体按六字均衡处理，线条略细，却刚健有力，布白的处理使得整体独有一种从容不迫的气度。

铭文：常乐苍龙曲侯

美学特征：六个字体非常平均，笔画之间的布白与线条几乎等宽，纵向与横向的布局有条不紊，自有一种从容不迫的气度。

铭文：执法直二十二

美学特征："法"字笔画繁复，与"二十二"这三个字的疏朗形成非常强烈的对比，也在整体上构成了一种张力。

铭文：太师公将军司马印

美学特征：右边和中间两行为三字布局，左边一行为两字，自然形成了疏密对比，但是整体非常均衡，可见匠心之独具。

铭文：魏将军印

美学特征：此款四字为汉印风格，但没有田字格。刀法凌厉，刚柔相济，布白比较均衡。

铭文：长水校尉丞

美学特征：从右到左，布白由疏到密，过渡自然，"丞"字拉长占两格，与右边二字的对比协调，"水"字左上角的拐弯更是平中见奇。

铭文：校尉司马丞

美学特征：此印与左边印章风格同类，"司"字结构疏朗，使得整体密集中得以通透。整体竖画较多，排列得体，统一中又有变化。

新前胡小长	新西国安千制外羌佰右小长	新前胡佰长	便安里附城
东光穗空丞	干昌县徒丞	新西河左佰长	敦德尹曲后侯
昌县马丞印	庶乐则宰印	新越余坛君	蒙阴宰之印
定胡军司马	西海羌骑司马	新难兜骑君	黄室私官右丞

新莽时期的私印出土量稀少，
印文风格受官印的影响较为明显。

| 黄晏 | 傅褒私印 | 杜嵩之信印 | 姚丰之印信 | 新成左祭酒 |

3. 诏版

【青铜诏版】

简介

青铜诏版为新莽始建国元年（9）为检定度量衡而颁发的诏书，现藏于上海博物馆。

铭文

黄帝初祖，德币于虞。虞帝始祖，德币于新。岁在大梁，龙集戊辰。戊辰直定，天命有民。据土德受，正号既真。改正建丑，长寿隆崇。同律度量衡，稽当前人。龙在己巳，岁次实沉。初班天下，万国永遵。子子孙孙，享传亿年。

美学特征

字体多婉转流畅，疏密有致，严谨规整，刚柔相济，结体多有方正折线，自有一种从容不迫的气度，代表了汉代篆书的高峰。

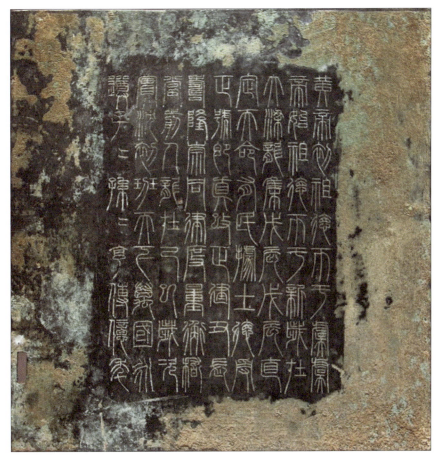

方形诏版（传）

4. 权量

【 铜嘉量 】

简介

铜嘉量又名新莽铜嘉量、新莽嘉量，是新朝的标准量器，由刘歆等人设计制造。该量器包括龠、合、升、斗、斛等五个容量单位，故名嘉量。正中圆柱体的上部为斛，下部为斗，左耳为升，右耳上截为合，下截为龠。器外铭文说明各部分的量值及容积计算方法。新莽嘉量制作准确，刻铭说明详细，在中国度量衡史上占有重要地位。

铭文

黄帝初祖，德币于虞。虞帝始祖，德币于新。岁在大梁，龙集戊辰。戊辰直定，天命有民。据土德受，正号既真。改正建丑，长寿隆崇。同律度量衡，稽当前人。龙在己巳，岁次实沉。初班天下，万国永遵。子子孙孙，享传亿年。

美学特征

字体为方正小篆，工整垂脚，舒展挺拔，风格典雅俏丽，结构上紧下松，下部夸张地拖长线条，富有飘逸之美，也具有装饰性，从而别具一格。

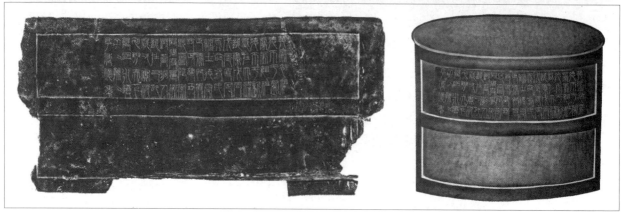

【铜方斗】

简介

　　铜方斗铸于始建国元年，现藏于国家博物馆。通长23.9厘米，高11厘米，容积1.94升，上、下边缘刻铭文，外壁漆画黍、麦、豆、麻纹、禾。

5. 铭文砖

简介

　　"黄帝初祖"砖近年出土于陕西省西安市临潼区，现藏西安秦砖汉瓦博物馆。砖长46厘米，宽22厘米，铭文内容与铜嘉量铭文略有差异。

　　新莽时期量器上的铭文与内容基本模仿秦版诏形式，表现在砖上还是第一次发现。

| 天凤三年六月郭郡都尉铭君 | 天凤五年 | 地皇三年 |

6. 瓦当

新莽时期瓦当的代表是青龙、白虎、朱雀等，文字瓦当的数量少，字体仍延续西汉文字瓦当的缪篆风格。

  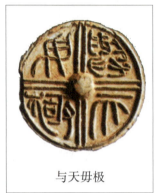 

| 平乐宫阿 | 长乐未央 | 与天毋极 | 长乐未央 |

7. 刻石

【郁平大尹冯君孺久墓题记】

简介

郁平大尹冯君孺久墓题记又名唐河汉郁平大尹冯君孺久画像石墓，1978年出土于河南南阳。题记中的"久"字一说为"人"字。

美学特征

篆隶相杂，结体多扁方，笔势方折，辅以圆转，有些线条带有装饰性，对后世印章影响很大。

8. 墨迹

【张掖都尉棨信】

简介　张掖都尉棨信，墨书文字，写在红色织物上，高21.5厘米，宽16厘米，每字底长约9厘米，1973年在甘肃省居延肩水金关汉代烽燧出土。棨信为古代传递命令的信物或过关凭证，即军事通行凭证，以木杆撑高持行。张掖别称甘州，位于河西走廊中部，是古丝绸之路上的重要驿镇。都尉是汉朝官名。

释文　张掖都尉棨信。

美学特征　通篇字体结构方正，用笔细瘦方硬。章法上将左右两行收拢，中行放宽，使得松紧恰当。因年代过久，这件丝织物已有很多断折，墨迹经修复仍未能完全恢复原貌，因此字体线条显得曲曲折折。不过，正是这种曲折反而给人一种意外的新意，如同古代碑刻虽经自然漫漶，反而增添一种古朴之气。

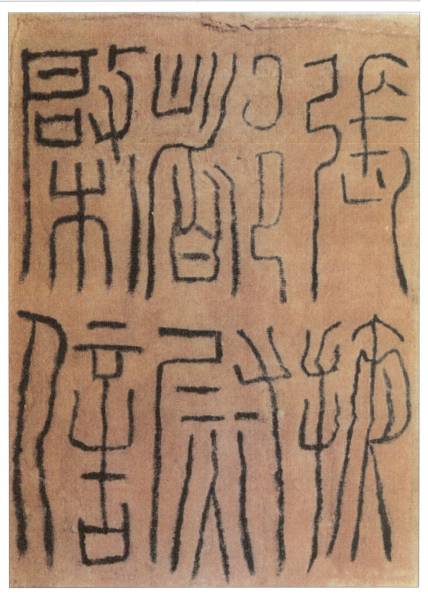

9. 铜镜

新莽时期流行"方格规矩镜"（也称"博局镜"），制作精良，图案精美，特点是镜缘中的带状花边装饰逐渐盛行。铭文中的悬针篆十分精美，有大量的纪年内容，这是新莽时期铜镜的一大特点。

【尚方博局四神纹铜镜】

简介

尚方博局四神纹铜镜，圆形，面微弧，直径18厘米，缘厚0.6厘米，重0.9千克。镜背中间半球状纽的周围由四个对称的柿蒂纹和圆环纹组成纽座，纽座外方框内交错等分排列着12乳钉纹，间以篆书"子丑寅卯辰巳午未申酉戌亥"十二地支铭文。

铜镜外区双线环带铭文内侧的边缘内，有青龙、白虎、朱雀、玄武等居其间，在外区的双线环带内饰有42字铭文。

铭文

尚方作竟（镜）真太好，上有仙人知不老，渴饮玉泉饥食枣，浮游天下遨四海，寿如金石之国保，大富昌亨牛羊兮。

【新有善铜四神博局纹铜镜】

简介

新有善铜四神博局纹铜镜，圆形，圆钮，四叶纹钮座，云气纹缘。直径21厘米，边厚0.45厘米。双线方格内十二乳钉间刻有十二辰字样。八枚连弧纹乳钉及博局纹将内区分为四方、八极，分别配置：龙与凤、虎与独角兽，朱雀与禽兽，玄武、禽鸟及蟾蜍，各方空间还填以小禽。博局纹最早称规矩纹，传说"规"与"矩"分别为伏羲与女娲把持，寓意行事有规则。

铭文

新有善铜出丹阳，涑。尚方佳竟真大好，上有仙人不知老，渴饮玉泉饥食枣，浮游天下遨四（海）。

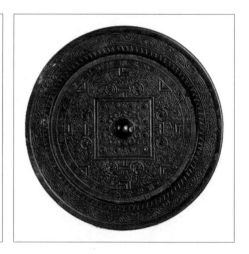

【羽人禽兽规矩纹镜】

简介

羽人禽兽规矩纹镜，圆形镜背中间半球状纽的周围间以8乳钉，铭以"长宜子孙"悬针篆。装饰精美，羽人及禽兽形象栩栩如生。"长宜子孙"外又有8乳钉，外围铭以"新有善铜出丹阳"。

二、隶书

【 莱子侯刻石 】

简介

莱子侯刻石也称天凤刻石、莱子侯村田刻石、莱子侯瞻族戒石，新莽天凤三年（16）二月刻。原在邹县西曹社卧虎山（今郭里境内）前，清乾隆五十七年（1792）被王仲磊发现，嘉庆二十二年（1817）由滕县颜逢甲和邹县孙生容、王补、仲绪山访得，遂移入孟庙启圣殿内。

刻石长60.5厘米，宽46.5厘米，厚5.8厘米，刻35个字，7行，每行5个字。行间有格界，外边有边框和斜线。意为莱子侯为封田或封墓一事举行祭祀活动，以瞻仰宗支家族，立石告诫子孙，永守勿替流传后世。

铭文

始建国天凤三年二月十三日，莱子侯为支人、为封使诸子食（良）等用百余人。后子孙，勿坏败。

美学特征

字体为篆隶，古朴而遒劲。清代杨守敬评其"苍劲简质"。清代方朔评其"以为篆隶，结构简劲，意味古雅，为西汉隶书之佳品"。郭沫若称其为"从篆到隶过渡的里程碑"。

▌【苏马湾界域刻石】▐

简介

苏马湾界域刻石也称苏马湾界石，是我国迄今发现最早的界域石刻，位于江苏省连云港市苏马湾海滨浴场，1999年被发现，刻于高1.5米、宽1米的花岗岩摩崖上，共12行、62个字。

铭文

东海郡朐与琅琊郡柜为界，因诸山以南属朐，水以北属柜。西直况其，朐与柜分高陌为界。东各承无极。始建国四年四月朔乙卯，以使者徐州牧治所书造。

美学特征

字体虽是隶书，但用笔和结构保留篆意。如"郡""邪"的双耳旁均为两个四边形组成，属于由篆向隶过渡的写法；"者""诸"的第三画和第四画左右对称；"建"字的"聿"为篆书写法。

章法参差错落，如乱石铺街。开始部分略为工谨，随后逐渐自由，越疏纵越宏阔精彩。

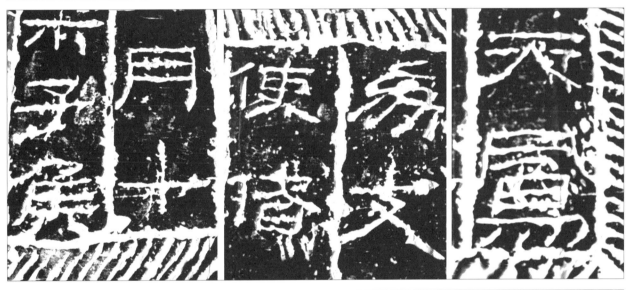

下　东汉

概述

　　东汉是汉字美学历史进程中的一个辉煌时期，在形、音、义方面都有重大贡献。

　　字形方面，篆、隶、草均有突破，其中以隶书成就最大。东汉因刻碑立石之风渐盛，所留碑刻极多，琳琅满目，丰富多彩；从隶书衍生出的章草开始广泛使用，为书法开拓了更广阔的艺术空间。诸多书家和书法理论著作在东汉末年也不断涌现。近现代还出土了大量东汉竹木简，大大丰富了汉字美学的实物资料。

　　字音方面，音韵学开始于东汉末年。有儒生受到梵文拼音字理的启示，首创反切法来注字音。反切当时称为反语。东汉服虔注《汉书》时有"惴，音章瑞反"。

　　字义方面，刘熙的《释名》是一部从声训推求字义的著作（从语言声音的角度说明事物得以称名的缘由，并注意到当时的语音与古音的异同），对后世训诂学因声求义的影响很大，同时也是研究汉语语源学的要典，体例仿照《尔雅》。《释名》到明代与《尔雅》《小尔雅》《广雅》《埤雅》合刻称《五雅全书》。因其他四书皆以"雅"名，于是郎奎金改《释名》为《逸雅》。

说文解字

　　东汉时文字学研究的集大成者是许慎，他的《说文解字》（简称《说文》）是首部系统考究文字及字源的巨著，也是首部按部首编排的汉语字典，作于和帝永元十二年（100）到安帝建光元年（121）间。原文以小篆书写（原书已佚），分540个部首，9353个小篆，另有重文（异体字）1163个，共10516字。《说文解字》是文字学和文献语言学的奠基之作，在中国语言学史上有极其重要的地位。

　　因《说文解字》闻名于世，所以许慎被尊称为"许君"，《说文解字》被称为"许书"，研究《说文解字》之学被称为"许学"。

　　许慎的《说文解字序》，内容丰富，对我们认识汉字有重要意义，其内容如下：

许慎（约58—约147），字叔重，汝南召陵（今河南漯河）人。师事贾逵攻古文经学，正秦汉以来书体错乱和今文经派臆解经义之谬。

　　古者庖羲氏之王天下也，仰则观象于天，俯则观法于地，视鸟兽之文与地之宜，近取诸身，远取诸物，于是始作《易》八卦，以垂宪象。及神农氏，结绳为治，而统其事，庶业其繁，饰伪萌生。黄帝之史官仓颉，见鸟兽蹄迒之迹，知分理之可相别异也，初造书契。"百工以乂，万品以察，盖取诸夬"；"夬，扬于王庭"。言文者宣教明化于王者朝廷，君子所以施禄及下，居德则忌也。仓颉之初作书，盖依类象形，故谓之文。其后形声相益，即谓之字。文者，物象之本；字者，言孳乳而浸多也。著于竹帛谓之书。书者，如也。以迄五帝三王之世，改易殊体。封于泰山者七十有二代，靡有同焉。

　　《周礼》：八岁入小学，保氏教国子。先以六书：一曰指事。指事者，视而可识，察而见意，上、下是也。二曰象形，象形者，画成其物，随体诘诎，日、月是也。三曰形声。形声者，以事为名，取譬相成，江、河是也。四曰会意。会意者，比类合谊，以见指㧑，武、信是也，五曰转注。转注者，建类一首，同意相受，考、老是也。六曰假借。假借者，本无其字，依声托事，令、长是也。及宣王太史籀著《大篆》十五篇，与古文或异。至孔子书《六经》，左丘明述《春秋传》，皆以古文，厥意可得而说。其后诸侯力政，不统于王，恶礼乐之害己，而皆去其典籍。分为七国，田畴异亩，车途异轨，律令异法，衣冠异制，言语异声，文字异形。秦始皇初兼天下，丞相李斯乃奏同之，罢其不与秦文合者。斯作《仓颉篇》，中车府令赵高作《爰历篇》，太史令胡毋敬作《博学篇》，皆取史籀大篆，或颇省改，所谓小篆者也。是时，秦烧灭经书，涤除旧典，大发隶卒，兴役戍，官狱职务日繁，初有隶书，以趣约易，而古文由此绝矣。自尔秦书有八体：一曰大篆，二曰小篆，三曰刻符，四曰虫书，五曰摹印，六曰署书，七曰殳书，八曰隶书。

汉兴有草书。尉律：学童十七以上始试，讽籀书九千字，乃得为吏；又以八体试之。郡移太史并课，最者以为尚书史。书或不正，辄举劾之。今虽有尉律，不课，小学不修，莫达其说久矣。孝宣时，召通仓颉读者，张敞从受之；凉州刺史杜业、沛人爰礼、讲学大夫秦近，亦能言之。孝平时，征礼等百余人，令说文字未央廷中，以礼为小学元士，黄门侍郎扬雄采以作《训纂篇》。凡《仓颉》以下十四篇，凡五千三百四十字，群书所载，略存之矣。及亡新居摄，使大司空甄丰等校文书之部，自以为应制作，颇改定古文。时有六书：一曰古文，孔子壁中书也。二曰奇字，即古文而异者也；三曰篆书，即小篆，秦始皇帝使下杜人程邈所作也；四曰佐书，即秦隶书；五曰缪篆，所以摹印也；六曰鸟虫书，所以书幡信也。

壁中书者，鲁恭王坏孔子宅而得《礼记》《尚书》《春秋》《论语》《孝经》。又北平侯张苍献《春秋左氏传》，郡国亦往往于山川得鼎彝，其铭即前代之古文，皆自相似。虽叵版复见远流，其详可得略说也。而世人大共非訾，以为好奇者也，故诡更正文，乡壁虚造不可知之书，变乱常行，以耀于世。诸生竞逐说字解经，喧称秦之隶书为仓颉时书，云：父子相传，何得改易？乃猥曰：马头人为长，人持十为斗，虫者，屈中也。廷尉说律，至以字断法，"苛人受钱"，"苛"之字"止句"也。若此者甚众，皆不合孔氏古文，谬于史籀。俗儒鄙夫，玩其所习，蔽所希闻，不见通学，未尝睹字例之条，怪旧执而善野言，以其所知为秘妙，究洞圣人之微恉。又见《仓颉》篇中"幼子承诏"，因号古帝之所作也，其辞有神仙之术焉。其迷误不谕，岂不悖哉！

《书》曰："予欲观古人之象。"言必遵修旧文而不穿凿。孔子曰："吾犹及史之阙文，今亡也夫！"盖非其不知而不问，人用己私，是非无正，巧说邪辞，使天下学者疑。盖文字者，经艺之本，王政之始，前人所以垂后，后人所以识古。故曰："本立而道生"，"知天下之至赜而不可乱也"。今叙篆文，合以古籀，博采通人，至于小大，信而有证。稽撰其说，将以理群类，解谬误，晓学者，达神恉。分别部居，不相杂厕。万物咸睹，靡不兼载。厥谊不昭，爰明以谕。其称《易》：孟氏；《书》：孔氏；《诗》：毛氏；《礼》：周官；《春秋》：左氏；《论语》《孝经》，皆古文也。其于所不知，盖阙如也。

说文四大家

历代研究《说文》者众多，宋代徐铉校正了《说文》，世称"大徐本"（徐锴的称为"小徐本"）。清代研究《说文》最为兴盛，段玉裁的《说文解字注》、朱骏声的《说文通训定声》、桂馥的《说文解字义证》、王筠的《说文释例》《说文句读》尤被推崇，这四人也因其卓越贡献而被尊称为"说文四大家"。

段玉裁（1735—1815），字若膺，号懋堂，晚年又号砚北居士、长塘湖居士、侨吴老人，江苏金坛市人，徽派朴学大师，曾师从戴震。

桂馥（1736—1805），字未谷、东卉，号雩门，别号萧然山外史，山东曲阜人。著《说文解字义证》《缪篆分韵》《晚学集》等，书法篆刻亦颇精深。

王筠（1784—1854），字贯山，号篆友，山东安丘市人。独辟门径，著《说文释例》《说文韵谱校》《文字蒙求》《说文属》《说文句读》等。

朱骏声，字丰芑，号允倩，晚年又号石隐，自署元和人，或作江苏苏州人。曾师从钱大昕。著有《说文通训定声》《传经堂文集》。

书体

　　东汉书体和西汉一样有篆、隶、草三类，篆书形成独特面目（代表人物为曹喜，惜作品不传），隶书碑刻百花齐放，发展到巅峰，章草逐渐演变为今草（代表人物为张芝）。

一、篆书

1. 钱币

　　东汉初年沿用新莽"货泉"，建武十六年（40）复行五铢钱，称为建武五铢。建武五铢比西汉五铢钱轻、薄，直径25毫米，厚约1毫米，重约3.4克，通常为3克，外廓较窄。"五铢"二字宽肥圆柔，且笔画较粗浅。"五"字中间交笔弯曲，上下两横不出头。"铢"字的"金"字旁字头呈三角形，比西汉五铢钱的要大。"朱"字字头圆折，中间直笔，两端较细。币面还有记号（如星、横画、竖画等）。

铭文：五铢

　　东汉后期，中央集权已受到严重冲击，地方铸钱和私铸、盗铸现象加剧。灵帝建宁（168—172）后盛行"剪轮五铢"，钱的外廓被剪去，只剩内圈，钱文各剩半字。还有剪去内圈，只剩下外圈，称"綖环五铢"，也称为綖环镀，一裁变两钱。

钱范

　　安徽省滁州博物馆藏石质钱范：1986年10月于安徽省滁州市南郊琅琊乡红庙村被发现，重980克，正面范长233毫米，宽75毫米，厚26毫米。浇铸主槽两侧各排列7枚五铢钱模。

2. 印玺

东汉印玺材质有金、银、铜、玉、石等，用琢、铸、凿等多种方法制作，艺术效果多种多样。同时，对缪篆的不同处理及由此所产生的印文异化，使缪篆包含了对立中的统一。东汉的私印在外在形式上更加丰富，在印文的章法布局、制作工艺方面，在平正朴茂的总体风格之中还体现出一种追求装饰与精致的风尚。

官印

东汉初期官印铭文平正整饬，布局匀称。中后期趋向随意粗犷，常常上面顶边而下部留空，印文也出现了讹文，常见有印文减省、合并（受隶书影响），印文形制也不像前期那样方正规范，随意性较大，笔画粗细不拘，且多有方折斜侧，不加修饰，自然率直。晚期虽已走下坡路，但汉印之浑穆、沉雄、拙朴之气尚存。

铭文：朔宁王大（太）后玺
简介：龟钮金印，为隗嚣称朔宁王时为母所制，1954年于陕西省宁强县阳平关出土，长宽各2.4厘米，高2厘米。
美学特征：字体略呈长方形，布局整饬，布白均衡，疏密对比又统一。

铭文：广陵王玺
简介：龟钮金印，为汉明帝永平元年封刘俐为广陵王时所赐，1981年于江苏省扬州市邗江区田间发现。长宽各2.3厘米，通高2.1厘米。
美学特征：字体正方，线条刚劲，"王"字的疏朗和另三字的紧密形成了鲜明的对比，整齐又和谐统一。

铭文：琅邪相印章
简介：银铸印，方形，龟纽，现藏故宫博物院。印面长2.6厘米，宽2.2厘米，印台厚1.3厘米。
美学特征：线条刚劲，起、收笔方头方尾，气度雄浑。"章"字占两格，与新莽时期印章相似。

铭文：汉委（倭）奴国王
简介：蛇钮金印，为光武帝中元二年（57）赐予日本倭奴王，与广陵王玺只相差一年；两颗金印的字体和手法极为相似。一说"委"字为委托之义。
美学特征："汉"字独占两格，与新莽时期的官印有异曲同工之妙。"委"和"奴"字线条婉转，与同期汉印相比，整体多了几分婉约之美。

铭文：别部司马
美学特征：线条厚重，风格雄浑。

铭文：军司马印
美学特征：刀法简约而浑厚，疏密有致。

铭文：都乡
美学特征：线条刚劲而婉转，布局紧凑。

铭文：庐陵太守章
美学特征：线条婉转，疏密有致。

铭文：汉归义羌长

铭文：汉破虏胡长

铭文：华闾苑监

铭文：虎威将军章

铭文：安阳乡印

铭文：长安市长

铭文：冀州刺史

铭文：牙门将印章

私印

东汉私印的形制、风格多样，两面印、子母印、三套印流行，形状上有长方形、圆形、柿蒂形，又有三环形、三方形、四叶形，还出现了朱白文相间、文图搭配等样式，章法布局巧妙，呈现出一派繁荣景象。

朱文印因纸张的使用而大量出现，纸张能充分彰显朱文印的优点。

铭文：赵昧

铭文：刘诩信印
美学特征：字体方正，线条略细却刚劲有力。上面两字布白紧密而笔画略细，下面两字布白疏朗而略粗，组合得浑然一体。

铭文：巍（魏）霸
美学特征：端庄典雅，线条中锋，刀法精细。"巍"字的"山"在右下角，直线中增添弧度处理，"鬼"字下面线条更是婀娜多姿。

铭文：司马纵
美学特征："司"字占右上角一格，"马"字占两格，"纵"字占整体一半，对比强烈。构图大胆，线条处理得当，显得飘逸不凡。

铭文：李丰私印
美学特征：线条弯曲缠绕，富于装饰效果，整体布局注重呼应和均衡。但是过于追求美术效果，使得气魄上逊色不少。

铭文：桓驾
美学特征：篆文优美飘逸，刀法娴熟细腻，细节耐人寻味，整体气息典雅。

铭文：桓启
美学特征：端庄典雅，中锋行笔，方笔起收，刚健中蕴含婀娜，气息动人。

铭文：妾撰

铭文：妾督

铭文：番获

铭文：周诱

铭文：辛偃

铭文：朱偃

铭文：谢李

铭文：砀臞

铭文：安国

铭文：皮聚

铭文：吕章信印

铭文：苏凝私印

铭文：魏嫽

铭文：任强

铭文：李嘉

铭文：陈请士

美学特征："士"字的简约与右边两字形成强烈的对比，但整体又无突兀之感，可谓匠心独具。

铭文：魏季君

简介：三环形印

铭文：李长儿

简介：三方形印

铭文：张乐君印

简介：四叶形印

铭文：桥时，日利

简介：两面印

铭文：陈长公印，陈克信印

简介：子母印

铭文：祝遵印信，祝遵，汉辅

简介：三套印

铭文：长富

铭文：私信

铭文：富贵

书信封缄印

东汉私印中出现了专门用于书信的印章，这种用途只限于封缄书信，而不是用于书信签名。这类印章的印文中多有"封完""完封""完封请发"等字样。

铭文：宜身至前迫事毋闲愿君自发周氏印信

铭文：雍元君印愿君自发封完言信

厌胜印

东汉末年道教盛行，出现了厌胜印，又名压胜印，为道家和信教者随身携带，寓意辟邪降魔、消除灾难。

铭文：黄神越章

铭文：天帝使者

铭文：黄神越童天帝神之印

3. 封泥

弋阳侯相

宋公相印

原鹿侯相

朗陵侯相

鄡阳侯相

军假司马

4. 铜洗

　　铜洗是一种盥洗用的青铜器皿。《仪礼·士冠礼》谓："设洗直于东荣。"郑玄注："洗，承盥洗者弃水器也。"汉朝流行双鱼纹铜洗，圆形、敞口、圆唇、折沿、平底，洗壁两侧有对称兽面辅首，内底饰双鱼纹。

　　汉代铜洗铭文字体多为缪篆（因属青铜器铭文，也符合金文定义范畴，但金文一般概念上等同于大篆），这反映了汉代小篆受隶书影响在器物上趋于装饰化。

故治坚千岁大富乐

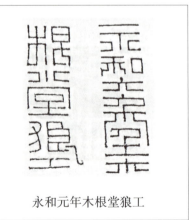

永和元年木根堂狼工

吉

宜侯王

富贵昌，宜侯王

宜侯王

大吉祥

长宜子孙

富贵昌，宜侯王，传子

永初三年造作

董（董）是器

建安二年八月造作周氏

光和七年岁在甲子造十
月卅日作审是宜甲申

太岁在甲戌初平五
年吴师作宜子孙

富贵昌，宜侯王，
乐未央，王万氏

5. 铜镜

东汉初期的铜镜承袭新莽时期铜镜特点：纹饰内容丰富，表现手法细腻工整，构图富有层次，铸工精细。

东汉中期以后，北方战乱，南方相对稳定，铜镜的发展开始分化，形成南北两个系统。南方主要以高浮雕神人神兽等画像纹镜为主，数量较多，至三国吴时达到鼎盛；北方的铜镜基本延续西汉中期以后的造型，纹饰主要为变形四叶纹、夔凤纹、内向连弧纹，镜缘为素宽缘、内向连弧缘。这时期铜镜的重大变化则反映于纹饰的内容与布局两方面。汉章帝以后，因提倡以儒家标准选拔官吏，铜镜的避邪成分日益淡化，人们更在意的是升官加爵。所以，镜铭多为"宜官宜侯"类吉祥语，这种官本位的铭文，成为东汉铜镜典型符号。而当这些愿望无法实现之时，追寻神仙庇护的意愿甚嚣尘上，神人神兽画像镜主导了东汉晚期直至三国时代的铜镜主题。

东汉中期，铜镜的纹饰及铭文还出现了左右"轴对称式"的新布局，打破了以前以镜钮为中心作环绕式和上下左右对称式布局的"心对称式"布局。

名称：君宜官位双夔纹镜
铭文：官君宜
美学特征：字体线条方正，横平竖直，幸有"君"字的竖画曲线与此调和，蕴巧于拙。

名称：长宜高官铜镜
铭文：长宜高官
美学特征：字体方正，直线与曲线对比而调和，富于装饰性，与整体纹路相得益彰。

铭文：长宜子孙

铭文：位至三公（隶书）

6. 碑刻

东汉的篆书碑刻屈指可数，在篆书史上却是不可或缺的。这些数量有限的篆书碑刻，在用笔和结体上和秦篆拉开了距离，拥有独特的面貌。

如右图的《元和三年题记》，高24厘米，宽7厘米，发现于四川省芦山县。铭文"元和三年造"有缪篆风格，"和"字的"禾"旁上面笔画婉转曲折，增强了篆书线条的表现力。"年"字的结体与"三"字的直线构成了显著对比，整体布局如印章一般耐人寻味。

【袁安碑】

简介

《袁安碑》全称《汉司徒袁安碑》，永元四年（92）立。原石出土不详，1929年在河南省偃师县城南辛家村被发现，现藏河南博物院。碑高1.53米，宽0.74米。碑文10行，满行16字，下截残损，每行各缺1字。内容主要记载袁安的生平，与《后汉书·袁安传》基本相同，但较简约，无赞颂铭辞。碑上有圆形碑穿，正当碑中，为汉碑所仅见。碑侧有明万历二十六年（1598）题字。

美学特征

字体结构宽博流畅，笔画较瘦，浑厚古茂，雄朴多姿，线条婉转，体态遒劲流畅，飘逸圆融中尽显端庄方正。

〖袁敞碑〗

简介

《袁敞碑》全称《汉司空袁敞碑》，元初四年（117）立，1922年出土于河南偃师，碑已残，现藏辽宁省博物馆。碑文共10行，每行5—9字不等。残碑高78.5厘米，宽71.5厘米。袁敞是袁安之子，此碑字迹与《袁安碑》似出一人之手。

美学特征

字体厚重雄茂，婉转多姿。以方折之笔作篆法，却能流畅自如。清代邓石如习小篆，从此碑获益不少。

〖祀三公山碑〗

简介

《祀三公山碑》全称《汉常山相冯君祀三公山碑》，俗称《大三公山碑》，元初四年（117）立。三公山即今河北省元氏县仙翁寨山（在封龙山西十里），是汉代常山郡祭祀、祈雨的重要场所，是元氏县（古常山郡所在地）六大名山之一。清乾隆三十九年（1774）元氏县令王治岐重新访得，始有拓本行世。

美学特征

篆隶相兼，书法劲古，笔锋遒劲浑厚。减篆书之萦折，有个别字还有草篆之意，清代书法家多有模仿，尤其是篆刻家十分重视学习此碑书体。清代康有为、杨守敬称之为"瑰伟"。日本书道界人士也称其为"神碑"。

〖嵩山少室石阙铭〗

简介

《嵩山少室石阙铭》为"嵩山三阙"之一，延光二年（123）颍川太守朱宠造，在河南登封西少室山之东麓。石阙高约4米，宽2米，厚0.7米。

美学特征

笔致圆转，朴茂沉厚。康有为说："茂密浑劲、莫如少室、开母，汉人篆碑，只存二种，可谓稀世之鸿宝，篆书之上仪也。"王澍跋："石甚粗劣，篆文亦未尽善。然则虽未工而字殊朴茂。"

〖嵩山开母庙石阙铭〗

简介

《嵩山开母庙石阙铭》为"嵩山三阙"之一，延光三年（124）刻，阙以石条垒成，在河南登封嵩山开母庙遗址。"开母"原名"启母"，因避汉景帝名讳而改。铭文记载了夏禹治水事迹。

美学特征

书法古朴，较《嵩山少室石阙铭》严谨，比李斯诸刻方正紧密，依稀可见秦篆浑朴茂美之气。

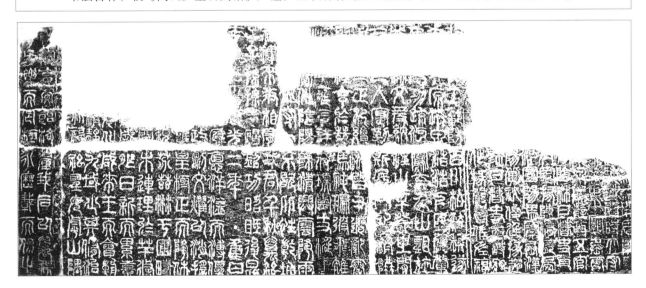

碑额

东汉碑额多为篆书，风格多姿多彩。碑额字体布局须随形布势，在单字结构上往往或长或扁，或方或圆，甚至互相穿插，形成了活泼多姿的风貌。有些碑额为突出装饰美感，采用缪篆体势（如《张迁碑》碑额）。

另外，由于隶书的影响，篆额字体往往带有粗细提按的变化，线条较之秦篆更为丰富、更富动感，章法也由整齐划一变为多样而统一（甚至篆隶相杂），这也是汉代篆书所开创的独特面貌。

从铭

汉故小黄门谯君之碑

汉故雁门大（太）守鲜于君碑

汉故益州大（太）守北海相
景君铭　　　　　汉循吏故闻憙长韩仁铭　　　　汉故卫尉卿衡府君之碑　　　白石神君碑

西岳华山庙碑　　　　　　　　惠安西表　　　汉舍人王君之

甘陵相尚府君之碑　　汉故郎中赵君之碑　　　　三公之碑　　　　三老赵椽之碑

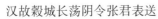

汉故穀城长荡阴令张君表送　　　　泰山都尉孔君之碑　　　汉故郎中郑君之碑

二、隶书

东汉时期逐渐风行厚葬（尤其是后期），为歌功颂德而大兴碑刻，隶书充分展示了艺术光采，发展达到巅峰。

1. 碑刻

东汉碑刻流传至今的约有两百种，精品众多。书法风格多样，或雄强，或秀美，或飘逸，或凝重，或古朴，或优雅……可谓千姿百态。清代朱彝尊在《西岳华山庙碑跋》一文中说道："汉隶凡三种。一种方整，《鸿都石经》《尹宙》《鲁峻》《武荣》《郑固》《衡方》《刘熊》《白石神君》诸碑属此；一种流丽，《韩敕》《曹全》《史晨》《乙瑛》《张表》《张迁》《孔彪》《孔宙》诸碑属此；一种奇古，《夏承》《戚伯著》诸碑属此。"康有为在《广艺舟双辑·本汉第七》中把汉碑隶书分为"骏爽、疏宕、高浑、丰茂、华艳、虚和、凝整、秀韵"八类。但这种分类都不足以完全概括，故王澍说"每碑各出一奇，莫有同者"。

〖张禹碑〗

简介

《张禹碑》全称《汉故安乡侯张公碑》，永初七年（113）立，1993年春出土于河南省偃师市高龙镇，墓主为安乡侯、太傅张禹。此碑尺寸较小，而且材质较劣，或因东汉初期俭葬及张禹"性笃厚节俭"。

美学特征

结构匀称，用笔细劲，转折分明，蚕头燕尾和左波右挑的汉隶基本特征虽不明显而体式具备。但有多字的捺画只浅刻双钩、不凿燕尾，与其他汉碑迥异。

【大吉买山地记】

简介

《大吉买山地记》摩崖刻石，建初元年（76）刻于会稽跳山（今属浙江绍兴），俗称《跳山摩崖》，凡22字。清道光三年（1823）县人杜春生访得。与《三老忌日碑》同为浙江汉刻重宝，也是浙江现存最古之碑刻。

铭文

昆弟六行，共买山地。建初元年，造此冢地。直三万钱。

美学特征

运笔古厚，风格淳朴。

【开通褒斜道刻石】

简介

《开通褒斜道刻石》全称《汉郎君开通褒斜道刻石》，俗称《大开通》，永平六年（63）刻，共16行，每行5—11字不等。原石在褒城（今陕西勉县）北石门溪谷道中，是东汉时期最早的摩崖刻石，现已移置汉中博物馆。

美学特征

笔道虽然圆细，但遒劲有力。布局饱满，高古伟岸，气魂宏大，更与背景石纹融为奇趣。

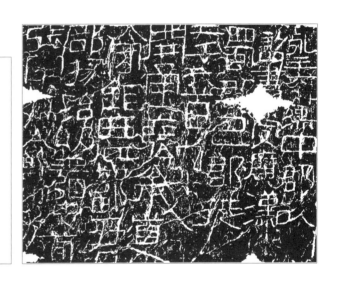

【侍廷里父老僤买田约束石券】

简介

《侍廷里父老僤买田约束石券》刻石高1.54米，宽0.8米，厚0.12米，1973年出土于河南省偃师市慎氏镇浏涧河南岸，现存于偃师商城博物馆。记述了骠氏县侍廷里于季、左巨等25户居民敛钱买田，成立了一个叫"僤"的团体。碑文上密下空，右短左长，方整中不失错落，整齐中夹带灵动，反映了民间书写的自由平实。

【三老碑】

简介

《三老碑》全称《汉三老讳字忌日碑》，东汉建武年间立，清代咸丰二年（1852）出土于浙江余姚客星山，碑额断缺，今存西泠印社，被誉为"浙江第一石"。碑文保存基本完好，计217字，记录了一位名通的汉代地方官"三老"祖孙三代的名字（讳字）及其祖、父辈逝世的日子（忌日）。

美学特征

字体方正，介于篆隶之间，浑厚遒劲。

【嵩山太室石阙铭】

简介

《嵩山太室石阙铭》是"嵩山三阙"中唯一的隶书铭刻，元初五年（118）立。

美学特征

字体宽和周正，古朴渊雅，遒劲雄浑，隶法上乘。

【永建七年吕义置葬地记】

简介

《永建七年吕义置葬地记》刻石，近年出土于山东临沂，28字。

铭文

永建七年四月廿四日吕义置葬地，信使长乐富贵，子孙千人，貲财百噫（亿）。

美学特征

字体朴实古茂，风格与汉安三年（144）宋伯望买田刻石等类似。

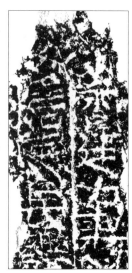

【 冯君碑 】

简介

《冯君碑》全称《汉冀州从事冯君碑》，2004年出土于河南省孟津县三十里铺，仅存中穿孔以上的上半截。残石高102厘米，宽83厘米。碑文隶书17行，每行存5—15字不等。碑额、碑文残存共计199字。

美学特征

字体古雅，结体较为方整，波磔较为短促，笔画厚重，基本不作长短参差。左掠的笔画少，如"户"字在《史晨后碑》《乙瑛碑》《曹全碑》《桐柏庙碑》中都是向左掠，而《冯君碑》则是如一竖直下，不具左掠之势。即便与同时期的《景君碑》相比，在风格上也有很大的不同。

【 孔君碣 】

简介

《孔君碣》又名《孔君墓碑》《孔少垂墓碑》，永寿元年（155）立，清代乾隆五十八年（1793）二月发现于孔林红墙外，现在汉魏碑刻陈列馆。碑高150厘米，宽47.5厘米，额篆"孔君之墓"。碑文共8行，满行15字。《金石录》载："其前云元年乙未，而元年上缺二字。按：东汉自建武以后惟桓帝永寿元年岁次乙未，其他有三乙未，皆非元年，然则此碣所缺二字当为永寿也。"

美学特征

笔画刚劲，风格古朴，惜风化严重。

【李孟初碑】

简介

《李孟初碑》又称《李孟初神祠碑》，全称《汉宛令益州刺史李孟初神祠碑》，永兴二年（154）立，现存河南省南阳市卧龙岗汉碑亭。碑文浑朴圆劲，器宇轩昂，变化自如。

【韩仁铭】

简介

《韩仁铭》全称《汉循吏故闻熹长韩仁铭》，熹平四年（175）刻，金正大五年（1228）被荥阳县令李辅之发现，现存河南省荥阳市文物保管所。碑文凡8行，行存18字，记述韩仁做官政绩，韩仁去世后，上级官员令地方以少牢祭祀，以示褒扬。碑文字体疏朗，行笔遒劲，为汉隶书体另一流派。碑额篆书结体长短随字结构，行间茂密，和而能变，与碑文隶书同出一手，世称双绝。"优绰郁拔，端然如铜斛玉律，不可亵视。"碑文方整疏阔，行笔斩截劲利，气度雍容典雅。清代杨守敬评其"清劲秀逸，无一笔尘俗气，品格在《百石卒史》之上"。康有为在《广艺舟双楫》中说："《李孟初》《韩仁铭》皆以疏秀胜。"实乃秀而不疏，神情怡然，悠扬洒落。

〖封龙山碑〗

简介

《封龙山碑》又称《封龙山颂》，全称《元氏封龙山之颂》，立于延熹七年（164），无额无穿，原在河北省元氏县王村山下，不为人知，仅宋代郑樵《通志》有提及。清代元氏知县刘宝楠于道光二十七年（1847）得此碑，大加叹服，命人移至城内薛文清祠。碑高1.66米，宽1米，凡15行，每行26字，为祀山颂神而立。

美学特征

笔画较细，遒劲豪放，气魄雄伟，书法方正古健，点画之中有篆籀之意，粗犷俊朗，有独特的阳刚之美。

孔庙三碑

孔庙三碑，是指《史晨碑》《乙瑛碑》《礼器碑》这三块立于山东曲阜孔庙里的石碑，其艺术价值卓越。

【史晨碑】

简介 《史晨碑》又称《汉史晨碑奏铭》《汉史晨谒孔严后碑》，全称《鲁相史晨奏祀孔子庙碑》，前后两碑刻一石两面，传蔡邕书。前碑刻于建宁二年（169）三月，载鲁相史晨及长史李谦奏祭祀孔子之奏章。后碑全称《鲁相史晨飨孔子庙碑》，刻于建宁元年（168）四月。结字工整精细，中敛而四面拓张，波挑分明，呈方棱形，笔致古朴，神韵超绝，为汉隶方整平正一路。明代郭宗昌谓"分法复尔雅超逸，可为百代模楷，亦非后世可及"。

【乙瑛碑】

简介 《乙瑛碑》又名《孔庙置守庙百石孔和碑》，全称《鲁相乙瑛请置孔庙百石卒史碑》，桓帝永兴元年（153）立。

美学特征 字形端庄，结体方整，法度严谨，用笔方圆兼备，平正中见秀逸。清代方朔评："字之方正沉厚，亦足以称宗庙之美，百官之富。""汉隶之最可师者。"何绍基评："横翔捷出，开后来隽利一门，然肃穆之气自在。"杨守敬说："是碑隶法实佳……诚非溢美，但其波磔已开唐人庸俗一路。"

【礼器碑】

简介 《礼器碑》全称《汉鲁相韩敕造孔庙礼器碑》，又称《修孔子庙器碑》《韩明府孔子庙碑》，永寿二年（156）立。碑文记述鲁相韩敕修饰孔庙，吏民立石以颂其德。字迹清劲秀雅，书风细劲雄健，端严而峻逸，方整秀丽兼备，结体寓欹侧于平正，含疏秀于严密。瘦不露骨，极有力度，收笔转折多处方折，笔画较细而刀法及捺粗壮，构成强烈的对比，其肃穆超然之气历来被推为隶书极则。明代郭宗昌《金石史》评："汉隶当以《孔庙礼器碑》为第一。""其字画之妙，非笔非手，古雅无前，若得之神功，非由人造，所谓'星流电转，纤逾植发'尚未足形容也。汉诸碑结体命意，皆可仿佛，独此碑如河汉，可望不可及也。"清代王澍《虚舟题跋》评："隶法以汉为奇，每碑各出一奇，莫有同者；而此碑尤为奇绝，瘦劲如铁，变化若龙，一字一奇，不可端倪。"

【 张迁碑 】

简介

　　《张迁碑》又称《张迁表》，全称《汉故穀城长荡阴令张君表颂》，碑高2.9米，宽1.07米，中平三年（186）立，明代初期出土，现存于山东泰安岱庙。碑额"汉故穀城长荡阴令张君表颂"为缪篆，碑阳记述了张迁身世及德行、功绩，碑阴为捐资立碑者名录。穀字多释作穀，简化作谷。

美学特征

　　字体方整劲挺，棱角分明，结构谨严，笔法凝练，书风高古、雄奇、方拙、自由。用笔有时波磔分明，看似规正古拙，实则结字巧丽；有时四角方折，似不讲笔法。清代万经说："余玩其字颇佳，惜摹手不工，全无笔法，阴尤不堪。""摹手不工"是说刻工的刀锋所致，魏碑方折常见。

　　书风属于古拙一路，碑中字体大量渗入篆体结构，字形方正，虽字迹多漫漶，然端整雅练，剥落之痕亦复天然，结字运笔已开魏晋风气。结构组合，端正中见揖让错综，灵活变化，殊多生趣，而又沉着方劲。碑阳之字朴雅秀隽，碑阴之字稍见纵肆，皆高洁明朗。学汉隶者，都以此碑为最后范则。

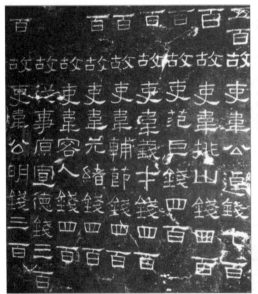

【张汜以诏请雨铭】

简介

　　《张汜以诏请雨铭》摩崖刻石于2011年2月7日在河南省驻马店市石龙山顶被摄影师叶辛卯发现，刻于永初七年（113）腊月初六，为吴房地方官张汜为民祭天祈雨时所留存，共208字（因石头崩裂，中间缺失6字）。首句为："唯永初七年十二月有闰一日，戊戌吴所长平阴张汜字春孙，以诏请雨……"文中有"为民谒福"等字。整体呈长方形，高50厘米，宽60厘米，周边有四条直线将文字框了起来，四角有耳环样的曲线。文字刻在山顶凸起的石头上，石头高2.5米。这块巨石的西侧是一段古寨墙，用石块垒成。

美学特征

　　字形方正古朴，书法风格与《张迁碑》形似。但也有学者认为与《景君碑》同调。

【鲜于璜碑】

简介

　　《鲜于璜碑》全称《汉故雁门太守鲜于君碑》，延熹八年（165）十一月立，1973年5月于天津武清县高村出土。碑呈圭形，高242厘米，宽83厘米，碑阳、碑阴都有界格，共827字。现藏天津市历史博物馆。

美学特征

　　书法笔致方整朴厚，点画富于变化，结构多呈横阔的扁形。书风高古，险峻雄壮，开《张迁碑》拙雅之先河，特别是碑阴部分，对魏晋南北朝书风颇有影响，《爨宝子碑》《爨龙颜碑》皆有此意。

【华山庙碑】

简介

《华山庙碑》也称《延熹华岳碑》，全称《汉西岳华山庙碑》，简称《华山碑》，延熹八年（165）立于陕西华阴县西岳庙中，明嘉靖三十四年（1555）毁于地震。碑文22行，行38字。碑额篆书"西岳华山庙碑"。

美学特征

字体方整，笔画丰润，结体方整匀称，气度典雅，点画俯仰有致，波磔分明多姿，是汉隶中方整平正一路书法的代表作品。明代郭宗昌《金石史》称其"结体运意乃是汉隶之壮伟者"。清代朱彝尊说："汉隶凡三种：一种方整，一种流丽，一种奇古。惟延熹《华岳碑》正变乖合，靡所不有，兼三者之长，当为汉隶第一品。"刘熙载说："汉碑萧散如《韩敕》《孔宙》，严密如《衡方》《张迁》，皆隶之盛也，若《华山庙碑》，磅礴郁积，流漓顿挫，意味尤不可穷极。"

【衡方碑】

简介

《衡方碑》全称《汉故卫尉卿衡府君之碑》，建宁元年（168）九月立，是衡方的门生朱登等为其所立的颂德碑，现藏山东泰安岱庙。

此碑字体方拙朴实，以拙取胜，间架稳实厚重，笔画端正粗壮，笔如磐石，折角棱条分明。章法行密字满，于平正中存欹斜之变。书法宽绰圆润、气势磅礴。门生故吏朱登等乃镌石以颂其功德。碑文末行有两行小字："门生平原乐陵朱登字仲希书。"清代翁方纲《两汉金石记》称："是碑书体宽绰，而阔密处不甚留隙地，似开后来颜鲁公正书之渐矣……盖其书势在《景君》《郑固》二碑间也。"姚华《弗堂类稿》跋："《景君》高古，惟势甚严整，不若《衡方》之变化于平正，从严整中出险峻。"何绍基称"方古中有倔强气"。杨守敬说《衡方碑》"古健丰腴，北齐人书多从此出"。从唐代颜真卿的书法亦可窥见其流风所及。清代中后期，提倡汉隶和北碑，书风大变，著名书法家伊秉绶学《衡方》，深得其神髓。

【肥致碑】

简介

《肥致碑》全称《河南梁东安乐肥君致碑》，立于建宁二年（169）五月，高97.3厘米，宽47.5厘米，19行，满行29字，有界格。1991年7月出土于河南偃师南蔡庄村，现存偃师市商城博物馆。碑文涉及东汉早期道流活动，故为道教研究所重。碑额正中"孝章皇帝孝和皇帝"左右为"孝章皇帝太岁在丙子崩。孝和皇帝太岁在己丑崩"，既非标题，正文内容亦与章和二帝无直接联系，此最为特例（一说此碑为民国时期伪造）。

美学特征

书风整肃，质朴平和，从容稳健，书写意趣格外突出，全无雕琢修饰痕迹（碑文实际效果却与缩小图录有差异）。

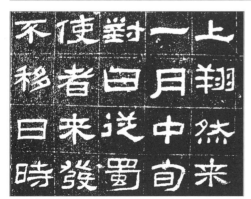

【樊敏碑】

简介

《樊敏碑》全称《汉故领校巴郡太守樊府君碑》，建安十年（205）三月立于四川芦山，刘盛刻，息昊书。宋人有著录，但碑一度佚失，清道光年间重出土。碑文记录樊敏一生事迹，含义广博，书法精湛。自宋以来，赵明诚、杨升庵、孙星衍、康有为、郭沫若等名人学者备加赞颂。杨振方《碑帖叙录》评："石质粗而锋芒多杀，无从定其笔法高下，而一种古穆之气终不可磨灭。"

【郑固碑】

简介

《郑固碑》又称《汉郎中郑固碑》，碑额篆书"汉故郎中郑君之碑"，延熹元年（158）四月立，清乾隆年间出土于山东济宁。

美学特征

字形扁阔，结体端严，点画已多程式化。此碑为专业书家所书，可惜字多漫漶。书风与《乙瑛》《史晨》相近，结体方整，波磔分明，法度谨严。清代翁方纲谓："密理与纵横兼之，此古隶第一。"杨守敬云："此碑古健雅洁，在汉隶亦称佳作，尤少积气，《礼器》之亚也。"

【郭有道碑】

简介

《郭有道碑》又名《郭泰碑铭》，宽90厘米，高224厘米，厚19厘米，额篆"汉有道先生碑"，现碑额、碑座均佚失，碑体下角缺损，位于山西介休后土庙。郭泰，字林宗，太原郡介休人，东汉时士人代表和太学生领袖，被尊为"八顾"之首。"党锢之祸"起，太傅陈蕃、大将军窦武被宦党捕杀。郭泰哭于郊野，遂卧病，次年病逝，年仅43岁。四方之士千余人为其送葬，蔡邕说："我为碑铭多矣，皆有惭德，唯郭有道无愧色。"《后汉书》赞郭泰曰："林宗怀宝，识深甄藻。明发周流，永言时道。"后以"郭泰碑铭"称内容真实、感情真挚的碑文，称颂人的生前品行，亦省作"郭碑"。

【王舍人碑】

简介

《王舍人碑》全称《汉舍人王君之碑》，碑额存"汉舍人王君之"6个篆字，缺少"碑"字。立于光和六年（183），1982年出土于山东省平度县灰卜乡侯家村。碑形为螭首龟趺（螭首龟趺碑在晋以后较普遍，汉碑中则仅见此例）。

美学特征

字体方正，用笔沉稳有力，碑刻点画保存有浓厚的书写意味（尤其是"雁尾"的波磔），实属难能可贵。

【赵宽碑】

简介

《赵宽碑》又称《三老赵宽碑》《三老赵掾碑》（掾是属官官职），高1.10米，宽0.55米，厚0.17米。凡23行，行32字，行间细线分格，每格纵横各2.3厘米，呈正方格，光和三年（180）十一月丁未造，残碑现存青海省博物馆。

美学特征

字体较小，流美劲健。用笔有方有圆，以圆为主，镌刻流畅，为娟美流丽一路。

【孔宙碑】

简介

　　《孔宙碑》全称《汉泰山都尉孔宙碑》。孔宙是孔子第十九世孙，孔融之父。碑文结体端庄而飘逸，中宫绵密，左右开张，横画甚长，波磔分明，用笔圆转遒丽，有篆籀意味。碑阴字尤为方正蕴籍，与碑阳之字略有差异。明代郭宗昌《金石史》谓："其书尚存分法，且结体古逸，殊不易造……汉碑阴字多潦倒，此独超逸古雅，非魏人所及。"清代朱彝尊称："属流丽一派，书法纵逸飞动，神趣高妙。"翁方纲谓："碑与碑阴书出二手者，独是碑耳。然皆汉隶之员醇美者。"万经谓："规矩整齐，一笔不苟，而姿态却自横溢。有《卒史》之雄健而去其板滞，化《韩敕》之方辐而有其清真。"郭尚先称其"结体宽博而绵密，是贞观诸大家所祖"。

【孔彪碑】

简介

　　《孔彪碑》又名《孔元上碑》，建宁四年（171）七月立，今存曲阜孔庙。凡18行，行45字。孔彪，字元上，孔子十九世孙，孔宙弟。历官郎中、尚书侍郎、博陵太守等。博陵故吏崔烈等立碑颂其业绩。

美学特征

　　写于界格中，字距、行距宽，布局清朗通透。笔画精劲，结构谨严，惜损字较多。

 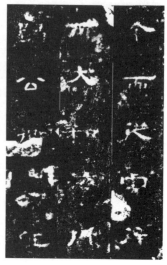

〖 孔褒碑 〗

简介

《孔褒碑》又称《汉故豫州从事孔褒碑》，隶书额题"汉故豫州从事孔君之碑"。碑高2.35米，宽1米，厚27厘米，清代雍正三年（1725）出土于周公庙东侧，随即移入山东曲阜孔庙，现存孔庙东庑。碑主孔褒（一作孔曜），字文礼，孔宙七子中的第三子，因藏匿张俭被杀。

美学特征

笔画粗重，结体开放，行笔自如而有法度，惜残损过重。

〖 孔谦碑 〗

简介

《孔谦碑》又名《孔谦墓碣》《孔德让碑》，桓帝永兴二年（154）七月立石，高83厘米，宽52厘米，厚23厘米。碑文共8行，行10字，末行2字，计82字，记述孔谦生平。碑面漫漶重，碑文残甚，多难以辨认。原在孔林，清初入孔庙，现存东庑。波磔较长，虽磨损严重，仍能窥见其淳厚的风格。孔谦，字德让，曾官郡曹史，孔子二十代孙，孔宙第六子。此碑字体庄重雍容。隶书古拙苍朴，字法规范，章法严谨，与《东海庙碑》可属一类。

〖 尹宙碑 〗

简介

《尹宙碑》又名《尹宙碑额》，全称《汉豫州从事尹宙碑》，熹平六年（177）四月立，存河南省鄢陵县孔庙。今庙已改为鄢陵县初级中学，此碑位于中学操场。碑高192厘米，横89.6厘米。凡14行，行27字。《尹宙碑》与《孔宙碑》并称"二宙"。

美学特征

字体风格俊逸洒脱，颇具秦小篆之遗风。内紧外拓，笔画细瘦圆健，体势近似楷书。

【曹全碑】

简介

　　《曹全碑》全称《汉郃阳令曹全碑》，中平二年（185）十月立，明代万历初年在陕西省郃县旧城莘里村出土，现藏西安碑林。

美学特征

　　书体结构舒展，秀美飞动，工整精细，秀丽而有骨力，风格秀逸多姿，其结体、笔法比较完美，是汉碑秀美一派的典型。清代万经评："秀美生动，不束缚，不驰骤，洵神品也。"

　　但也有争议，美之者誉之为"隶书之《兰亭》"，诋之者之谓其纤秀柔靡如女郎所书。所以学隶书都不主张以《曹全碑》入手，也不主张多习。清人万经也说要"去其纤秀，得其沉雄"。

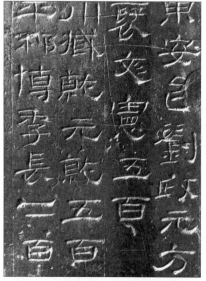

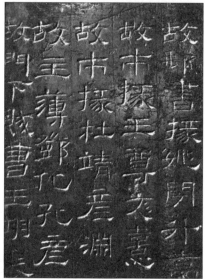

【张景碑】

简介

　　《张景碑》又名《张景造土牛碑》，延熹二年（159）立，1959年在河南省南阳市南城门出土。碑文为汉代公文体裁，记述地方官同意乡民张景包修土牛、瓦屋等设施，以免其本家世代徭役之事。此碑属于汉碑中之隽永秀劲一派，笔势波磔分明，体势横扁平整，端庄自然，字法端严工细，体势开张，用笔峻利，方圆兼备，秀丽多姿。碑中有一"府"字曳脚特长，呈刀币形，为他碑所罕见。

【刘熊碑】

简介

　　《刘熊碑》因碑主字孟阳又名《刘孟阳碑》，全称《汉酸枣令刘熊碑》。碑主刘熊，字孟阳，广陵（今江苏扬州）海西人，是光武帝刘秀之玄孙。

美学特征

　　结字规矩整饬，用笔流美遒逸，布局疏朗清爽，惜字迹漫漶。清代翁方纲谓："是碑隶法实在《华山碑》之上。"

【校官碑】

简介

《校官碑》又称《潘乾碑》，全称《汉溧阳长潘乾校官碑》，光和四年（181）立，纵148厘米，横76厘米，厚22.5厘米。凡16行，行27字，记述溧阳长潘乾的品行和德政。

美学特征

方严古厚，多用圆笔，布局茂密，气势沉雄。

【娄寿碑】

简介

《娄寿碑》又名《玄儒娄先生碑》，熹平三年（174）刻。娄寿，字元考，南阳（今河南南阳）人。自幼有志，博览群书，好学不厌，学识高深，时为名士。官府屡征他为官，均不就。遂隐居收徒，以教授弟子为乐。他去世之后，其门人称其为"玄儒先生"，时有58人全都是以前的下级官吏或赋闲绅士，捐资为其立碑。

美学特征

字体端庄典雅，隶法纯熟，风格趋于华美流丽。

【白石神君碑】

简介

《白石神君碑》俗称《白石山碑》，光和六年（183）立，为常山相南阳冯巡、元氏县令京兆王翊所立。碑通高2.4米（座已失），宽0.81米，厚0.17米。凡14行，行35字。圆首，有额，无穿。有碑阴、题记。碑文前为序文，后为颂铭。

美学特征

结法端正，字形稍长近乎方形，用笔清劲，波磔明显，属于谨严整饬一路。此碑所属时代有争议，书法评价也不尽同。

【谯敏碑】

简介

《谯敏碑》又称《小黄门谯敏碑》《小黄门谯汉达碑》《小黄门谯君碑》，全称《汉故小黄门谯君之碑》，中平四年（187）七月廿八日立，记述谯敏生平事迹。

美学特征

字体瘦劲，流丽秀逸。

【朝侯小子碑】

简介

《朝侯小子碑》又称《朝侯小子残碑》，1911年出土于陕西省西安市甲城，仅残存下截，现藏于故宫博物院。碑文阴刻14行，共198字，内容记载逝者品行与从宦政绩等。

美学特征

严谨秀丽，字势纵逸，具飞动流美之姿，书法风格属于东汉。

【西狭颂】

简介

《西狭颂》又称《李翕颂》《黄龙碑》，全称《汉武都太守汉阳阿阳李翕西狭颂》，位于甘肃省成县天井山，仇靖撰并书，建宁四年（171）六月刻。《西狭颂》与陕西省汉中市的《石门颂》、略阳县的《郙阁颂》同列为汉代书法"三颂"，是三大颂碑中保存最完整的一座摩崖刻石。整碑高2.2米，宽3.4米。记载武都太守李翕生平，歌颂其为民修复西狭栈道、为民造福的政绩。

美学特征

古朴方劲，刚健整饬，用笔多方笔起收，少作提按，取中锋行笔，兼参侧锋作波磔。

【郙阁颂】

简介

《郙阁颂》全称《汉武都太守李翕析里桥郙阁颂》，建宁五年（172）为纪念武都太守李翕重修郙阁栈道而刻于陕西省略阳徐家坪街口村郭家地。1979年12月修乡间公路使《郙阁颂》受损，后被迁至灵崖寺，粘接复原，嵌在前洞石崖边。摩崖高1.7米，宽1.25米，凡19行、472字，现存220字。此摩崖曾讹传为蔡邕撰并书，故民间称《状元碑》。但实际为仇靖撰文，仇绋书丹。

美学特征

结构严整，章法茂密，俊逸古朴，风格沉郁，独具丰茂。

【石门颂】

简介

《石门颂》又称《杨孟文颂》《杨孟文颂碑》《杨厥碑》，全称《汉司隶校尉犍为杨君颂》，建和二年（148）十一月刻，汉中太守王升撰文，为顺帝初年的司隶校尉杨孟文所写的一篇颂词。原刻为竖立长方形，20行，行30、31字不等，纵261厘米，横205厘米。全文共655字。现藏汉中博物馆。它镌刻在古褒斜道的南端，即今陕西汉中市褒城镇东北褒斜谷古石门隧道的西壁上。内容为汉中太守王升表彰杨孟文等开凿石门通道的功绩。

美学特征

结字极为放纵舒展，体势瘦劲开张，意态飘逸自然。多用圆笔，起笔逆锋，收笔回锋，中间运笔道劲沉着，故笔画古厚含蓄而富有弹性。通篇看来，字随石势，参差错落，纵横开阖，洒脱自如，意趣横生。《石门颂》为汉隶中奇纵恣肆一路的代表，有"隶中草书"之称。文中"命""升""诵"等字垂笔特长，为汉隶刻石中所罕见，对后世影响极大。

〖杨淮表记〗

简介

　　《杨淮表记》又称《杨淮碑》，全称《司隶校尉杨淮从事下邳湘弻表记》，熹平二年（173）刻，原镌刻于陕西褒城石门西壁，后迁入汉中市博物馆，为"石门十三品"之一。杨淮、杨弻兄弟是《石门颂》中司隶校尉杨孟文（杨涣）之孙。熹平二年二月，同郡卞玉过石门，见《石门颂》，有感于杨氏业绩，因作此表纪，故又称《卞玉过石门颂表纪》。凡7行，行25、26字不等，共计173字。

美学特征

　　奇逸古雅，与《石门颂》相近。

〖右扶风丞李君通阁道〗

简介

　　《右扶风丞李君通阁道》又称《李君表记》《右扶风李禹表》《永寿残刻》《李寿表》，永寿元年（155）刻于石门隧道内壁，为"石门十三品"之一。上宽40厘米，下宽43厘米，高70厘米。7行，行10—13字不等，凡50字。系李君承修褒斜道，使"行人蒙福"，故时人为文记此事，并记述其爵里、仕迹等。

　　石门十三品，又称汉魏十三品，是汉魏时期13件著名摩崖石刻的合称，现位于汉中博物馆。

【熹平石经】

简介

　　《熹平石经》又称《汉石经》《一体石经》《太学石经》，刻于熹平四年（175）至光和六年（183），立于洛阳太学（在今河南偃师朱家圪墙村）。汉灵帝令蔡邕等人校正儒家经典，把儒家七经（《鲁诗》《尚书》《周易》《春秋》《公羊传》《仪礼》《论语》）抄刻成石书，蔡邕书丹后刻成46块石碑（每块石碑高3米多，宽1米多）。这是中国刻于石碑上最早的官定儒家经本，可以理解为印刷术发明前的一次图书编辑出版，无论在内容上、形式上都产生了巨大影响。

美学特征

　　字体端庄，法度精严，反映了蔡邕治学和书写的严谨，与石经的官学性质深度契合。

【景云碑】

简介

　　《景云碑》全称《汉巴郡胸忍令景云神道碑》，2004年3月出土于三峡库区重庆市云阳县旧县坪遗址，胸忍令雍陟于熹平二年（173）为纪念70年前的胸忍令景云而立。碑文记述了景云的祖先由楚国迁入汉中、广汉等地，景云为官"政化如神"，深得人民爱戴等情形，反映了三峡地区的政治、地理、移民等史实，是目前三峡地区唯一出土的汉碑，制作精美，碑侧饰青龙、白虎的浮雕。碑文共13行、367字。该碑字口清晰（南北朝时已埋入土），在存世汉碑中十分罕见，现陈列于重庆中国三峡博物馆"壮丽三峡"展厅。

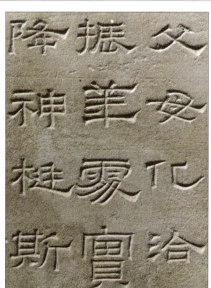

【封燕然山铭】

简介

《封燕然山铭》为永元元年（89）大将军窦宪大破北匈奴后在燕然山（今蒙古境内杭爱山）所立的摩崖石刻，铭文为班固所书，被认为是我国有史记载"边塞纪功碑"的源头。2017年7月27日至8月1日，内蒙古大学蒙古学研究中心与蒙古成吉思汗大学合作实地踏察所确定。

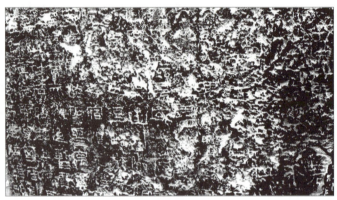

【裴岑碑】

简介

《裴岑碑》又称《镇海碑》，全称《汉燉（敦）煌太守裴岑纪功碑》，永和二年（137）为纪念太守裴岑战功而刻，在新疆巴里坤哈萨克自治县内，清代雍正七年（1729）由征西大将军岳钟琪在巴里坤石仁子乡石仁子村发现，现藏新疆维吾尔自治区博物馆。裴岑，云中（今山西大同）人，曾任敦煌太守，顺帝永和二年率本郡3000兵马出击北匈奴，斩杀呼衍王，取得在这个地区的重大军事胜利，赢得了该地区13年安定局面。碑文中所说呼衍王为任尚、王辅击溃的北匈奴残余势力首领。《后汉书》无记载，碑文可弥补史料之不足。

铭文

惟汉永和二年八月，敦煌太守云中裴岑将郡侯三千人，诛呼衍王等斩馘郡众。克敌全师，除西域之灾，蠲四郡之害，边境艾安，振威到此，立海祠以表万世。

美学特征

书体为古隶，由篆书向隶书衍化，隶法已大备，撇、捺处波磔已显现，雄健生辣，但仍取长形结构。康有为《广艺舟双楫》云："古茂雄深，得秦相笔意。"

【任尚碑】

简介

《任尚碑》又称《汉平夷碑》，刻于永元五年（93），是迄今新疆境内发现雕镌最早的石刻。1957（一说1980）年在哈密地区巴里坤县东南松树塘北坡发现。碑文5行，每行10余字。第一行首6字为"惟汉永元五年"；第二行首3字为"平任尚"；第三行残缺不识；第四行之末为"海"字，可能指蒲类海（今巴里坤湖）；第五行首字"至"下有字隐约可辨，似为"道□临物"。记载了班超的继任者任尚大破匈奴之事。

碑文残损较多，字体为带有篆意的隶书，刻法简拙，风格古朴。

【焕彩碑】

简介

《焕彩碑》又名《焕彩沟汉碑》，为长33.2米、宽3米、高2米的天然石头。南侧右端残存有"维汉永和五年六月十五日"和"沙海"字样，初刻于东汉。西面左端刻有两行楷书，隐约可辨首行"唐姜行本"及末行"贞观""十四年六月"，为唐人刻。"焕彩沟"3字是清代所刻。

【武斑碑】

简介

《武斑碑》全称《敦煌长史武斑碑》，建和元年（147）立，通高2.1米，肩高1.7米，宽88厘米，厚25厘米，现存于山东省嘉祥县武宅山武氏祠。该祠是东汉晚期著名家族祠堂与墓地，祠内有大量完整精美的画像石，是我国最具代表性的一处画像遗存。碑末署书者名"纪伯允"，在汉碑中少有。

字体方正典雅，近似《史晨碑》。但因风化和历代捶拓，碑文模糊不清。

▎【 夏承碑 】

简介

《夏承碑》又名《夏仲兖碑》，全称《汉北海淳于长夏承碑》，建宁三年（170）立，凡14行，行27字。宋代赵明诚《金石录》跋："碑在洺州，元祐间因治河堤得于土壤中。"明嘉靖年间筑城时为工匠所毁，后有复制碑刻。

美学特征

结字奇特，隶篆夹杂，且多存篆籀笔意，骨气洞达，神采飞扬。元代王恽始定为蔡邕书，此后诸家多沿其说，然实无确据。康有为认为唐代隶书似出夏承为多。

▎【 桐柏庙碑 】

简介

《桐柏庙碑》又称《淮源庙碑》，全称《桐柏淮源庙碑》，延熹六年（163）立。碑记颂扬南阳太守中山卢奴君修淮源庙之事。无额，有穿。15行，满行33字，原碑佚。传世本多为元代至正四年（1344）吴炳重书，其子嗣昌再刻之碑，高168米，宽0.9米，现立于河南省桐柏县招待所院内。

美学特征

结字中正，清秀规整。

画像石题记

画像石是汉代地下墓室、祠堂、墓阙和庙阙等建筑上雕刻画像的建筑构石。所属建筑，绝大多数为丧葬礼制性建筑。这些画像石不但在美术上有重要价值，同时画像上的题记文字也是汉字美学不可或缺的组成部分。

武氏祠画像石

武氏祠在今山东省嘉祥县南武宅山，旧称武梁祠或武氏"前石室"和"左石室"，为武氏家族墓葬的双阙三个石祠的石刻装饰画，现保存刻石40余块。据武氏石阙和武梁碑记载，创建年代在东汉桓帝建和元年（147）前后，由石工孟孚、李第卯、孙宗等人刻造，并由"良匠卫改雕文刻画"而成。

武氏祠众多画像内容中，表现最多的是历史上的人物故事画，并且画像之侧有榜文题铭和赞语。

【孔子击磬画像石题记】

简介

《孔子击磬画像石题记》又称《何馈画像石题记》，清代同治十年（1871）出土于武氏墓地遗址，原石已流散至国外。在鲁迅所藏汉画像中称其为"嘉祥武氏祠画像"。

铭文

孔子。

何馈。何莜杖人，养性守真。子路从后，问见夫子。告以勤体。煞鸡为黍。仲由拱立，无辞与语。

柳惠。

程婴、杵臼，赵朔家臣。下宫之难，赵武始娠。屠颜购孤，诈抱他人。臼与并殪，婴辅武存。

杵臼。

【孔子见老子画像石】

简介

《孔子见老子画像石》以山东省嘉祥县核桃园乡齐山村出土画像砖为代表，画面表现孔子问礼于老子。 隶书古拙，应出自雕工之手。

2. 简牍

　　西北地区出土汉简和殷墟甲骨、敦煌写经并列为20世纪三大考古发现。这些木简内容丰富，书法独特，使我们对中国历史和汉字美学的认识趋于全面。在前面的西汉部分，我们介绍了居延汉简、敦煌汉简等，本章选取部分东汉木简加以介绍。

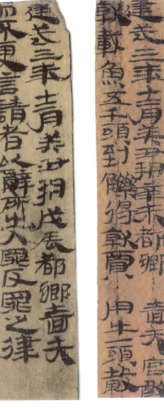

3. 铭文砖

　　东汉铭文砖内容丰富，除了常见的纪年、纪事砖外，大量出现了吉语铭文砖，如大吉祥、宜子孙之类，铭文与图案相映衬。有些墓砖还记有厚葬等史实，如辽宁省盖县出土的永和五年（140）墓砖铭文为"永和五年造作，竭力无余，用庸数千，士夫莫不相助，生死之义备矣。"因为厚葬普及，还有类似地契的随葬砖，记录死者姓名、死亡年月及所买土地信息等，如江苏扬州甘泉出土的《刘元台买地砖券》七棱柱砖，七面阴刻文字。此外，还有一类民间工匠在劳动之余信手刻画的砖铭，如安徽亳州曹操宗族墓砖。流传至今的《急就章》砖、《公羊传》砖，则为通文墨的书手所写刻。这些砖铭以隶书为主（兼有篆书、草书），故列入隶书篇。

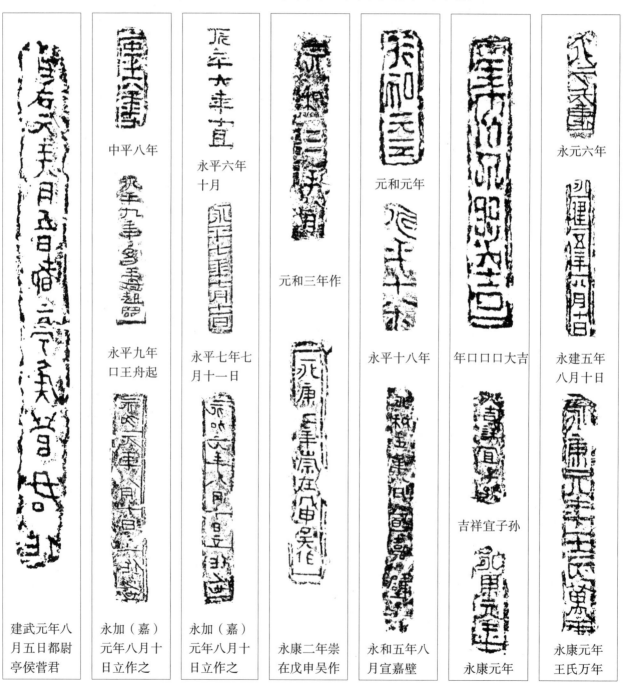

中平八年

永平九年
口王舟起

建武元年八
月五日都尉
亭侯菅君

永平六年
十月

永平七年七
月十一日

永加（嘉）
元年八月十
日立作之

元和三年作

永康二年崇
在戊申吴作

元和元年

永平十八年

永和五年八
月宣嘉壁

年口口口大吉

吉祥宜子孙

永康元年

永元六年

永建五年
八月十日

永康元年
王氏万年

永元三年

造作□

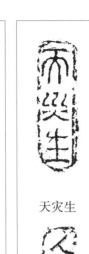

天灾生

人杰出

永宁元年八
月十三日立

延熹十一年
八月甲子朔
廿巳作壁

大吉宜子孙

永元七月
戊辰朔

延光元年

延光二年

永平六年王

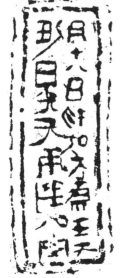

延晃（光）元年封穴闰
月十八日口口太岁在戊

建安廿
四年三

永元十一年

永初四年

万世老寿

永宁元年

延熹四年太
岁在辛丑

石材题凑刻铭

石材题凑又名题凑石墙，是指墓葬中砖室周围用石材砌垒的框壁结构，是"黄肠题凑"影响下的产物。"黄肠题凑"出自《汉书》，是西汉皇帝、诸侯王的一种特殊葬制，其他勋戚大臣只能由皇帝特赐。东汉时期盛行砖石室墓，黄肠题凑消失，代之以石材题凑。

任城王墓位于山东省济宁市北郊肖王庄村南，其墓葬石材题凑上有刻铭多处，为当时修墓的工匠们所为。字体为隶书，风格不一，或率真，或规整，反映了当时的民间书写状况。

亳州曹操家族墓砖铭

曹操宗族墓葬群位于安徽省亳州市城南（东汉时期称为谯郡），有十多座墓葬，占地约10平方公里。墓葬于1973年发掘，出土文物丰富。其中有近600块铭文墓砖（现藏于安徽省博物馆），书体有隶书、草书两种，为当时墓葬建设之工匠在砖坯未干时用细木棒以阴刻方式直接刻写，大小错落，率真自由。

| 六月七日来 | 为曹侯作壁 | 有佞人以时盟不 |

| 会稽明府早弃春秋不竟世 | 比美诗之此为曹腾，字季兴 | 会稽曹君天年不幸丧躯 | 会稽曹君丧躯 | 赞费亭侯曹忠，字巨高 |

刑徒砖

　　刑徒砖，又称刑徒墓砖，是犯人死后用以记录其名籍、生卒年月等内容的刻画砖铭，与死者尸骨共埋，相当于墓志铭。洛阳出土的这些刑徒砖记载了当时社会的一个侧面，具有独特价值。

　　刑徒砖因用于犯人，故制作相当随意草率，大多数为民间刻工直接以刀刻画而成（少数先朱书而后刻）。又因其铭文刻画草率，故多具天真、质朴、凌厉、奔放之韵味。

三、草书

东汉草书以章草为显，出土的汉简中有不少章草，都为不知名的写手所书。汉末出现了杜度、崔瑗、张芝等名家，以张芝对后世影响最大，其连绵笔法使得章草向今草演变。

杜度，字伯度，京兆杜陵人，一说原名操，魏晋人因避魏武帝名讳，改称杜度。汉章帝时为齐相。其书迹已佚，晋代卫恒《四体书势》说："齐相杜度号善草书，杀字甚安而书体微瘦。"梁朝庾肩吾《书品》列其书品为"上之中"。唐代张怀瓘《书断》列其书为神品，怀素称其章草"天然第一"。

崔瑗，字子玉，涿郡安平（今河北安平）人。师法杜度，三国时魏人韦诞称其"书体甚浓，结字工巧"，书法与杜度齐名，时称"崔杜"。崔瑗还撰有《草书势》，这是迄今可见的第一篇专论书法艺术的文章，表明书法成为一门独立的艺术。《草书势》原书已佚，《晋书·卫恒传》引卫恒《四体书势》保留其全文。

张芝（？—约192），字伯英，瓜州县（今属甘肃省酒泉市）人。其书取法杜度、崔瑗，把当时字字区别、笔画分离的章草改为上下牵连、富于变化的今草，富有独创性，被誉为"草圣"。但张芝自云"上比崔、杜不足"。唐代张怀瓘《玉堂禁经》中说："八法起于隶字（今楷书）之始，后汉崔子玉历钟、王以下，传授所用八体该于万字。"张芝与钟繇、王羲之和王献之并称"书中四贤"。《书谱》中曾引用王羲之的话："然张精熟，池水尽墨，假令寡人耽之若此，未必谢之。"这说明王羲之本人对张芝的书艺非常推崇。

另外，汉末与《草书势》相反的还有一篇批评草书的文章——《非草书》。此文强烈非议新兴的草书，一是否定草书的功用，二是抨击时人痴狂学草书的风气，欲学者返于仓颉、史籀的正规文字，用心于儒家经典。文章反映了东汉草书艺术蓬勃发展的史实，弥补正史之阙。《非草书》的作者赵壹，本名懿（因《后汉书》作于晋朝，避司马懿名讳，故作壹），字元叔，汉阳郡西县（今甘肃省天水市西南）人，辞赋大家。

如今，我们以历史的眼光来审视，汉末兴起的草书艺术是汉字美学史上不可阻挡的历史大势，由章草肇始，一路发展，不断演变到今草，并在唐代抵达狂草的巅峰。

【 终年帖 】

简介　《终年帖》选自《大观帖》（故宫博物院藏李宗翰宋拓本），传为张芝书，一说为张旭书。

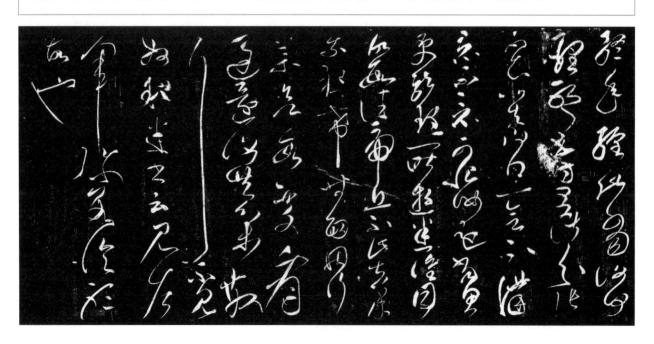

汉简

西北地区出土的两汉简牍数量可观，书体分为隶书、草书两种。其中有不少东汉时期的草书简牍，书写自由随性，已逐渐脱离章草的特征，呈现出今草的面目。

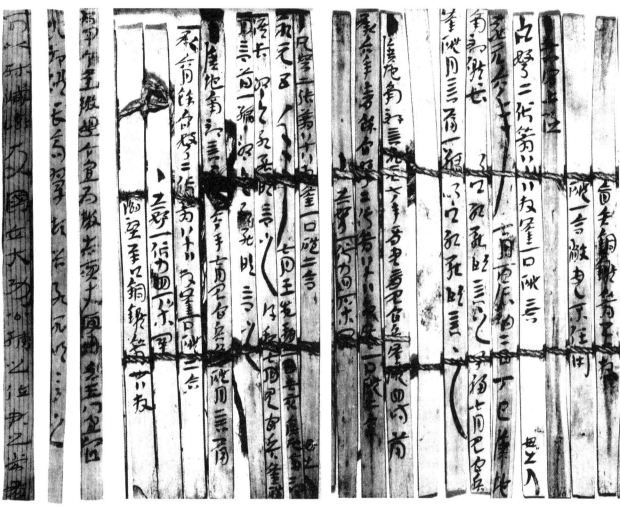

亳州曹操家族墓砖铭

曹操宗族墓葬铭文砖书体也有草书，为工匠率性书写，自由烂漫。

| 谒汤都 | 当奈何 | 沽酒各半各 |

魏

宋　北齊

陳

東魏　梁

北魏

西魏　北周

齊

陸　魏晋南北朝

概述

魏晋南北朝是中国历史上政权更迭最频繁的时期，长期的割据和战争使文化发展受到特别的影响，如玄学兴起，佛教传播，道教勃兴，以及波斯、希腊文化羼入。从魏至隋的360余年间，在30余个大小王朝兴亡过程中，上述诸多文化因素互相影响，交相渗透。

三国时期（220—280）有魏、蜀、吴三个政权。汉灵帝时爆发黄巾起义，而后朝廷因内乱被董卓控制。董卓于190年挟持朝廷迁都长安，后董卓被吕布和王允刺杀，长安被李傕占领。汉献帝东逃，后被曹操迎到许昌，196年改元建安。曹操"奉天子以令不臣"，官渡之战击败袁绍，至208年基本掌控了北方，但在赤壁之战中被孙权和刘备的联军击败，形成了三国鼎立的局面。220年，曹丕迫汉献帝禅让，立国号为魏，史称曹魏，东汉灭亡。以益州为主的刘备隔年称帝，国号为汉，史称蜀汉。占据扬州、荆州等地的孙权222年称帝，国号为吴，史称孙吴或东吴。司马氏本为曹魏世族，高平陵事变后掌握魏国政权。265年，司马炎逼迫魏元帝曹奂禅位，国号为晋。

晋朝（265—420）分为西晋（265—316）和东晋（317—420）。280年，西晋灭吴而统一天下。但晋惠帝继位后领有军权的诸王酿成"八王之乱"，造成"五胡乱华"的局面，大量百姓与士族南渡。316年，西晋灭亡，北方从此进入五胡十六国时期。317年，晋朝宗室司马睿于建康称帝，东晋建立，中原士族及平民陆续南迁，形成北方侨民和南方本地居民聚居的局面。东晋初期，王导等人采取镇之以静策略，稳定局势。皇权衰落，朝廷大权主要由士族掌握，由于军权外重内轻，朝廷控制力弱，不少方镇心怀野心，先后发生了王敦之乱、苏峻之乱及桓温专政。虽然部分士族当权者有恢复之心，也发动了几次北伐，但是朝廷大多消极支持。383年，前秦出师意图灭晋，东晋凭借淝水决战奠定胜局。谢玄等乘胜追击，收复大批失土，致使前秦崩解，引发了北方军事和政局的变化。但东晋后期发生朋党相争及桓玄作乱，平民负担沉重，又发生孙恩、卢循之乱，谯纵据蜀地自立。最后刘裕平定诸乱，夺得帝位，建立南朝宋，东晋灭亡。

南北朝（420—589）自刘裕称帝开始，至589年隋灭南朝陈为止，因为南北两势长期对立，所以称南北朝。南朝（420—589）包含宋、齐、梁、陈四朝；北朝（439—581）包含北魏、东魏、西魏、北齐和北周五朝。出身于北周八柱国之一的李唐宗室，修《晋书》，奉南北朝为正统。司马光的《资治通鉴》奉南朝为正统。

南朝作为汉族政权和东晋的延续，其各朝皇族主要是士族或次级士族，因为在东晋末期之后，军职大多由士族或次级士族等担任，出现元嘉之治与永明之治等治世，使得国力富盛。但由于战略错误与北朝的兴起，使得南弱北强，疆域渐渐南移。到南朝梁时为梁武帝所改善，加上北魏六镇之乱，南朝国力逐渐追上北朝。但侯景之乱后，梁武帝死在台城，部分萧氏皇族为争夺皇位而各自为战，南朝实力大减，从而四分五裂，最后由陈文帝统一南朝，但只能依长江抵御北朝。

北朝承继五胡十六国，北魏皇室多为鲜卑族，但逐渐受汉文化熏陶，其中以北魏孝文帝的汉化运动最盛。北魏后期政治逐渐败坏，六镇民变后国力大衰。北魏分裂成东魏及西魏，并分别由北齐及北周取代。北齐主要提倡鲜卑文化。北周形成团结的贵族关陇集团，攻灭因政治混乱而衰退的北齐，而汉族也逐渐成为北周军队的主力，逐渐占据统治地位及主体，取代鲜卑贵族，也为后来的杨坚建隋打好了基础。北周武帝去世后，刘昉、郑译矫诏以杨坚总知中外兵马事，入朝辅政。大定元年（581）二月，北周静帝禅让帝位于杨坚，北朝灭亡。

文学

从曹魏开始，对文学艺术的关注进入了一个新阶段，"惟才是举"等选人制度的实施，使"才能"成为人们的首要追求，原来被视作小道的文学，被曹丕誉为"经国之大业，不朽之盛事"。文学进入自觉，创作富于个性化。以宫廷为中心的文学集团内部趋同，呈现出一种群体性风格，一段时间却又呈现为另一种风格，文学发展的阶段性相当明显。代表人物有"三曹"、阮籍、庾信等。东晋成就最高的是陶渊明。魏晋南北朝文学对两汉文学的继承与演化，在五言古诗和辞赋方面痕迹最明显，将五言古诗推向高峰；抒情小赋采取骈俪形式。从人物品评到文学品评，从文体辨析到文学理论体系，文学理论和文学批评异常繁荣，代表性的是刘勰的《文心雕龙》，钟嵘《诗品》等论著，以及萧统《文选》、徐陵《玉台新咏》等文学总集，形成了文学理论和文学批评的高峰。诗学摆脱了经学的束缚，整个文学思潮的方向也是脱离儒家所强调的政治教化。

音韵

　　魏晋以来，音韵学受印度梵音影响，有了进一步发展。曹魏时左校令李登著有《声类》10卷（已佚）。西晋时吕静仿《声类》写《韵集》5卷（已佚）。南齐竟陵王萧子良开西邸，沈约、谢朓、王融、萧琛等"竟陵八友"日相赠答，探讨诗艺。周颙发现汉字有"平、上、去、入"四种声调，始创《四声切韵》（已佚）。自此，各种韵书层出不穷。

　　沈约《四声谱》根据汉字四声和双声叠韵的特点来研究诗句中"声、韵、调"的配合，指出"平头、上尾、蜂腰、鹤膝、大韵、小韵、旁纽、正纽"八种五言诗应该避免的弊病，称为"八病"。周颙、沈约等人将"四声八病"运用于诗歌创作，务求做到"一简之内，音韵尽殊，两句之中，轻重悉异"。"四声八病"这一声律要求是"永明体"产生的基础，使诗人具有了掌握和运用声律的自觉意识，对于增加诗歌艺术形式的美感、增强诗歌的艺术效果是有积极意义的。

　　北齐颜之推《颜氏家训·音辞》说："孙叔然创《尔雅音义》，是汉末人独知反语。至于魏世，此事大行。"后人据此以为孙炎首创反切，但后来发现开始使用反切的时间早于孙炎。孙炎的《尔雅音义》今已失传。《经典释文》《集韵》《初学记》《晋书音义》《诗经正义》《文选》（李善注）和《太平御览》等书里引用过孙炎《尔雅音义》的反切一百多例，从这所存不多的逸文里可以窥见它所反映的一些汉魏之际古音的可贵材料。

　　南北朝时已亡佚的韵书有《周研声韵》41卷，《韵集》10卷，张谅《四声韵林》28卷，段宏《韵集》8卷、《群玉典韵》5卷，阳休之《韵略》1卷，李概《修续音韵决疑》14卷，李概《音谱》4卷，《纂韵钞》10卷，刘善经《四声指归》1卷，夏侯咏《四声韵略》13卷，释静洪《韵英》3卷，周思言《音韵》，杜台卿《韵略》等。

书体

　　魏晋书法成就极为突出。首先，楷、行、草等字体在广泛应用中得到完善；其次，出现了多位在历史上极具影响力的大书法家，曹魏时的代表人物有钟繇，西晋有索靖，东晋更是有王羲之、王献之父子。他们在风格开创和典范树立上有无可取代的意义，深刻地影响了中国书法史的发展。最重要的是，书法作为艺术的许多基本观念被揭示出来，不仅形成理论，而且被贯彻到实践中，从而使书法的艺术性质得到了强化。

　　这时期的书法发展，三国为过渡时期；两晋（尤其是东晋）为鼎盛时期。书法在东晋时期还成为世家大族争能斗胜的方式之一，上层贵族大量进入这个领域。著名的家族有"四庾"（庾亮、庾怿、庾翼、庾准）、"六郗"（郗鉴、郗愔、郗昙、郗俭、郗恢、郗超）、"三谢"（谢尚、谢奕、谢安）、"八王"（王导、王劭、王珉、王羲之、王献之、王珣、王蒙、王述）。

　　南北两朝对峙局面，书法上表现出了不同的两种倾向。南朝主承东晋书法一脉，北朝则承汉制大兴碑刻，形成了著名的北碑书风。北朝大兴立碑之风，书法上也多直接从汉隶中取法变化。由于主要用于碑刻，也由于直接取法汉隶而变化，使北朝不仅以楷书盛，书风上也与"王书"一脉相去甚远，形成了北朝碑刻的鲜明特征，其中更以魏碑最为典型。所说的"南北朝尚神"，就是主要以魏碑为代表而言的。北朝书法名品极多，但书者留名不祥。南北朝这一时期，在书法史上的特殊地位在于楷书艺术上的承上启下。魏晋楷书，不仅隶味十足，更多的是小楷，南北朝碑刻对中楷与大楷都进行了深入的探求与尝试，为后来唐代楷书的立法作了充分的准备。楷书摆脱了隶书的"做作"走向了"自然"，但楷书也应该有自身的法则与规范，南北朝正是处于规则的摸索期，切入点是"书之妙道，神采为上，形质次之"（王僧虔《笔意赞》），说明在从隶书走向楷书时，书家们的立足点是首重字的神采，即强调字要具有富于生命力的动感。故而将六朝书法与后来的唐楷相比，则又显然更为"楷气"十足。南北朝书法的这种状态，即是所谓"南北朝尚神"。

上　三国魏

书体

三国时期的主要书体有篆、隶、草、楷，书法成就以曹魏为代表，涌现出钟繇、梁鹄、韦诞、邯郸淳、卫觊等名家。曹操于建安十年（205）发布禁碑令，扼制了隶书的应用空间。这一制度在东晋得以延续，却推动了行书的发展。钟繇在楷书领域的开创性贡献，为后来王羲之、王献之父子的书法成就奠定了坚实的基础。吴国在草书、楷书和篆隶方面都有可观之处，尤其几块重要的碑刻已是楷书的前驱。蜀汉则无甚可观。

一、篆书

1. 钱币

曹魏地处中原，人多物博，商品经济相对发达，因此，币制较稳定。初期以谷帛为币，后仅用了七个月五铢钱即废止，继而又恢复流通五铢钱，形同汉制，钱体较汉五铢稍小，显著的特点是外郭压"五"又压"铢"。

孙吴地处江南，物产较丰，人口最少。但孙权因筹集军费，仿照王莽的大泉五十，一当五百，径一寸三分，重12铢，两枚半五铢就当五百枚五铢钱。后来又铸大泉三千、大泉五千，导致通货膨胀，官民交困，财政亏空。

蜀汉地处巴川，自然地理条件均优。但刘蜀因军用不足，于建安十九年（214）铸大钱"直（值）百五铢"，钱币比五铢厚重，字体规整，一枚当值百姓手中一百枚的五铢钱，但庶民多不乐用，后不得已改铸实值钱以平民愤。刘禅继位，建光年间铸"太平百钱"，钱形比汉五铢薄小。

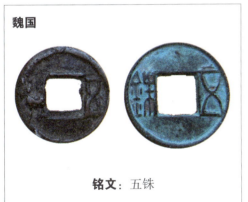

魏国

铭文：五铢

蜀国

正面铭文：直百五铢　　**背面铭文**：为　　**铭文**：太平百钱

吴国

铭文：大泉五千　　**铭文**：大泉三千　　**铭文**：大泉二千　　**铭文**：大泉当千　　**铭文**：大泉五百

2. 印玺

三国时期的官印整体承袭汉印风范，主要为凿刻，平正苍茫，结体略显松散，但严谨不足，稳重、厚实、猛利之风范不及汉印。三国官印以曹魏为代表，文字点画比秦篆简略、明快，变秦篆的长形和汉隶的扁形，多呈方形，布局方正平直，无板滞、乖缪、纤巧之习气。若细分而言，曹魏官印相对偏于秀劲，孙吴官印偏于朴茂，蜀国官印偏于粗犷，魏、吴有极少数印章用了边框。

铭文：前锋司马
美学特征：字体正方，线条粗犷，布白细密，有密不透风之感。

铭文：方俗司马
美学特征："方"字富于动感，与其他三字的规整形成对比。

铭文：裨将军印章
美学特征：线条粗细不匀，布白稍显凌乱，因此显得气息不足。

铭文：魏率善氐仟长
美学特征：线条刚劲，起、收笔方整，风格刚健。

铭文：部曲将印
美学特征：字体均衡，但线条稍显凌乱，刀法气息不畅。

铭文：西乡侯印
美学特征：刀法刚劲，风格雄浑，整体有汉印的雄强气息。

铭文：关中侯印

铭文：关中侯印　　　关外侯印　　　关内侯印

铭文：魏归义氐侯

铭文：濩泽侯印

铭文：中卫司马

铭文：东武亭侯

铭文：都乡侯印

铭文：板盾夷长

铭文：遂昌令印

铭文：新兴食长

铭文：魏率善羌邑长

铭文：魏卢奴左长

铭文：魏乌丸率善佰长

铭文：魏匈奴率善佰长

铭文：魏率善胡邑长

铭文：魏率善胡仟长

铭文：越骑司马

铭文：讨虏司马

铭文：巧工司马

铭文：行裨将军章

铭文：武猛中郎将

铭文：振威将军章

吴国

铭文：虎步叟搏司马
美学特征：字体等分，
线条粗细不均，整体略
显局促。

蜀国

铭文：晋率善民仟长
美学特征：线条质朴，
风格粗犷，但整体气息
稍逊。

　　私印方面，魏晋时期朱文印的数量骤增（秦汉官印中几乎没有朱文印，私印中朱文印也很少）。此时期的朱文印印体增大，套印、六面印增多，印体的工艺水平也有很大进步。

　　魏晋时期还出现了"悬针篆"印章，印文的主要竖笔每每延伸下垂作针尖状，这类印章还往往采用六面印的形式。但由于这类印过于突出形式，笔势单薄、孱弱，结体刻板，总体上缺少汉印的浑厚。

铭文：樊缵

铭文：王焕之印

铭文：韩褒印信

铭文：李逸印信

3. 碑刻

三国时期因曹操发布限碑令而碑刻数量稀少，篆书碑刻更是屈指可数。

【 三体石经 】

简介

《三体石经》又称《正始石经》《魏石经》，刻于魏齐王曹芳正始二年（241），原立于魏都洛阳南郊太学讲堂西侧。因碑文每字皆用古文、小篆和汉隶三种字体，故名《三体石经》。曹魏在洛阳立国后，太学再度繁荣，曹芳继位后，决心整理《熹平石经》碑石，并刻经石作为补充。于是就有此石经。内容刻有《尚书》《春秋》和部分《左传》，是继东汉《熹平石经》后建立的第二部石经。书写者有卫觊、邯郸淳、嵇康诸说，但无定论。正式格式是每行20字，每字有三体，直下排列。另有品字式，古文居上，篆、隶分列下方。品字式只见于《尚书》开头的两篇《尧典》《皋陶谟》（三体直下式也有此两篇）。另有古文一体残石，古文、篆书二体残石。《三体石经》在每一碑面刻有纵横线条为界格。一字三体直下书刻，每面约33行，每行60字。每碑行数各不相同。王国维经推算认为最可能是35碑，马衡根据1922年洛阳太学遗址出土的一块石经，推断《正始石经》应是28碑。

美学特征

笔法规正，结构整饬。但因刻石字形较小，笔意有失真处。

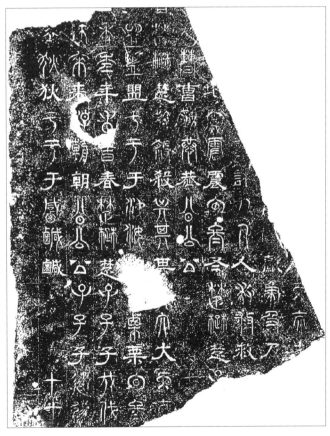

【 天发神谶碑 】

简介

　　《天发神谶碑》又称《吴天玺纪功颂》《三段碑》《三击碑》，三国吴天玺元年（267）刻，原在江苏省南京市天禧寺，后移筹思亭，又移尊经阁、县学，清代嘉庆十八年（1813）八月毁于火。石呈圆幢形，环刻。吴国末代君主孙皓因天降符瑞而立此碑记功，世传为皇象书，但无依据。宋时原石断为三段。上段21行，中段17行，下段10行，共存213字。后有宋代胡宗师、石豫亨，明代耿定向题跋三则。

美学特征

　　虽是篆书，但与其他篆书面目迥异。起笔方重，有隶书笔意，转折处则外方内圆，下垂处呈悬针状，如武库戈戟。后世篆刻家多取此碑笔意入印。清代康有为曾惊叹："奇书惊世。"张叔未云："吴《天玺纪功碑》雄奇变化，沉着痛快，如折古刀，如断古钗，为两汉来不可无一、不能有二之第一佳迹。"

清代吴让之临《天发神谶碑》

【禅国山碑】

简介

《禅国山碑》又称《封禅国山碑》《天纪碑》，吴天玺元年（276）立，共43行，行25字。《集古录》记载："孙皓天册元年，禅于国山，改元天玺，因纪其所获瑞物，刊石于山阴。"

美学特征

淳古秀茂，体势雄健，笔势多圆转，有周秦篆书遗风。清代康有为《广艺舟双楫》称其"浑劲无伦"。

4. 碑额、墓志盖

三国时期的碑额、墓志盖发现数量较少。在这些数量有限的篆额和墓志盖铭中，碑刻篆额以曹魏为代表，字体风格为汉代缪篆的延续，而墓志盖铭的篆书则基本出自民间匠人之手，字体的美术装饰味道浓厚。

受禅

故庐江太守范府君之碑

魏故公丘长钜鹿霍君之神道

魏故长安典农中郎将谢府君之神道

鲁孔子庙之碑

302

二、隶书

汉末魏初，隶书逐渐向楷书演变。魏初诸刻，承袭《熹平石经》《张迁碑》等遗绪，笔法上有新突破，如落笔逆锋减少，变之以搭锋直入；收笔重顿后迅速提起使成方波（楷书萌芽期的一种笔法），显得格外刚健有力。但是这种风格逐渐程式化，隶书典型的"蚕头"部分经常饰以方角，波磔尾部又过于圆满、张扬，使得隶书逐渐趋于浅俗、简单。

曹操书法：衮（滚）雪

黄初四刻

黄初四刻是指魏文帝曹丕黄初年间的四个隶书碑刻，即《上尊号碑》《受禅碑》《大飨碑》和《孔羡碑》。

【上尊号碑】

简介

《上尊号碑》篆额为"公卿将军上尊号奏"，故又称《公卿将军上尊号奏》，黄初元年（220）立。碑高3.32米、宽1米、厚0.32米，有碑穿。凡32行，每行49字，传为王朗文，梁鹄书，钟繇镌刻。碑文是公卿将军呈给魏王曹丕的奏章，劝曹代汉立魏。

美学特征

笔画斩钉截铁，字体极为工整，精妙平稳，但呈现出程式化倾向。

【受禅碑】

简介

《受禅碑》也称《受禅表》，位于河南省临颍县繁城镇境内的受禅台前。与《上尊号碑》东西并列，此碑居西。220年，曹丕在许昌以南的繁城筑受禅台，举行受禅大典，代汉称帝。台前立有《上尊号碑》和《受禅碑》。

此碑高3.22米，宽1.02米，厚0.28米，有穿。额题篆书阳文"受禅表"。碑文22行，行49字，世传多为梁鹄书或钟繇书，而清代缪荃孙和康有为则以为卫觊所书。碑文详记了汉献帝在受禅台上将帝位禅让于曹丕的经过。

美学特征

结构方严整肃，用笔刚健斩截，意气雄伟排宕，开魏晋六朝楷书之先河。明代王世贞云："余始喜明皇《泰山铭》，见此而恍然自失也。汉法方而瘦，劲而整，寡情而多骨；唐法广而肥，媚而缓，少骨而多态。汉如建安，晋三谢，时代所压，故自不可超也。"

【大飨碑】

简介

《大飨碑》又称《三绝碑》，曹植文，钟繇书，梁鹄刻，一说卫凯撰文并书。碑身高35厘米，宽25厘米，厚10厘米，重约45.7千克，为安徽省亳州市谯城区谯东镇石大营村村民收藏。

曹丕于曹操病逝后嗣位丞相、魏王，改建安二十五年（220）为延康元年。七月，曹丕返回家乡亳州祭祖。八月，曹丕于谯故里前筑大飨台、建大飨碑，大飨六军和家乡父老。《文帝纪》记载："甲午，军次于谯，大飨六军及谯父老百姓于邑东。"

铭文

惟（唯）延康元年八月，旬有八日辛未，魏王大飨六军，爰及谯县父老男女……

美学特征

线条刚劲，笔法谨严，个别字保留有篆书结构。

【孔羡碑】

简介

《孔羡碑》又名《鲁孔子庙碑》《修孔子庙碑》《封孔子庙碑》《孔羡修孔庙碑》，建于黄初元年（220），碑额篆"鲁孔子庙碑"，碑石在山东曲阜孔庙。

碑文22行，行40字。碑末题刻"魏陈思王曹植词，梁鹄书，为宋嘉七年张稚圭按图谨记"，但无定论。

美学特征

结字方正宽绰，骨力健劲，气势瑰玮，用笔方齐质拙，茂密雄强，如斩钉截铁，开六朝分楷先河。

【曹真碑】

简介

　　《曹真碑》碑阳刻碑文，碑阴刻立碑者姓名，侧面阴刻龙纹。清代道光二十六年（1846）在陕西西安发现，只存中间部分，现藏于故宫博物院。碑文记述曹真一生的重要事迹。曹真（？—231），官至大司马。清代方若《校碑随笔》称碑文第八行"蜀"字下一字为"贼"，第十一行"贼"字上为"蜀"字，均在出土时被凿去，后当地人又将"诸葛亮"等字一并凿去。碑文结体严整，雄劲端庄。

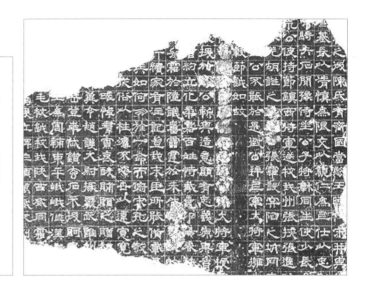

【范式碑】

简介

　　《范式碑》全称《汉庐江太守范式碑》，魏青龙三年（235）正月立于山东济宁。范式，字巨卿，山阳（今山东金乡县西北）金乡人，累官荆州刺史，迁庐江（三国魏时治在今安徽省霍邱县西）太守。碑额篆书"故庐江太守范府君之碑"。南宋洪适《隶释》载有碑之全文，现只存残石两块。

美学特征

　　结体严整，用笔方劲。顾南原《隶辨》引洪适《隶释》评云："此碑虽不及延康、黄初四刻，在魏他碑中为可取耳。"唐代李嗣真《书后品》云："蔡公诸体，唯《范巨卿碑》风华艳丽，古今冠绝。""蔡公诸体"指受蔡邕书法熏陶的诸家碑刻。翁方纲说："是碑于劲利之中，出以醇厚，而顿挫节制，神采焕发，实高出汉末皇象、梁鹄诸家之上，其目为蔡体第一者，盖李嗣真见学蔡书者必多，乃有此折衷之鉴。"

【王基碑】

简介

《王基碑》全称《东武侯王基碑》，魏景元二年（261）四月立于洛阳。清乾隆初年出土时仅存下半截。王基，字伯舆，东莱（今山东莱州）曲城人，历文帝、明帝、齐王、高贵乡公、元帝五代，文武兼备，勋著魏室。官至东武侯，魏元帝景元二年卒，追赠司空，谥"景侯"。《三国志·魏志》有王基传，其业绩、官职与碑文多合。相传出土时尚有未刻完朱书文字，《授堂金石跋》载："惜无人辨识，付之镌工，遽磨拭以没。"据杜跋云："上方未刻者前三行每行一字，徐行每行二字；下方则每行各缺五字。"

王基碑虽然残缺不全，却成为汉魏时碑刻系先书丹后镌字的有力实证。

美学特征

笔法谨严，线条刚劲，结体略有楷意。然起笔已有程式化倾向。

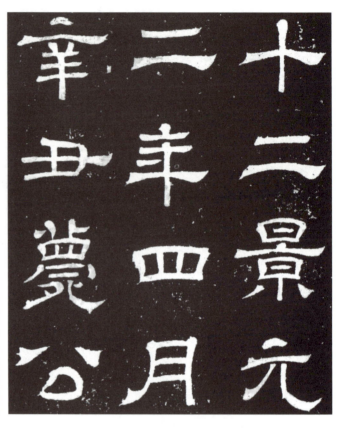

【正始五年摩崖】

简介

《正始五年摩崖》于2009年7月为山西省晋城市遗址专题调查队发现，地点在泽州县山河镇山里泉景区，这是迄今为止晋城地区发现最早的摩崖石刻。石刻位于山里泉景区水电站西约50米，沁河北岸一断崖壁上，距离地面约100米。整块石碑高约0.7米，宽约0.6米，共9行、95字。

铭文

正始五年十月廿五日，督治道郎中，上党司徒悌监作史，司徒从采位下曲阳吴放，督将师匠徒千余人，通治步道，作偏桥阁，凿开石门一所，高一丈八尺广九尺长二丈。都匠木工司马陈留成有、当部匠军司马河东魏通、开石门师河内司马羌。

三、草书

三国时期的草书处于章草向今草演变的进程中，总体的成就未见高度。代表性的章草名家是吴国的皇象，其代表作《急就章》是章草中的名篇。

皇象，字休明，广陵江都（今江苏扬州）人。官侍中、青州刺史。《三国志·吴志·赵达传》注云："时有张子并、陈梁甫能书，象斟酌其间，甚得其妙。中国善书者不能及也。"皇象的字同严武的棋、曹不兴的画等并称"吴中八绝"。唐代张怀瓘评其"八分入妙、小篆入能，章草入神品"。清代包世臣说："草书唯皇象、索靖笔鼓荡而势峻密，殆右军所不及。"

皇象传世作品有《急就章》《顽暗帖》《文武将队帖》等，但真迹已不存，后世为翻刻拓本。

四、楷书

楷书也叫正楷、真书、正书，因横平竖直、形体方正，可作楷模之书而得名（东汉时的楷书是指隶书八分，因以隶书为楷模）。楷书紧贴汉隶的规矩与法度（楷隶同构），而在形体美上有进一步发展。广义的楷书包括魏碑和唐楷，狭义的楷书单指唐楷。魏碑是指魏晋南北朝时期从隶书到楷书的过渡书体，常带有隶书写法，面貌多元。唐楷是指隋唐之际的成熟楷书，有小楷和大楷之分，隋楷为唐楷之先声。

三国时期的楷书传世的有三种类型，即法帖、碑刻和简牍。

法帖　主要是魏国钟繇的作品。钟繇的小楷存世有《贺捷表》《荐季直表》《宣示表》《力命表》《还示帖》《墓田丙舍帖》《白骑帖》《长患帖》《雪寒帖》《长风帖》。

碑刻　集中在吴国，有《谷朗碑》和《葛府君碑》两种。从体势来看，还有隶书的平正姿态，而笔画则已经都泯灭了波磔，未知是字体演变已经臻于此境，或是刻手不佳所致。清代康有为认为，"南碑当溯于吴"，以此两种为"真楷之极"，特别是《葛府君碑》"尤为正书鼻祖"，其说后来多为书法史研究者所继承。

简牍　主要出土于吴地。1979年江西南昌发现的《高荣名刺》（用途近于现在的名片）及简牍、安徽马鞍山发现的《朱然名刺》《木谒》，都有接近成熟楷书的写法，尤其是后者，体势宽博，虽从隶书化出，但楷法已具。可见三国时代，楷书的发展已势不可当。这几件作品，风格与后世受隶书影响的楷书有相似之处，很值得重视。

钟繇（151—230），字元常，颍川长社（今河南许昌长葛）人。钟繇是小楷的创始人，被后世尊为"楷书鼻祖"，和东汉的张芝合称为"钟张"，又与王羲之并称为"钟王"。南朝庾肩吾将钟繇的书法列为"上品之上"，唐代张怀瓘在《书断》中评其书为"神品"。《宣和书谱》评价说："备尽法度，为正书之祖。"

钟繇的书法真迹到东晋已亡佚，今天所能见到的摹本（或系伪书）有"五表""六帖""三碑"。其楷书古雅浑朴，圆润遒劲，古风醇厚，笔法精简，自然天成。南朝羊欣在其《采古来能书人名》中说："钟有三体，一曰铭石之书，最妙者也；二曰章程书，传秘书教小学者也；三曰行押书，相闻者也。"同时，他还是一位书法理论家，他关于用笔方面的论述颇有影响。

【**力命表**】

【墓田丙舍帖】　　【还示表】 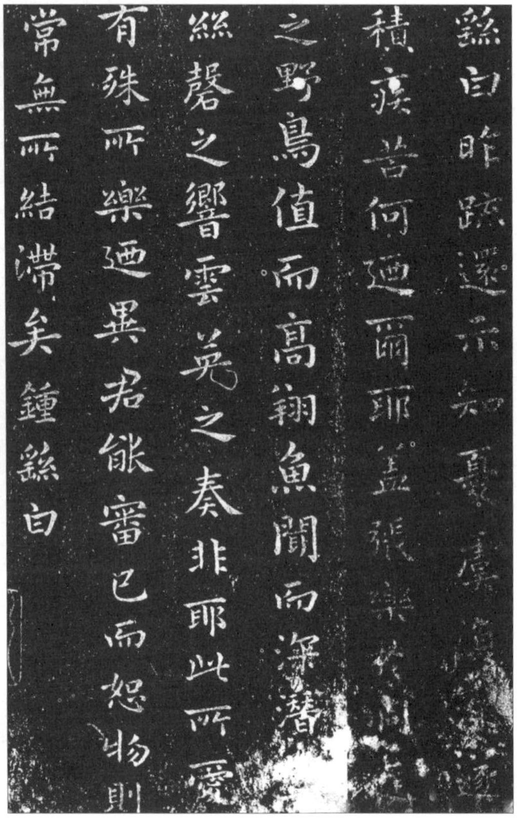　　【宣示表】

【贺捷表】

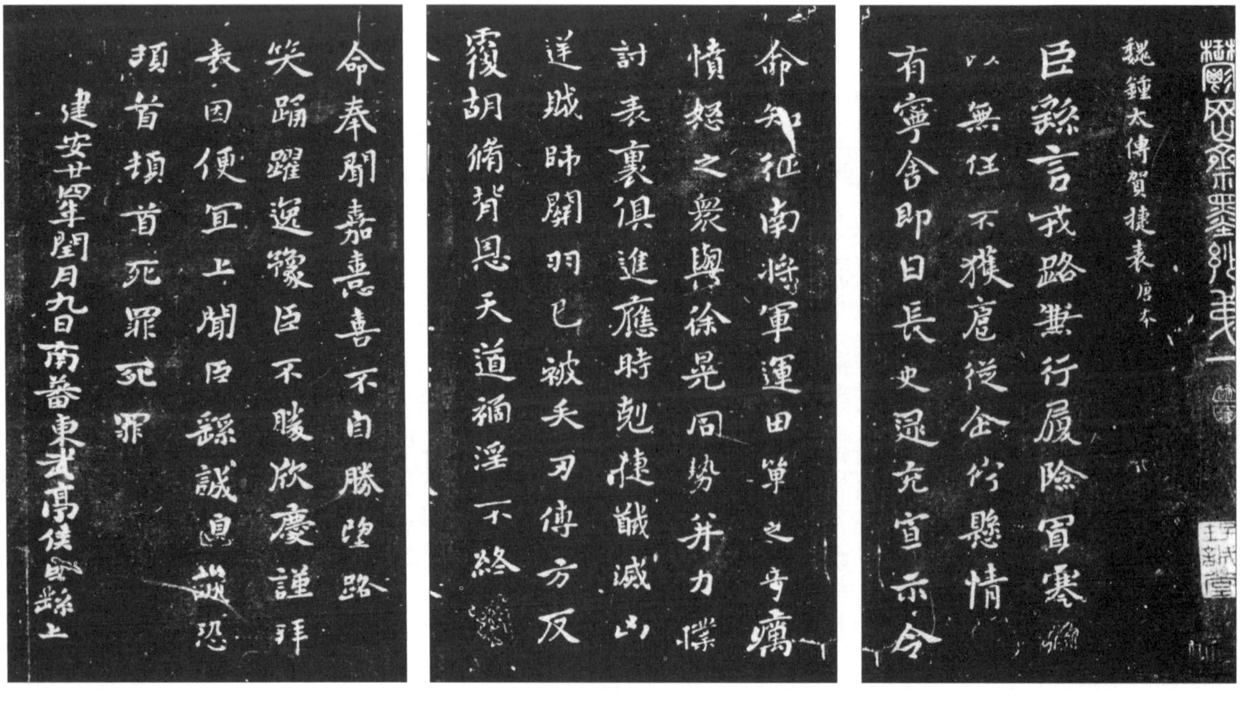

〖谷朗碑〗

简介

　　《谷朗碑》全称《吴九真太守谷朗碑》，吴凤凰元年（272）立于湖南耒阳城东谷府君祠，清代移县城杜甫祠中（现耒阳一中），后迁蔡侯祠内保存。碑侧原有谷氏后裔题名，清初尚存，后渐磨灭。纵176厘米，横72厘米，文18行，行24字。

美学特征

　　端劲有致，尚存汉人隶书遗风（因此有把此碑列入隶书者）。结体方整，笔画圆劲，浑朴古雅，与曹魏楷书诸刻风格稍异，但同为开后世楷法之重要碑刻。

中　　晋　朝

概述

晋朝（265—420）分为西晋与东晋两个时期，史称两晋。

西晋（266—316）为司马炎篡魏建国，定都洛阳，史称西晋，280年灭吴，完成统一。西晋传武帝、惠帝、怀帝、愍帝四帝，后经"八王之乱"和"永嘉之祸"，316年，西晋被北方少数民族灭亡，史称"五胡乱华"。

东晋（317—420）为司马睿在建邺（今江苏南京）建立，统治地区大部分在江东，古称江左，故以江左代指东晋。东晋是门阀士族政治，与北方少数民族建立的十六国（成汉、前赵、后赵、前凉、北凉、西凉、后凉、南凉、前燕、后燕、南燕、北燕、夏、前秦、西秦、后秦）并存，这一时期又称为东晋十六国。东晋与之前的孙吴以及其后的宋、齐、梁、陈，合称为六朝。东晋曾多次试图北伐，但除了最后篡晋的刘裕取得一定成果外，其余都无建树。383年，东晋在与前秦淝水之战后得到暂时巩固。苻坚只身逃回北方，南北分立之势从此而成。

晋朝为汉末以来中国文化中衰时期，但在哲学、文学、艺术、史学、科技等方面也有新的发展。两晋的文化走向多元发展，是一个文化开创、冲突又融合的时代。由于儒教独尊的地位被打破，哲学、文学、艺术、史学及科技纷纷出现革新，有些成为独立的学问。由于边疆民族带来草原文化，东晋则拥有中原文化及江南文化，双方逐渐展开文化交流或民族融合，使得该时期的文化走向多元发展，不断开发新领域与新学说。除儒家学派之外还有由本土发展的玄学、道教及由印度的佛教，其中道教及佛教逐渐扩展到民间，士大夫盛行清谈。

文学

两晋文学脱离经学的束缚而独立，走向自由及多元化的发展。这是因为魏晋的儒家精神衰微，才重于德行，士大夫虚无荒诞；政治黑暗，士大夫备受压抑；玄佛道盛行，译经发达。在这些背景下，这一时期作品的内容写实，重视技巧。因受汉赋影响，出现了骈体文，字数上四下六字，讲究辞藻华丽、雕琢字句、声律藻饰，多用对偶、典故，主要文章有赋、论及简牍，至南北朝时期达到极盛。骈文带来声韵研究，后由南朝梁的沈约定出"四声"。小说方面，有张华《博物志》、甘宝《搜神记》及葛洪的《神仙传》。这一时期的史书多为民间著作，或出现多个版本，例如陈寿的《三国志》及范晔的《后汉书》。

西晋时期，社会繁荣，文学走向雕琢美化。东晋后期以陶渊明甚具特色，其擅长描述田园生活，风格清新朴实，提升古体诗内涵，表现出高远纯洁的情操。

书法

晋朝首创了国子学，以后历朝历代延续。在教育领域，把书法作为教育课程进行推广，官方提倡书法教育，设立了书博士。这是因为从司马懿到司马炎时代都有重视书法的传统，在《法书要录》中记载的司马师、司马昭兄弟与韦诞、虞松、钟会被认为是魏国书法名家。

晋朝人在生活处事上倡导"雅量""品目"，艺术上追求中和居淡之美，书法大家辈出，书法理论也日渐丰富，在中国书法史上达到高峰。尤其是东晋的王羲之、王献之父子（世称"二王"），其妍放疏妙的艺术品位迎合了士大夫们的精神要求，人们愈发认识到文字书写的独特审美意义。

最能代表魏晋精神、在书法史上最具影响力的书法家当属王羲之，人称"书圣"，在唐代更是因为唐太宗的推崇而被人们所熟知。王羲之的行书《兰亭序》被誉为"天下第一行书"，论者称其笔势为"飘若浮云，矫若惊龙"。其子王献之的《洛神赋》字法端劲，所创"破体"与"一笔书"为书法史一大贡献。加以陆机、卫瓘、索靖、王导、谢安等书法世家之烘托，南派书法非常繁盛，以"尚韵"著称于世，对后世书法产生了非常深远的影响。

▍书体

书体由隶书走向多元化，各种书体相互发展。篆书主要应用在印玺、碑额上。草书由章草发展成今草，行书由隶书递变楷书之间逐渐成熟。章草带有隶味，如西晋索靖的《月仪帖》。今草采用楷书体势、笔意发展而成，代表作有东晋王羲之的《十七帖》、王献之的《鸭头丸帖》。行书介于楷、草之间，书写简易且流畅，代表作为王羲之的《兰亭序》，号称"天下第一行书"。

一、篆书

1. 钱币

西晋未铸新版钱币，以使用汉、魏旧钱为主，兼用谷帛等实物。

东晋初期，沿用孙吴的各种钱币。后来出现一种五铢小钱，正面铭文为"五朱（铢）"，因是沈充所铸，故又称"沈郎五铢""沈郎钱"。这是一种地方性私铸钱，由于受到客观条件的限制，铸行时间短，铸量少，仅在吴兴郡范围内流通。

铭文"五朱"的篆文中，"朱"字上面转折处为方折，下面转折为弧形，整体中多了一些变化，只是线条较为细弱。

铭文：五朱（铢）

2. 印玺

两晋的印章，基本上是沿袭汉印的形制。明代甘旸《印章集说》中说："魏晋印章本乎汉制，间有易者，亦无大失。"篆刻铭文趋于瘦挺方直，率意为之，不及汉代印章精整严谨，沉穆雄浑。

司马氏取代曹魏之后，大封宗室、功臣，对曹魏官制略有改动，诸多印玺皆可与文献相印证。

铭文：晋归义羌侯

美学特征：起笔、收笔方正质朴，线条刚劲，晋字占两字格，更增添了雄浑之气。

铭文：蛮夷侯印

美学特征：方正质朴，刚劲雄浑，为西晋王朝赐予荆州蛮族聚集区的官印。

　　魏晋南北朝的官印各朝均有定制，印材为金、银、铜、玉，钮除龟钮、驼钮、鼻钮、瓦钮之外，还有辟邪钮。最具特点的印章有四种，即多字印、多面印、悬针篆印和朱文印。

铭文：晋鲜卑归义侯
美学特征：方正质朴，线条刚劲。此印为晋王朝赐给鲜卑首领印。

铭文：晋乌丸归义侯
美学特征：方正质朴，线条刚劲。此印为晋王朝赐给乌桓首领印。

铭文：宣成公章
美学特征：类似悬针篆，竖画尾部尖锐如针，清秀别致，为西晋官印中所罕见。

铭文：镇南将军章
美学特征：线条雄浑有力，又不乏精美。

铭文：晋归义氏王
美学特征：线条粗细不均，气息较弱。"王"字整体对比之下显得不够和谐。

铭文：晋归义羌侯
美学特征：线条刚劲，雄浑中又有婉转，刚柔相济。

铭文：后军司马

铭文：熊渠将印

铭文：殿中中郎将印

铭文：常山典书丞印

铭文：渭阳邸阁督印

铭文：裨将军印章

铭文：建威将军章

铭文：牙门将印章

铭文：关中侯印

铭文：关中侯印

3. 碑额

晋朝碑刻和墓志的篆额字体有非常明显的美术装饰效果，多为匠人刻碑时直接以刀镌刻。这也直接反映出篆文在两晋时期的式微，昭示出楷书普及与兴盛的大趋势。

汉故司隶校尉京兆尹司马君之碑颂

晋故明威将军南乡太守邪府君侯之碑

二、隶书

　　西晋时期，虽然楷书和行书已经逐步兴起，但在庄重严肃、正式规范的场合仍然使用隶书，尤其是在碑碣上仍以隶书为正体。今天能见到的西晋隶书书迹大致有《张光砖志》（泰始元年，265年）、《郭休碑》（泰始六年，270年）、《潘宗伯阁道题名》（泰始六年，270年）、《太上玄元道德经》（泰始六年，270年）、《任城太守孙夫人碑》（泰始八年，272年）、《皇帝三临辟雍碑》（咸宁四年，278年）、《鲁诠墓表》（太康三年，282年）、《冯恭石椁题字》（太康三年，282年）、《杨绍买冢地券》（太康五年，284年）、《和国仁墓碑》（太康五年，284年）、《王君残墓志》（太康八年，287年）等三十余种，此外，还有一些墓砖和建筑用砖。西晋隶书书迹的数量远远多于同一时期的篆书，而且这些隶书书迹的品种非常丰富，包括碑刻、神道题字、墓志、墓门题记、石椁题记、石柱题字，大多见于当年丧葬的遗物上。综观这些书迹，大致可以看出这一时期隶书的整体风貌。它们不但具有大致相同的时代、地域、民族风格，而且它们各自在字形、结构、章法上又不乏个性特点。

1. 碑刻

【当利里社碑】

简介

　　《当利里社碑》残碑，存高70厘米，宽64厘米。碑阳刻字存文15行、147字，内容为立社记铭缘由，文字多蚀泐。碑阴刻字存文24行、295字，为立碑者题名，上刻冠帻坐像8人，上下两行各4人，旁刻籍贯、官职、姓名，为当利里的社老、社正、社掾、社史等主持人。从立碑者题名来看，当时居住在当利里的人员籍贯不一，但均是具有中下级职位者。里是古时县以下的基层行政组织，社是古时地区民间组织，此碑是当利里居民在建立祈年报获性质的社祠时所立，是研究当时里社组织及铭刻的重要碑刻实物。

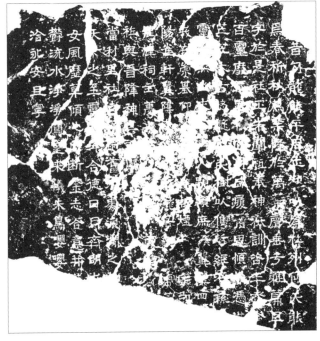

【辟雍碑】

简介

　　《辟雍碑》全称《大晋龙兴皇帝三临辟雍皇太子又再莅之盛德隆熙之颂》，咸宁四年（278）立于洛阳太学辟雍。1931年于河南省偃师县西南东大郊村北汉晋辟雍遗址出土，现仍保存于原地。碑高3.22米，宽1.1米，厚约0.3米。螭首，碑文30行，行55字，共约1500字。碑文记载晋武帝司马炎即位后设立学官，重振太学，在4年内3次亲临辟雍巡视以及皇太子司马衷亲临太学辟雍的经过。文中还追述了司马氏建国的历史，称颂了司马氏的才略。

美学特征

　　笔势遒劲，波磔郑重，是晋代八分体隶书代表。

【夫人天水赵氏墓碑】

简介

　　《夫人天水赵氏墓碑》立于泰始四年（268），墓碑高度仅为27厘米，宽仅10厘米，尺寸在墓碑中属于极小的类型。

　　铭文阴刻2行、15字，右行为"夫人天水赵氏"，左行为"泰始四年七月三日造"。字体疏朗、秀丽，别具清新之气。

【晋故处士成君之碑】

简介

　　《晋故处士成君之碑》碑额题"晋故处士成君之碑"8字篆文，碑文为隶书。碑通高69.3厘米，宽28.8厘米，碑文共11行，每行16至18字不等。1925年1月出土于河南省洛阳市孟津县刘家坡村。

美学特征

　　字体略呈方形，端庄规整。笔法与结体呈现程式化趋势，为隶书向楷书过渡时期的产物。

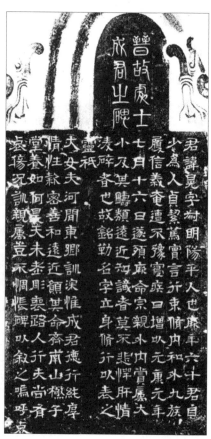

2. 墓志

【杨骏残志】

简介

《杨骏残志》出土于河南省洛阳市，原高50厘米，宽53厘米，已残。碑主杨骏为西晋时大臣。

美学特征

隶书的波磔过于追求雄健飘逸之气，已有程式化倾向。

【齐太公吕望表】

简介

《齐太公吕望表》简称《吕望表》，太康十年（289）三月十九日刻，现存河南汲县显学。

【石定墓志】

简介

《石定墓志》又称《晋处士石定墓志》，全称《处士乐陵厌次都乡清明里石定墓志》，永嘉二年（308）七月十九日葬，出土于河南洛阳。拓片墨纸尺寸为高46厘米，宽23厘米。

【晋城阳简侯石尠墓志】

简介

《晋城阳简侯石尠墓志》简称《石尠墓志》,全称《晋故尚书征虏将军幽州刺史城阳简侯乐陵厌次都乡清明里石尠墓志》,永嘉二年(308)刻,1919年土于河南洛阳城北马坡村。志高46厘米,宽22.5厘米。今存文27行、480字。

《石尠墓志》为四面刊刻,正背两面刊刻石尠生平事迹,内容主要记载逝者生前身份、官职、履历与功绩,两侧面分刻其夫人与子女之籍贯、姓氏及简历。

墓志保存完整,志文内容极具史料价值,是墓志中难得的精品。

美学特征

字体精致,布局整饬,刊刻刀法精良。只是横画起笔及波磔等处趋于程式化。

【 菅氏夫人墓碑 】

简介　《菅氏夫人墓碑》又名《徐君夫人菅氏之墓碑》，晋永平元年（291）刻，额题"晋待诏中郎将徐君夫人菅氏之墓碑"。1930年于河南洛阳城北门外后坑村出土，高58厘米，宽24厘米，现藏于西安碑林。

美学特征　字体舒展规整，委婉清丽。

〖郗璇墓识〗

简介

《郗璇墓识》又名《郗璇墓志》，长68.5厘米，宽56厘米，厚8.8厘米，共28行、354字。

墓主郗璇（也写作璿）是王羲之之妻。

美学特征

虽为隶书，但已融入楷书因素，别于东晋其他墓志风格。

〖刘宝墓志〗

简介

《刘宝墓志》全称《晋故待中使持节安北大将军领护乌丸校尉都督幽并州诸军事关内侯高平刘公之铭表》，1974年3月在山东省邹城市出土，现藏邹城博物馆。额篆"晋故"，下为隶书7行，行9字。《刘宝墓志》是西晋纪年墓志，非常罕见。其形状为石碑状。

〖杨府君神道柱〗

简介 《杨府君神道柱》为隆安三年（399）刻石，通高82厘米，宽44厘米，存文7行、43字。神道柱是树立于祠堂、陵墓等建筑物前神道口处的石柱，有三部分：一是下部基座，即柱础；二是中部柱身，柱身上部有长方形石额刻字，额下有的饰以浮雕；三是柱顶部圆形上盖，盖上往往立有雕刻成动物或人物形状的墓镇。此件神道柱额题完整，柱身有瓦棱纹，字体遒劲，隶书兼有楷意，是研究神道柱的珍贵材料。

铭文 晋故巴郡察孝骑都尉枳杨府君之神道。君讳阳，字世明，涪陵太守之曾孙。隆安三年岁在己亥十月十一日立。

3. 铭文砖

西晋建筑用砖和墓室用砖皆烧制阳文铭文，内容有制砖年月、姓氏、吉语、祝词之类。砖文以隶书最多，出现了多字数分行的小字隶书作品。砖铭隶书已脱尽篆书影响（个别字有篆书结构），向楷书过渡，并在结体和笔法上较汉魏砖变化更为丰富。此外，砖文中的别字、异体字日益增多，这也是民间俗书的一个特点。

愿太王陵安如山固如岳

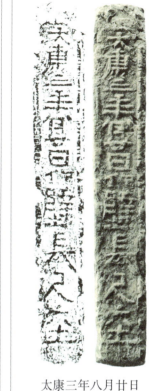
太康三年八月廿日作壁长尺六寸

永和十一年宗所七月虞氏

永和四年九月作

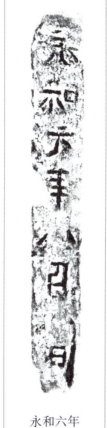
永和六年八月八日

永和二年

永和三年岁在丁未春辉作

永和九年岁在癸丑十月

大兴元年

太康元年

永安五年

天纪三年作

三、草书

　　西晋时的草书作品较少，以《平复帖》最著名。东晋时，南迁的世家大族面对严酷的政治现实，为求精神解脱，抛弃烦琐经学，通过服药、饮酒、清谈乃至寄情书法等方式，开拓了一片与汉代读书人不同的生活空间。书法表情达性的功能被强化，内涵从而得以扩展。以王羲之、王献之父子为代表的东晋行草，在艺术上树立了历史的高峰，成为一个时代精神生活的标志。草书的鼎盛，也使得行书成为一种书体。

　　东晋十六国时期的作品，大体上可分为世家大族作品和非世家大族作品。不同阶层书风差异巨大。唐代窦臮《述书赋》评说："博哉四庾，茂矣六郗，三谢之盛，八王之奇。"王、谢、庾、郗，不仅是政局的主要支柱，同时是当时主宰书坛的主要家族。此外，卫、桓等族亦皆不弱，共同构成了东晋世家书法的鼎盛局面。

【 咸宁四年吕氏砖 】

简介

　　《咸宁四年吕氏砖》纵34.8厘米，横17.2厘米，厚5.8厘米，为西晋时期章草书刻代表作之一，1918年前后在安徽凤台县出土。

　　释文："咸宁四年七月吕氏造，是为晋既祚十四年事，泰岁在丙戌。"

　　砖文先在砖坯锥划，然后烧固。从砖上的笔法和体势，可见当时的章草已含有今草的笔势。

【 急就章 】

简介

　　《急就章》又名《急就篇》，汉元帝时黄门令史游所作，全文共有1394字，无一复字，为童蒙识字之书，文辞雅奥。索靖所书为章草和楷书并列，骨势峻迈，富有笔力。

〖平复帖〗

简介

　　《平复帖》牙色麻纸本墨迹，共9行、84字，无名款，宋人定为陆机作品，米芾定为"晋贤十四帖卷"之一，入宣和内府，宋徽宗题签并钤玺印。中华人民共和国成立后由张伯驹先生捐献故宫博物院收藏。此帖是传世年代最早的名家法帖，也是历史上第一件流传有序的法帖墨迹。有"法帖之祖"的美誉，还被评为九大"镇国之宝"之一。

　　《平复帖》内容是写给友人的一封信札，文中因写有病体"恐难平复"字样，故而得名。字体为章草，但无波挑，和《淳化阁帖》所收卫瓘《顿首州民贴》体段相近。

　　作品用秃笔写于麻纸上，墨色微绿。笔意婉转，风格平淡质朴，堪称章草精品。

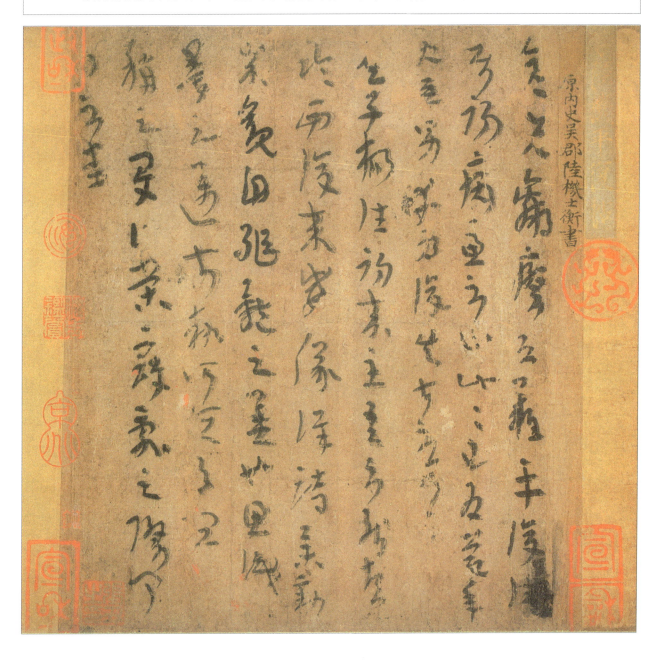

王羲之

王羲之（303—361，或321—379），字逸少，琅琊临沂（今山东临沂）人，后迁会稽山阴（今浙江绍兴），晚年隐居剡县金庭。历任秘书郎、宁远将军、江州刺史，后为会稽内史，领右将军。其书法兼善隶、草、楷、行各体，精研体势，心摹手追，广采众长，备精诸体，冶于一炉，摆脱了汉魏笔风，自成一家，影响深远。风格平和自然，笔势委婉含蓄，遒美健秀，故而被封为"书圣"。

王羲之的书法真迹已不存（唯一可能存在的《兰亭序》真迹应在乾陵或昭陵墓葬中），我们只能通过后世的摹本来弥补这个巨大的遗憾。

| 【大热帖】 | 【药草帖】 | 【严君平帖】 | 【今日热甚帖】 |

【大热帖】

释文

便大热，足下晚可耳。甚患此热。力不一一。王羲之白。

【药草帖】

释文

彼所须此药草，可示当致。

【严君平帖】

释文

严君平、司马相如、扬子云皆有后不（否）？

【今日热甚帖】

释文

今日热甚，足下将各匆匆，吾至乏惙力不具。

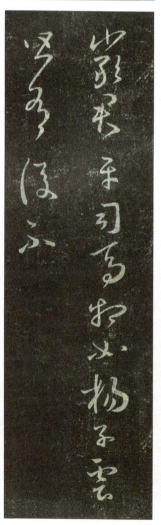
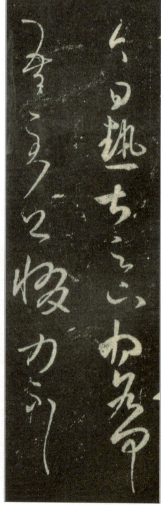

【 瞻近无缘帖 】

简介
《瞻近无缘帖》三种全文见《右军书记》。

释文
瞻近无缘省告，但有悲叹。足下小大悉平安也。云卿当来居此，喜迟不可言，想必果言，告有期耳。亦度卿当不居京。此既僻，又节气佳，是以欣卿来也。此信旨还具示问。

【 成都城池帖 】

释文 往在都，见诸葛显，曾具问蜀中事。云成都城池门屋楼观，皆是秦时司马错所修，令人远想慨然 。为尔不？信俱示，为欲广异闻。

【 讲堂帖 】

释文 知有汉时讲堂在，是汉何帝时立此？知画三皇五帝以来备有。画又精妙，甚可观也。彼有能画者不？欲因摹取，当可得不？信具告。

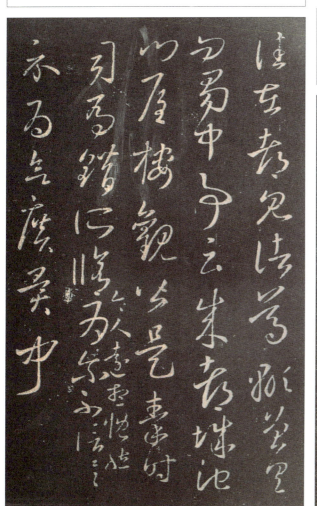

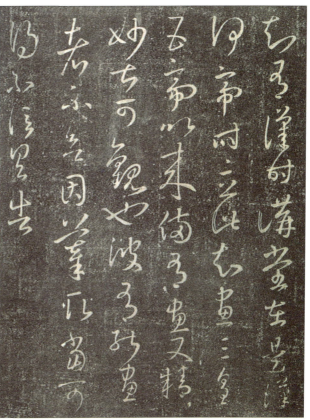

【知问帖】

简介

《知问帖》又称《寒切帖》《廿七帖》《谢司马帖》，有乌丝栏，纵25.6厘米，横21.5厘米，天津市艺术博物馆藏唐人勾填本。

文中的"谢司马"应为王羲之的挚友谢安。谢安于升平四年（360）出山为桓温西司马，时41岁。此信应写于升平五年（361），为王羲之晚年所书。

此帖宋代曾入绍兴内府，明代流入民间，明韩世能、王锡爵，清王时敏等递藏，流传有序，实属难能可贵。

释文

十一月廿七日，羲之报：得十四、十八日二书，知问为慰。寒切，比各佳不（否）？念忧劳，久悬情。吾食至少，劣劣。力因谢司马书，不一一。羲之报。

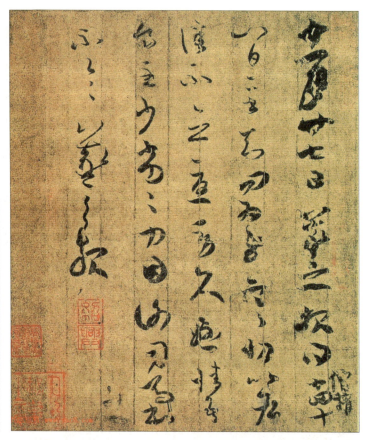

【七月帖】

简介

《七月帖》又称《秋月帖》，麻纸本，纵27.7厘米，横25.8厘米，6行、50字。此帖为临本，与《都下帖》装为一卷，合称《七月都下帖》。纸本上有南宋高宗绍兴朱文联玺、金章宗明昌宝玩印，以及明代项元汴、清内府收藏印。正文前有题签：王羲之帖。下有褚遂良三字，残，此帖或为褚遂良临本。

另有刻本，见于北宋《淳化阁帖》法帖第七，刻本与临本略有出入。

释文

七月一日羲之白：忽然秋月，但有感叹。信反，得去月七日书，知足下故羸疾问。触暑远涉，忧卿不可言。吾故羸乏，力不具。王羲之白。

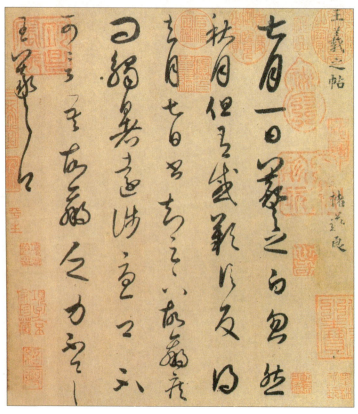

【忧悬帖】

简介

　　《忧悬帖》，硬黄纸本，双钩廓填墨迹。帖纵24.8厘米，3行，17字，日本前田育德会藏。原为手卷，后与《孔侍中帖》《频有哀祸帖》合装，总称《孔侍中帖》或《九月十七日帖》。

释文

　　忧悬不能须臾忘心，故旨遣取消息。羲之报。

【告姜道帖】

简介

　　《告姜道帖》又称《草书平安帖》，绢本，多数人认为是王羲之所书。

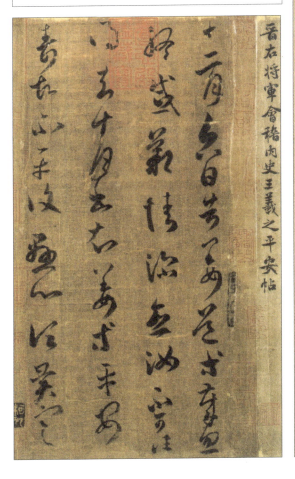

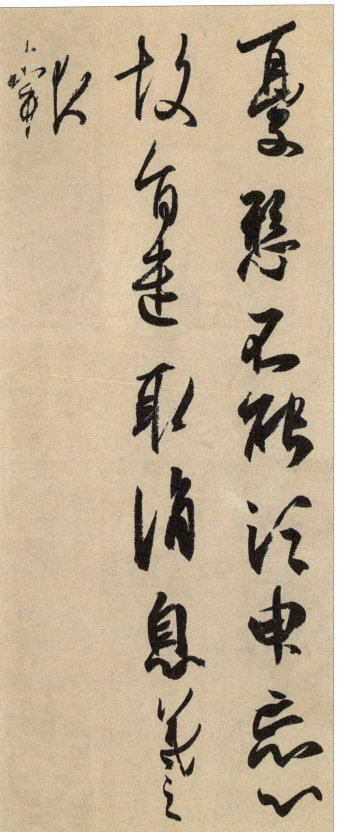

【破羌帖】

简介

《破羌帖》又名《王略帖》，高29厘米，共9行、81字。入刻《宝晋斋帖》等。

释文

知虞帅书，桓公以至洛，即摧破羌贼，贼重创，想必禽（擒）之。王略始及旧都，使人悲慨深。此公威略实著，自当求之于古，真可以战，使人叹息。知仁祖小差，此慰可言。适范生书如其语，无异。故须后问为定。今以书示君。

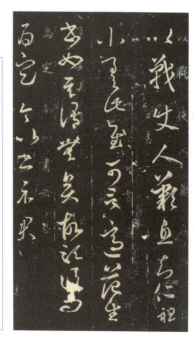
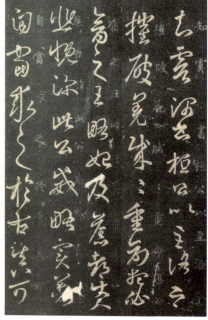

【前从洛帖】

释文

前从洛至此，未及就彼参承，愿夫子勿悒悒矣。当日缘明府共饮，遂阙问，愿足下莫见责。羲之顿首。

【盐井帖】

释文

彼盐井、火井皆有不？足下目见不？为欲广异闻，具示。

【热日帖】

释文

热日更甚。得书，知足下不堪之，同此无赖。早且乘凉，行欲往，迟散也。王羲之。

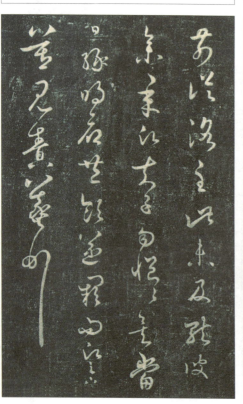

【时事帖】

释文 足下时事少,可数来。主人相寻下官吏不?东西未委,若为言叙乖,足下不返,重遣信往问。愿知心素。

【鹘等不佳帖】

释文

鹘等不佳,都令人弊见此辈,吾衰老不复堪此。

【儿女帖】

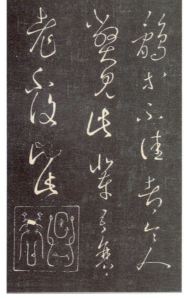

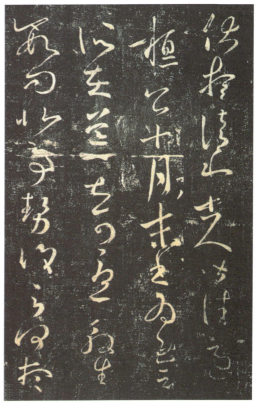

【伏想清和帖】

简介

《伏想清和帖》又称《清和帖》,入刻宋《淳化阁帖》和《大观帖》等。

释文

伏想清和,士人皆佳,适桓公十月末书为慰,云所在荒甚可忧,殷生数问北事势,复云何想安西以至能数面不(否)?或云顿历阳尔耶,无缘同为叹,迟知问。羲之拜。

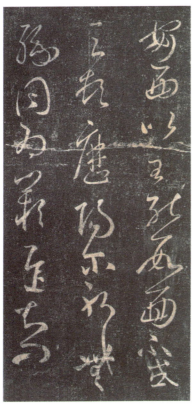

王献之

王献之（344—386），字子敬，小名官奴，祖籍琅玡临沂（今山东省临沂市兰山区），生于会稽山阴（今浙江省绍兴市）。"书圣"王羲之第七子、晋简文帝司马昱之婿。王献之少负盛名，才华过人。历任州主簿、秘书郎、司徒长史、吴兴太守、中书令等职，为与族弟王珉区分，人称"大令"。

王献之自幼随父习书，以行草书闻名，在楷书和隶书上亦有深厚功底。与其父王羲之并称为"二王"。并有"小圣"之称。还与张芝、钟繇、王羲之并称"书中四贤"。张怀瓘在《书估》中评其书法为第一等。王献之亦善画，张彦远在《历代名画记》中目其画为"中品下"。

〖中秋帖〗

简介

《中秋帖》又名《十二月帖》，传为王献之的草书真迹，是《宝晋斋法帖》《十二月割帖》的不完全临本，原帖还有"十二月割至不"六字。纵27厘米，横11.9厘米。原为5行、32字，后被割去2行，现存3行、22字。此帖于清代乾隆时被收入内府，与王羲之的《快雪时晴帖》、王珣的《伯远帖》并称"三稀"，乾隆遂以"三希堂"为御书房名。

释文

中秋不复不得相，还为即甚省如，何然胜人何庆，等大军。

美学特征

《书断》评："字之体势，一笔而成，偶有不连，而脉不断，及其连者，气候通其隔行。"

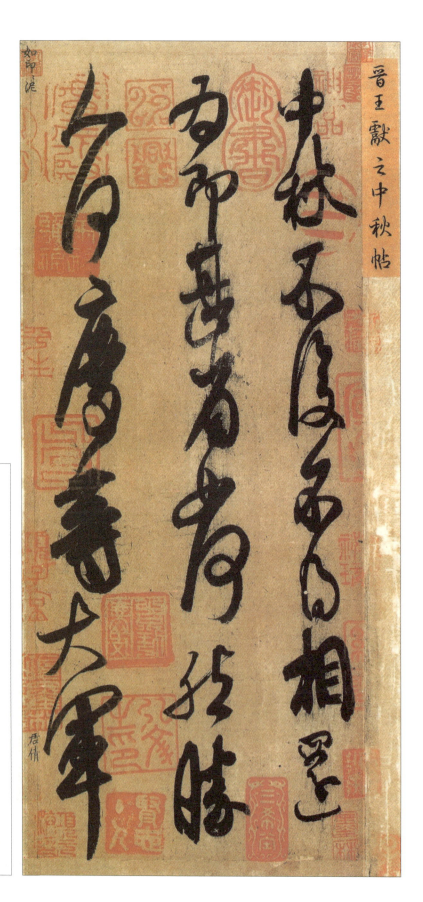

【鸭头丸帖】

释文

鸭头丸，故不佳。明当必集，当与君相见。

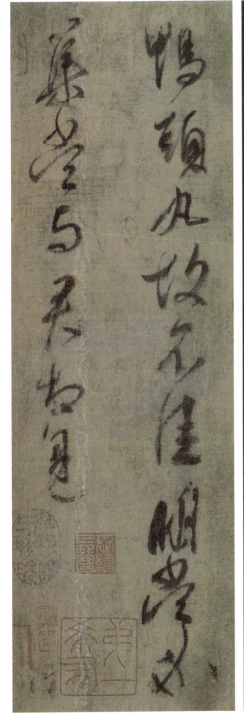

【诸舍帖】

释文

诸舍复如何？吾家多患。面以问慰，情不知可耳。

【豹奴帖】

释文

豹奴此月唯省一书，亦不足慰怀，深悉足下情愫尔。

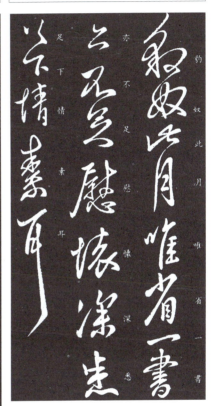

【安和帖】

【姑比日帖】

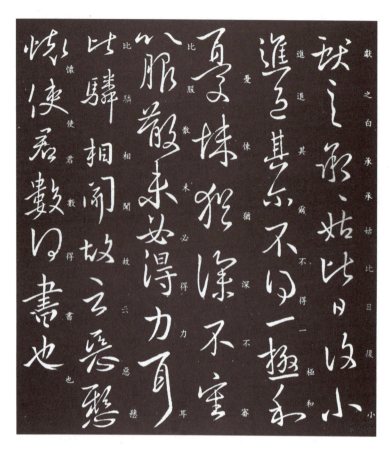

【蜡节帖】

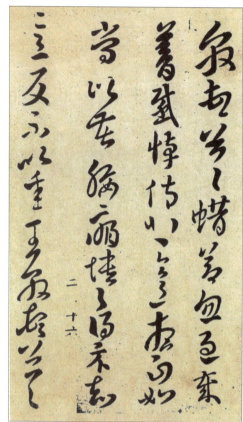

【忽动帖】

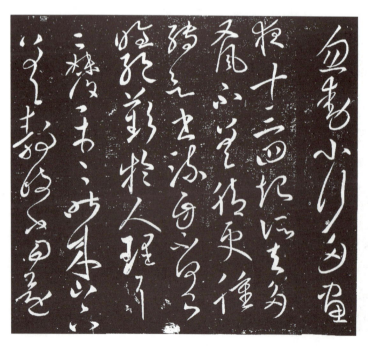

【先夜帖】

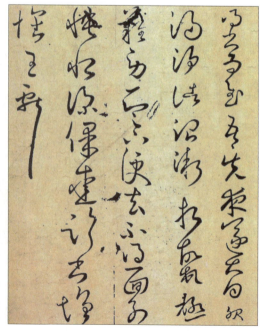

陶渊明

陶渊明（352或365—427），名潜，字元亮，人称五柳先生、靖节先生，浔阳柴桑（今江西九江）人。陶渊明是中国首位田园诗人，被称为"古今隐逸诗人之宗"。

【拟古杂诗】

简介

《拟古杂诗》为陶渊明书自作五言诗12首，书风飘逸，笔法灵动秀美。武则天跋："知晋代风标朝野，一致如陶潜者，世徒谓其文咏可念，不知运笔静秀，楚楚涓涓，如深谷芝兰，无人自媚，洵可玩重，永炳千秋。"

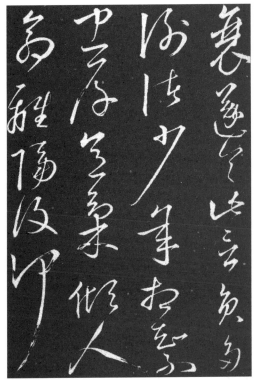

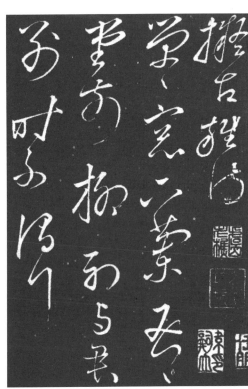

四、行书

　　行书又称纤书，是介于草书和楷书之间的一种实用书体，比草书易于识别，较楷书书写快速。行书又可分为行楷、行草。唐代张怀瓘《书断》说："行书者，乃后汉颍川刘德升所造，即正书之小讹，务从简易，故谓之行书。"清代宋曹说："谓行者，即真书之少纵略。后简易相间而行，如云行流水，秾纤间出，非真非草，离方遁圆，乃楷隶之捷也。务须结字小疏，映带安雅，筋力老健，风骨洒落。字虽不连气候相通，墨纵有余肥瘠相称。徐行缓步，令有规矩；左顾右盼，毋乖节目。运用不宜太迟，迟则痴重而少神；亦不宜太速，速则窘步失势。"

王羲之

〖兰亭序〗

简介

　　《兰亭序》又称《兰亭叙》《兰亭集序》《临河序》《禊帖》《三月三日兰亭诗序》等，永和九年（353）三月初三，时任会稽内史的王羲之与谢安、孙绰等41人在会稽山阴的兰亭雅集，饮酒赋诗。王羲之将这些诗赋辑成一集，并作序记述，抒写由此而引发的内心感慨，这篇序文就是《兰亭序》。

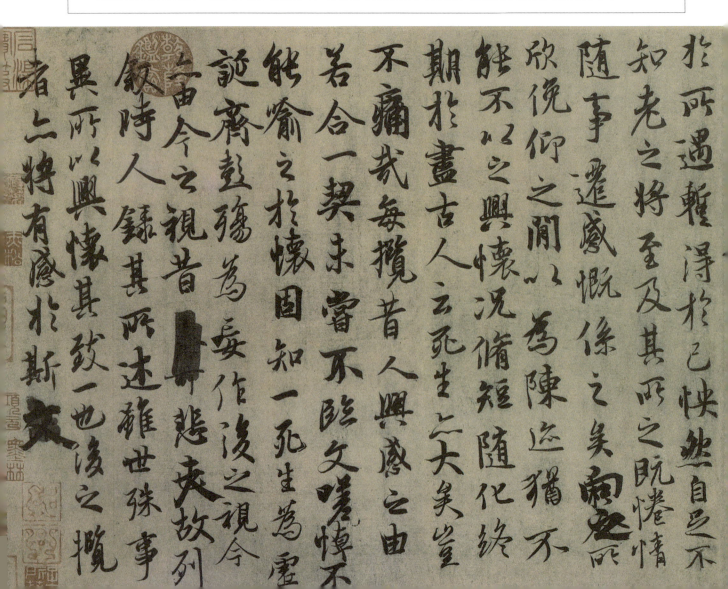

释文

永和九年，岁在癸丑，暮春之初，会于会稽山阴之兰亭，修禊事也。群贤毕至，少长咸集。此地有崇山峻领（岭），茂林修竹；又有清流激湍，映带左右，引以为流觞曲水，列坐其次。虽无丝竹管弦之盛，一觞一咏，亦足以畅叙幽情。

是日也，天朗气清，惠风和畅，仰观宇宙之大，俯察品类之盛，所以游目骋怀，足以极视听之娱，信可乐也。

夫人之相与，俯仰一世，或取诸怀抱，悟言一室之内；或因寄所托，放浪形骸之外。虽趣舍万殊，静躁不同，当其欣于所遇，暂得于己，快然自足，不知老之将至。及其所之既倦，情随事迁，感慨系之矣。向之所欣，俯仰之间，已为陈迹，犹不能不以之兴怀。况修短随化，终期于尽。古人云："死生亦大矣。"岂不痛哉！

每览昔人兴感之由，若合一契，未尝不临文嗟悼，不能喻之于怀。固知一死生为虚诞，齐彭殇为妄作。后之视今，亦犹今之视昔。悲夫！故列叙时人，录其所述，虽世殊事异，所以兴怀，其致一也。后之览者，亦将有感于斯文。

美学特征

唐代以来，《兰亭序》被视为中国书法的最高典范，被誉为"天下第一行书"。

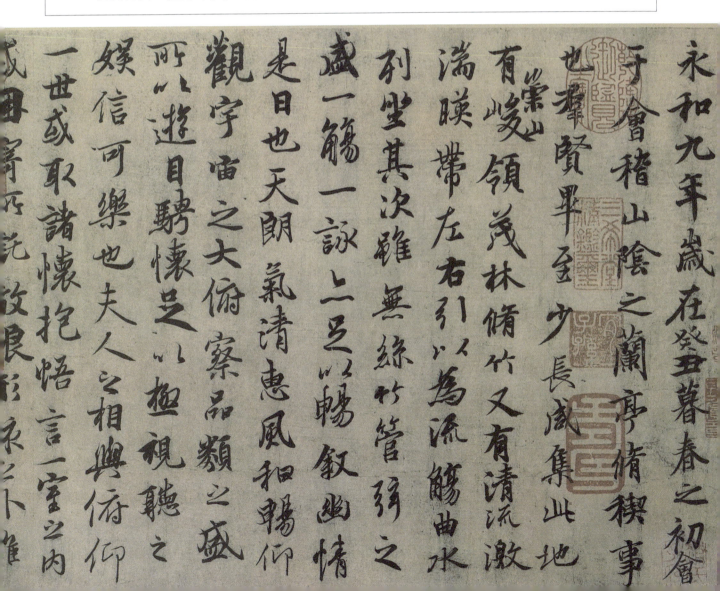

【快雪时晴帖】

简介

《快雪时晴帖》纸本，纵23厘米，横14.8厘米，共4行、28字。内容是王羲之写他在大雪初晴时的愉快心情及对亲朋的问候。

褚遂良《右军书目》谓："行（草）书部五十八卷"第十一卷著录"羲之顿首，快雪时晴，六行"，与《快雪时晴帖》相比行数不合。

释文

羲之顿首：快雪时晴。佳想安善。未果为结，力不次。王羲之顿首。山阴张侯。

启功在《晋代人书信中的句读》中认为："羲之顿首，快雪时晴，佳想安善。未果为结力不次，王羲之顿首。山阴张侯。"

美学特征

此帖与王羲之行书的典型风格不同，着重表现在用笔尤为圆润，提按顿挫的节奏起伏与弹性感较平和，而且结体以正方形为主，平稳饱满。以藏锋为主，起笔与收笔钩挑波撇都不露锋芒，由横转竖也多为圆转笔法，结体匀整安稳，显得气定神闲，不疾不徐。明代詹景凤以"圆劲古雅，意致优闲逸裕，味之深不可测"形容此书特色。

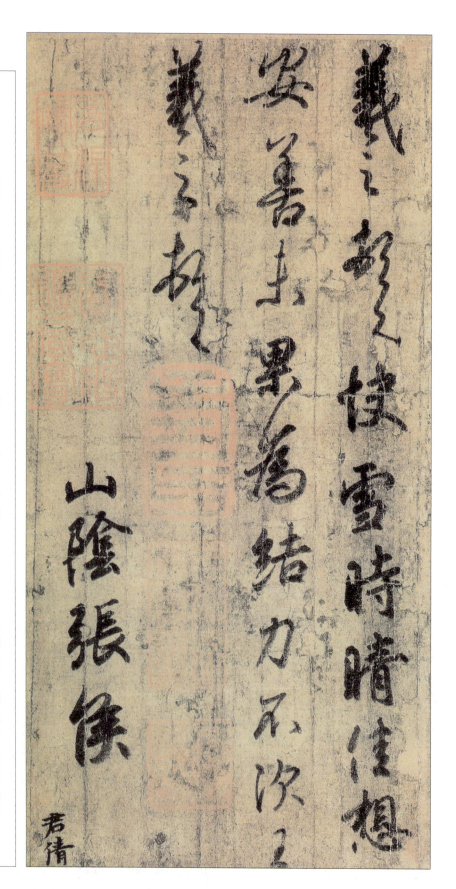

【旦夕帖】

释文　旦夕都邑动静清和，想足下使还一一。时州将桓公告慰，情企足下数使命也。谢无奕外任，数书问，无他。仁祖日往，言寻悲酸，如何可言。

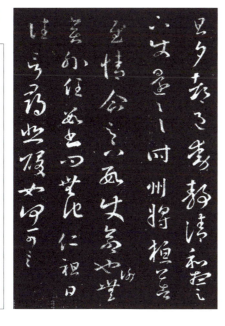

【董卓帖】

释文　亮曰：董卓已来，豪杰并起，跨州连郡，不可胜数。曹操比于袁绍，则名微而众寡，故能克绍，以弱为强。今日拥百万之众，挟天子而令诸侯，诚不可与争锋也。

【何如帖】

释文　羲之白：不审尊体比复何如？迟复奉告。羲之中冷无赖。寻复白，羲之白。

【奉橘帖】

释文　奉橘三百枚，霜未降，未可多得。

【二月二日帖】

释文　二月二日，汝妇母一昨夜亡，亲亲伤悒，汝不可言。

【毒热帖】

释文　晚复毒热，想足下所苦，并以佳，犹耿耿。吾至顿劣，冀凉意散，力知问。王羲之顿首。

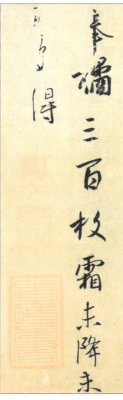

王献之

【廿九日帖】

释文　廿九日献之白。昨遂不奉别，怅恨深。体中复何如。弟甚顿。匆匆不具。献之再拜。

【敬祖帖】

释文　敬祖日夕还山阴，与严使君闻，颇多岁月。今属天寒，拟适远为当，奈何奈何，尔岂不令念姊，远路不能追求耳。

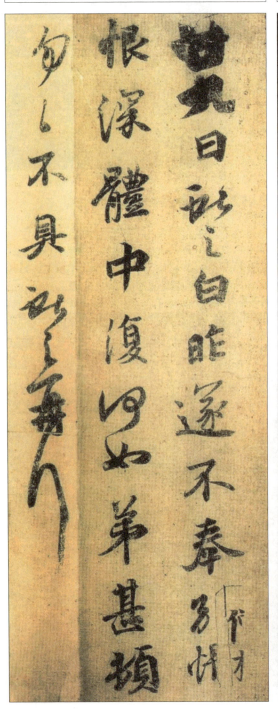

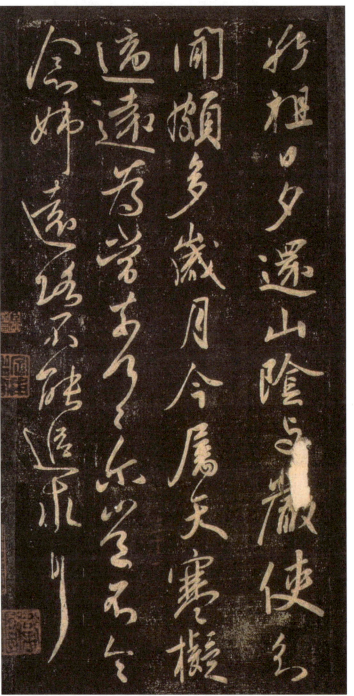

〖东山松帖〗

简介

《东山松帖》又名《新埭帖》《东山帖》，纸本墨迹，纵22.8厘米，横22.3厘米，4行、33字，故宫博物院藏。

此帖是王献之写的一通信札，有四字磨灭。格调清新隽逸，因其中结字用笔时出宋代米芾意味，故历来研究者多断为米氏临本。

释文

新埭无乏东山松，更送□百。叙奴□已到，汝等慰安之，使不失所。船□□给，勿更须报。

美学特征

通篇无一字相连，字距行距宽松。率意落笔，萧散秀逸，从意适变，洒脱而不羁。其字势散淡，漫不经心，信手布构，悠然寥落，映衬出晋人潇洒超逸之胸襟。

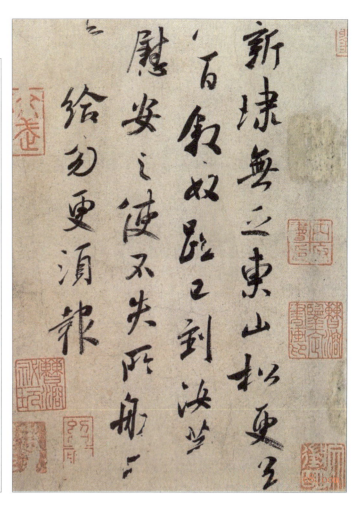

〖新妇地黄汤帖〗

简介

《新妇地黄汤帖》为唐人摹本，长25.3厘米，高24厘米，日本东京台东区书道博物馆藏。地黄汤是一种中药，本篇为谈此药的尺牍，与《鸭头丸帖》同。

释文

新妇服地黄汤来，似减。眠食尚未佳，忧悬不去心。君等前所论事，想必及。谢生未还，可（何）尔。进退不可解，吾当书问也。

美学特征

书风柔韧兼备，沉着轩昂，一气呵成。

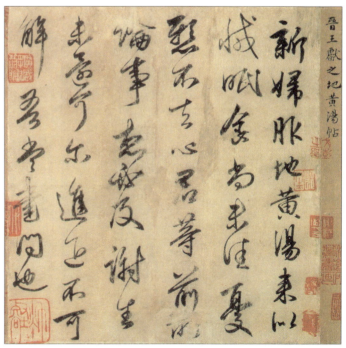

王珣

王珣（349—400），字元琳，小字法护，琅琊临沂（今山东省临沂市）人。丞相王导之孙、中领军王洽之子。

【伯远帖】

简介

《伯远帖》是王珣给亲友伯远（一说为王珣堂兄弟王穆）书写的一封信，纸本，共5行、47字，纵25.1厘米，横17.2厘米。真迹现藏于故宫博物院。

释文

珣顿首顿首，伯远胜业情期群从之宝。自以羸患，志在优游。始获此出意不克申。分别如昨永为畴古。远隔岭峤，不相瞻临。

美学特征

行笔峭劲，字体秀丽，自然流畅。笔画较瘦劲，结体较开张，笔画少的字格外舒朗飘逸，董其昌赞："潇洒古淡，东晋风流，宛然在眼。"此作号称"天下第四行书"。

王洽

王洽（323—358），字敬和。琅琊临沂（今山东临沂）人。王洽是王导第三子，多才多艺，学识渊博。书学方面他不苟成见，博采众长，尤善隶、行。他的从兄王羲之说："弟书遂不减吾。"（张怀瓘《书断》）虽为溢美之词，但也说明了他在书法艺术方面取得的成就。他曾与王羲之一起研究书体，变章草为今草，韵媚婉转，大行于世，为时人所仿效、赞赏。

桓温

桓温（312—373），字元子，一作符子，谯国龙亢（今安徽怀远）人。其子桓玄建立桓楚后追其为"宣武皇帝"。

【旱燥帖】

释文

臣温言：今东道地梁间又旱，燥殊艰难。人力可速而，于公私为美，谓不去便。臣温言。

谢安

谢安（320—385），字安石，号东山，浙江绍兴人，祖籍陈郡阳夏（今河南太康）。世称谢太傅、谢安石、谢相、谢公。书法学王羲之，擅长行书。

【中郎帖】

简介

《中郎帖》又称《八月五日帖》，南宋绍兴御书院摹本，内容是一封报丧信。

释文

八月五日告渊、朗、廓、攸、靖、玄、允等，何图酷祸暴集，中郎奄至逝没。哀痛崩恸，五情破裂，不自堪忍，痛当奈何！当复奈何！汝等哀慕断绝，号啕深至，岂可为心。奈何！奈何！安疏。

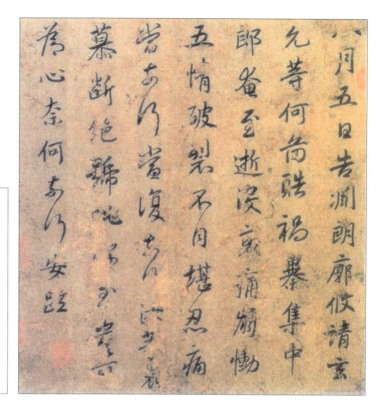

【六月帖】

简介

《六月帖》是一封信札，宋代的米芾认为此帖是伪帖。文中谢安自称"道民"是因为谢安推崇当时的道教（也称"五斗米教"）。

释文

六月廿日具记，道民安惶恐言：此月向终，惟祥变在近，号慕崩恸烦冤深酷，不可居处。比奉十七十八日二告，承故不和，甚驰灼大热，尊体复何如？谨白记不具，谢安惶恐再拜！

美学特征

端庄雅致，从容不迫，多字近乎楷书。米芾赞其书："山林妙寄，岩廊英举，不繇不羲自发淡古。"

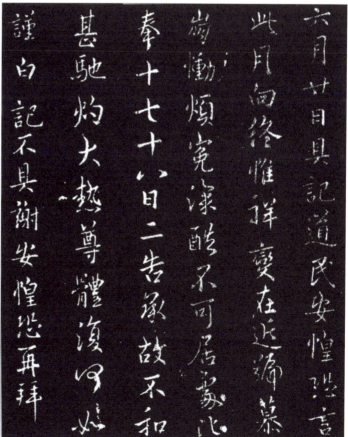

〖楼兰残卷〗

楼兰，曾是西汉西域三十六国之一，位于今新疆维吾尔自治区东部罗布泊的西北岸。楼兰汉文木简、残纸文书先后有五批出土，历时一个世纪。这些木简和残纸文书墨迹，上承汉隶顶峰时期，下启草书、行书、楷书的今体书系统。

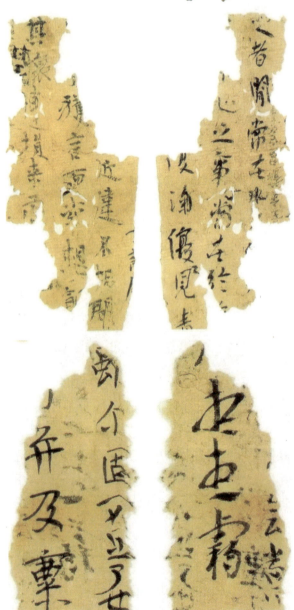

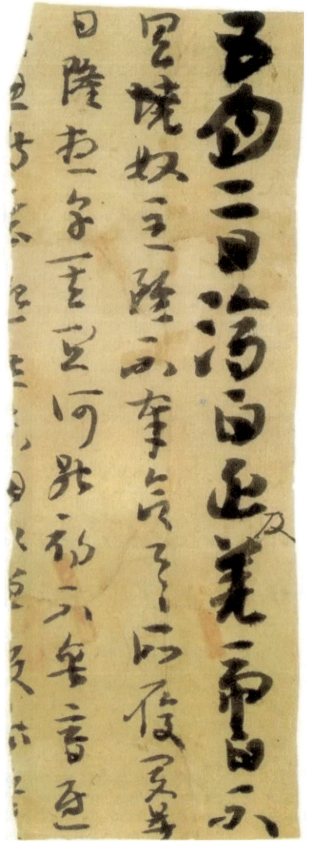

五、楷书

〖 司马芳残碑 〗

简介

《司马芳残碑》又名《司隶校尉京兆尹司马文预碑》，出土时只存碑身上半截，且断为三块。碑圆首，额上雕刻的蟠螭纹仅存上半段，残高98厘米，宽97厘米，两面刻字，正面碑文16行，行5—15字不等，额篆"汉故司隶校尉京兆尹司马君之碑颂"。碑阴上部有题名14行，下残存叙文18行。该碑原立于汉长安城故地，1952年于陕西省西安市西大街广济街发现，遂入藏西安碑林。碑主司马芳为司马懿之父。

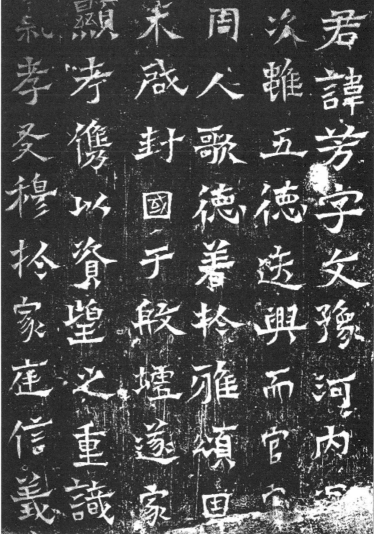

‖【爨宝子碑】‖

简介

《爨宝子碑》全称为《晋故振威将军建宁太守爨府君墓碑》，清代乾隆四十三年（1778）出土于云南省曲靖县城南，咸丰二年（1852）移置于曲靖城内，现存于曲靖一中爨园内爨碑亭。碑首为半椭圆，整碑呈长方形，高1.83米，宽0.68米，厚0.21米。碑额题衔5行，每行3字，碑文13行，每行7—30字，碑下端列职官题名13行，行4字。全碑共400字。

美学特征

字体为带有隶意的楷书，部分横画仍保留了隶书波挑，但结体方整而近于楷书。用笔以方笔为主，端重古朴，拙中有巧。看似呆笨，却常现飞动之势，古气盎然。字形以长方、正方为主，因字而异形，上下结构的字多为长方块，左右结构的多为正方块，而这种四角饱满的块状即是构成其风格内敛深沉的主因。而且字形敧侧，大小错落，在方整统一的基础上不乏同字异构的处理，因此备受推崇。清代阮元称之为"滇中第一石"，康有为誉为"已冠古今"，康有为在《广艺舟双楫》中评其为"宝子碑端朴，若古佛之容"，又云"朴厚古茂，奇态百出，与魏碑之《灵庙》《鞠彦云》皆在隶楷之间，可以考见变体源流"。《爨宝子碑》与北魏《嵩高庙碑》风格接近，立碑时距"书圣"王羲之去世仅30年。

王羲之

【乐毅论】

简介

《乐毅论》小楷44行，褚遂良《晋右军王羲之书目》列为第一。真迹早已不存，一说战乱时为咸阳老妪投于灶火；一说唐太宗所收右军书皆有真迹，唯此帖只有石刻。现存世刻本有多种，以《秘阁本》《越州石氏本》为佳。

美学特征

雍容和雅，虽是小字，却有大字的格局。笔势精妙，备尽楷则，行笔自然，字势逸宕，同唐以后书大异其趣。

【黄庭经】

简介

《黄庭经》俗称《换鹅帖》，末署"永和十二年（356）五月"，小楷一百行，原本为黄素绢本，宋代曾摹刻上石，有拓本流传。法度严谨，秀逸开朗。

【曹娥辞】

简介

《曹娥辞》又称《曹娥碑》《孝女曹娥碑》，全称《孝女曹娥诔辞》，绢本，宽32.3厘米，纵54.3厘米，现藏于辽宁省博物馆。此帖传为王羲之生前最后一幅小楷。最早的《曹娥碑》为汉末所立，背后还题有蔡邕的"黄绢幼妇，外孙齑臼"字谜。

【青李来禽帖】

释文：青李、来禽、樱桃、日给藤子，皆囊盛为佳，函封多不生。

王献之

【洛神赋十三行】

简介

《洛神赋十三行》简称《洛神赋帖》《十三行》，是王献之写在麻笺上的小楷。原作亡佚，现流传下来的刻本为宋代根据真迹上石的拓本，包括"碧玉版"和"白玉版"两种。

美学特征

结体匀称和谐，用笔挺拔有力，风格秀美，结体宽敞舒展。字中撇捺伸展较长，神采飞扬。宋董逌《广川书跋》说："子敬《洛神赋》，字法端劲，是书家所难。偏旁自见，不相映带；分有主客，趣向严整。与王羲之《黄庭经》《乐毅论》相比，一反遒紧缜之态，神化为劲直疏秀。"

南北朝 下

概述

南北朝（420—589）是南朝和北朝的合称，自420年刘裕建立刘宋开始，至589年隋朝灭陈而终。南北朝是中国历史上的一段大分裂时期，也是民族大融合时期，

南朝（420—589）包含刘宋、南齐、南梁、南陈四朝。南朝作为汉族政权和东晋的延续，其各朝皇族主要是士族或次级士族，因为在东晋末期之后，军职大多由士族或次级士族等担任。由于执政者的努力，出现"元嘉之治"与"永明之治"，使得国力富强。但由于战略错误与北朝的兴起，疆域逐渐南移，使得南弱北强。到南朝梁武帝时得以改善，北魏逢六镇之乱，南朝国力追上北朝。但侯景之乱后，梁武帝死在台城，南朝四分五裂，直到南朝陈文帝完全统一南朝，但南朝国力已衰，只能依据长江抵御北朝。

刘宋（420—479）是南朝第一个朝代，也是南朝中存在时间最久、疆域最大、国力最强盛的王朝，共传四世，历8帝，享国60年。因国君姓刘，为与后来赵匡胤建立的宋朝相区别，故称刘宋。刘宋是魏晋南北朝中第一个由寒门庶族建立的王朝，这一时期出现了"寒人掌机要"的政治局面，文化上涌现了一批影响深远的大家，如谢灵运、刘义庆、鲍照、裴松之、范晔、颜延之、祖冲之、何承天等，建康文学史论在此时期发展到巅峰，《世说新语》《后汉书》《三国志注》等旷世名著诞生于这一时期，对后世影响深远。

南齐（479—502）是南朝中存在最短的王朝，为萧道成所建，故又称萧齐。永明年间（483—493），文学声律和诗歌创作取得了很大的成就，形成四个典型的文学集团，即卫军将军王俭集团、竟陵王萧子良集团、豫章王萧疑集团、随王萧子隆集团。其中萧子良集团存在时间最长，人数最多，规模最大，影响最大。"永明体"诗人绝大多数出自该集团。在"永明体"以前，诗坛上流行古体诗，也称古诗、古风，每篇句数不拘，有四言、五言、六言、七言、杂言诸体，不求对仗，平仄和用韵比较自由。唐代以后，形成了律诗和绝句，称为近体诗，也称今体诗。这是同古体诗相对而言的，句数、字数和平仄、用韵等都有严格的规定。而这近体诗的雏形，就是"新体诗"，即"永明体"诗。"永明体"的出现，标志着古体诗暂告一段落，预示着"近体诗"即将出现。

南梁（502—557），由萧衍取代南齐称帝，定都建康（今南京），世称萧梁。梁武帝萧衍大同九年（543），太学博士顾野王撰《玉篇》，这是我国现存最早的一部楷书字典，是继《说文解字》之后对后代字典编纂有较大影响的一部书，原本只存残卷。顾野王（519—581），字希冯，顾烜之子，吴郡（今江苏省苏州市吴中区）人。入陈为国学博士、黄门侍郎，南朝梁、陈时期的文字训诂学家。

陈朝（557—589），史称南陈或南朝陈，南朝最后一个朝代，为陈霸先于永定元年（557）代梁所建。

北朝（386—581）包含北魏、东魏、西魏、北齐和北周五朝。北朝承继五胡十六国，为胡汉融合的朝代。北魏皇室多为鲜卑族。而鲜卑皇室也逐渐受到汉文化的熏陶，其中以北魏孝文帝的汉化运动为最盛。

北魏（386—534）是鲜卑族拓跋珪建立的政权，国号为魏，史称北魏。永熙三年（534）分裂为东魏与西魏。北魏时，佛教得到空前发展，孝文帝迁都洛阳和移风易俗促进了中央集权与民族融合。为别于此前的曹魏政权，某些史书别称为"后魏"，但由于史学界不称曹魏为"前魏"，故"后魏"之称很少使用。又以其皇室姓拓跋，后改姓元，故又称拓跋魏、元魏。

东魏（534—550）建都邺（今河南安阳北至河北临漳南），以晋阳（今山西太原西南）为别都。

西魏（535—556）建都长安（今西安汉长安城遗址），在地理位置上是位于东魏的西边，所以称为西魏。宇文泰雅好儒术，以儒家学说作为思想武器，去除鲜卑族的一些落后习俗和摒弃当时思想领域中风靡一时的空谈玄理、崇佛论道一类的腐朽风气。在京师长安设立国子学，拜儒学大师卢诞为国子祭酒，通过学校教育，培养大批具有儒家思想观念的人士，作为政权的支柱。还根据先秦典籍《尚书》中《大诰》一文的格式，制定《大诰》一篇，作为文章的样式，于大统十一年（545）宣示群臣，明令以后文章须皆依此体，力图以此矫正浮华文风。六条诏书颁行后，宇文泰令各级官吏学习背诵，规定凡不通六条及计账之法者，都不能为官，保证了这些措施的实施，刷新了西魏一代政治。

北齐（550—577）又称高齐，建都邺（今河南安阳北），史称北齐。

北周（557—581）又称后周（唐宋后少用）、宇文周。宇文觉废西魏恭帝自立，建都于长安（今西安汉长安城遗址），国号周，史称北周。577年，北周灭北齐，统一北方。581年，杨坚受禅称帝，改国号为隋，北周亡。

▎书体

　　南北朝书体真、草、隶、篆具备，以魏碑最胜。魏碑是北魏以及与此相近的南北朝碑志石刻书法的泛称，是汉隶向唐楷的过渡。清代康有为说："凡魏碑，随取一家，皆足成体。尽合诸家，则为具美。"此时社会动荡，但书家灿若群星，无名书家为其主流，他们继承了前代优良传统，创造了众多书法精品。

　　南北朝时期的书法基本是"北碑南帖"。北碑是指北朝碑刻书法，以北魏、东魏最精，风格多姿多彩。南帖是指南朝书法继承东晋的风气，以帖学为胜。

一、篆书

　　南北朝的篆书主要有印玺、钱币铭文、碑刻篆额，以印玺为代表。

1. 印玺

　　官印多为凿刻，基本为直刀刻出，字形参差而不加修饰，但和汉印相比则逊色不少，而且多有别字、简笔等。但印风荒率也有其独特处，尤其是某些北朝官印，构图紧密，字画刚劲，棱角森挺，体势雄浑。

铭文：魏高句丽率善佰长
简介：驼钮铜印，文字朴茂，为北魏政权颁发给高句丽官员之官印，印证了北魏与高句丽的关系。

右贤王印

邺宫监印

虎威将军章

亲赵侯印

怀州刺史印

陇城护军司马

兼并州阳河簟督

武奋将军印

即丘令印

安平护军章

右积弩将军章

凌江将军章

高阳子章

巴陵子相之印

费县令印

铭文：荡寇将军印

铭文：宣威将军印

铭文：冠军将军印

铭文：江源男章

庐陵太守章

陇东太守章

关内侯印

永兴郡印

荡难将军印

广宁太守章

安昌县开国男章

临渭男章

殄寇将军印

西安令印

武始太守章

太原公章

冀县子章

赵郡太守章

赵郡助郡都尉

名称：北周皇太后玺

铭文：天元皇大（太）后玺

美学特征："天"和"大（太）"字形似而有变化，"元""皇""后""玺"字的横画布白整齐有序，布局富于节奏感，刀法有手写意味。

2. 钱币

南北朝时期的钱币是中国货币史上大衰退、大混乱时代，宋、齐、梁、陈各自都曾铸钱，货币缺乏统一性和连续性，导致货币减重极盛，私铸劣钱盈市。此时出现了不以重量命名的国号钱和年号钱。

北魏钱币：永安五铢

铭文：永安五铢

简介：初铸钱光背无文。北魏时期因民间盗铸严重，钱多大小不一。一般直径约2.2厘米、重约3克，轻小者直径1.8厘米、重2克，与"鸡眼"、剪边等劣小钱币并行。至魏孝武帝永熙年间（532—534）更铸背"土"之"永安五铢"。北魏分为东、西魏后，两魏均铸"永安五铢"。传世一种背有四出纹者，为东魏孝静帝兴和三年（541）所铸。

美学特征："永安"两字接廓，"永"字下笔、"安"字上部的"宀"与穿廓合成一线。两字中的曲线形成上下呼应。

北齐钱币：常平五铢

铭文：常平五铢

简介：直径2.4—2.5厘米，重3.5—4.2克。采用铜母范叠铸技术，铸造精良。后期私铸严重，另有厌胜钱数种。

美学特征：字体流畅优美、版式划一，玉箸体构架匀称、笔画圆润。"平"字上横与面穿下郭合一，设计考究。

备注：北齐初期以东魏"永安五铢"为主币。文宣帝高洋于天保四年（553）始铸新币"常平五铢"。这是借用"常平仓"。常平仓缘于战国时李悝在魏所行的平籴（政府于丰年购粮储存，歉收之年卖出所储粮食以稳定粮价）。汉以后，常平仓置废。晋武帝泰始四年（268）立常平仓，丰年则籴，岁俭则粜。高洋为自己铸造的钱币取"常平"即希望和常平仓一样有调节市场之意。

铭文：布泉
简介：保定元年（561）铸。

铭文：五行大布
简介：建德三年（574）铸。

铭文：永通万国
简介：大象元年（579）铸。

　　北周铸行三种货币，即布泉、五行大布、永通万国。铭文似玉箸篆，笔画丰腴圆润，古朴端庄，婉转优美，被钱币收藏界称为"北周三品"。清代戴熙在《古泉丛话》中称："古今书法未变不足观，已变足观，将变最可观……故异境百出，钱文亦然，北朝钱上承秦相，下启少温，正篆法之将变最可观者也。"

五铢钱铭文：五铢

陈朝钱币：太货六铢

北周钱币：五行大布

3. 碑额

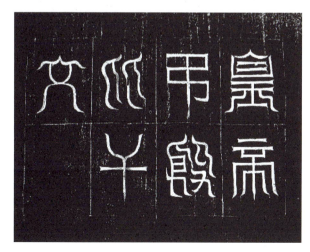

皇帝吊殷比干文

魏故营州刺史懿侯高君之碑

二、隶书

南北朝时期的隶书受到楷书的影响较大，所以楷化的痕迹明显，而且波磔也有程式化的倾向。

1. 墨迹

出土于河北省的《天保九年朱书墓志》是直接用毛笔蘸朱砂书写于墓志石上，尽管不是书写于纸上的墨迹，但是已是难得。此墓志前半部残泐难辨，从后半段残存的文字可知，墓志主人曾追随上党王元天穆北征葛荣，讨平邢杲，因功赏南阳县开国伯。书体有典型的北齐隶风传统，笔画多带有楷意，亦隶亦楷，笔法方圆融合，风格浑厚沉稳。

【天保九年朱书墓志】

2. 铭文砖

考古出土有北魏时期的铭文砖，所刻铭文："景明二年二月廿日，天水尹明期令尹日务嘉。"

3. 碑刻、墓志

【陇东王感孝之颂】

简介

《陇东王感孝之颂》在山东省长清县（今济南市长清区）孝里铺孝堂山，上下1.24米，左右2.18米。额题"陇东王感孝颂"为篆书两行，颂文为隶书。北齐申嗣邕撰文，梁恭之书。文后又刻有唐开元二十三年（735）杨杰题记。

美学特征

线条瘦劲，端庄典雅，但程式化风格明显。

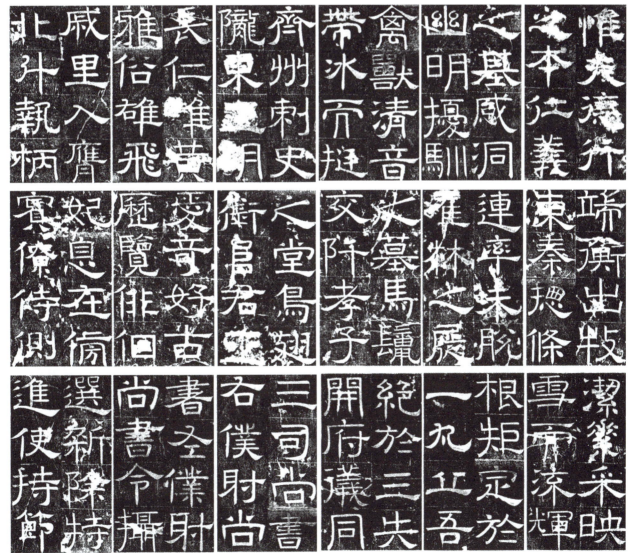

〖梁父山刻石〗

简介

《梁父山刻石》位于山东省新泰祖徕山顶的映佛岩上，北齐武平元年（570）刻，分三层，上层竖刻"般若波罗蜜经主冠军将军梁父县令王子椿"，其中"子椿"二字并列。中层刻"普达武平元年僧斋大众造维那慧游"，4行、15字。下层刻14行，行7字，凡98字，字径17厘米。刻石笔法古朴，笔画俊厚，气韵高逸，与《泰山经石峪》齐名。

释文

文殊师利白佛言："世尊，何故名般若波罗蜜？"佛言："般若波罗蜜，无边，无际，无名，无相，非思量，无归依，无洲渚，无犯，无福，无晦，无明，无法界，无有分齐，亦无限数。是名般若波罗蜜，亦名菩萨摩诃萨，行处非行，非不行处，悉入一乘，名非行处。何以故？无念无作故。"般若波罗蜜经主、冠军将军、梁父县令王子椿。普达，武平元年僧斋大众造，维那慧游。

〖泰山经石峪〗

简介

　　《泰山经石峪》又名《泰山佛说金刚经》，全称《泰山经石峪金刚经》，北齐天保（550—559）年间刻于泰山南麓斗母宫东北一公里处的花岗岩溪床之上。刻石南北长56米，东西宽36米，字径50厘米，民国初拓本存960余字，是现存摩崖石刻中规模最大的，约计2000平方米。无书写者姓名，作者有唐邕、王子椿二说。书体中有一些不常见的俗字，其中"万""无"二字，与现行通用的简化字相同。

　　通篇书体气势磅礴，用笔圆润，融篆隶笔意而妙化为楷书，结构舒博壮健，颇含浑穆宽阔之趣。风格安详从容，又雍容大度，结体奇特，斜倚相生，个性非常强烈，被尊为"大字鼻祖""榜书之宗"。清代杨守敬说："北齐《泰山经石峪》以径尺之大书，如作小楷，纡徐容与，绝无剑拔弩张之迹，擘窠大书，此为极则。"

〖文殊般若经碑〗

简介

《文殊般若经碑》碑首下阴刻《文殊般若经》经文10行，每行30字，计297字，字径5厘米。碑高2米，宽0.86米，厚0.14米。书风凝重茂密，用笔平衡庄重，无险峻欹侧之笔，雍容大度。清代杨守敬评："平情而论，原非隶法，出以丰腴，具有灵和之致，不堕寒俭之习耳"。

〖刘元仲等造像记〗

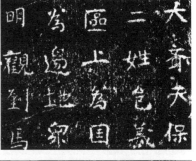

简介

《刘元仲等造像记》刻于北齐天保七年（556）三月，右侧文字11行，左侧文字12行，每行12字左右，有方界格。居中为佛造像。

美学特征

点画精紧，结字平稳，风格雅逸古遒，为北齐楷书精品。

【文殊般若经残碑】

简介

2014年春，山东青州市城区一建筑工地出土两块青石质残石，为北齐河清年间勒立的《文殊般若经》碑，碑的左上角和右上角，分别高51.5和48.5厘米，上刻字径13厘米的精湛楷书，计有8字，其中3字残缺，据笔画及文意可推断为"文""若""大"三字，署款石为"大齐河清"。残石现归青州民间人士收藏。

两残石上刻有清晰可见的双线界格，碑面经过精心打磨，抛光较好。这种双线相比于单线界格在刻制碑文时留出了更多余地，使得字间距离较为宽松。残石八字结体宽博，舒朗大方，丰腴劲健，秀丽规整，尽显庄重大度之气，给人以风神卓荦、淳厚壮美之感，隶楷相兼，偶有篆意。

【任逊墓志】

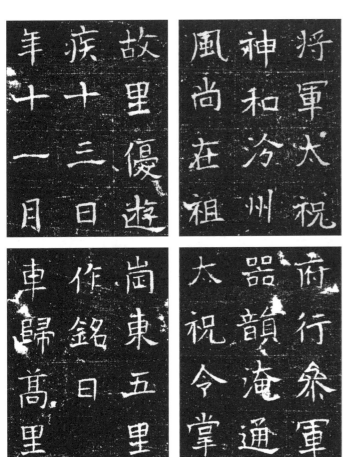

【窦泰墓志】

简介

《窦泰墓志》全称《故使持节侍中太师大司马太尉公录尚书事显蔚相冀定并恒瀛八州刺史广阿县开国公武贞窦公墓志铭》，刻于北齐天保六年（555）二月九日，出土于河南安阳，现藏河南省博物院。

墓志长98厘米，宽97厘米。共38行，行41字。首行题"故使持节、侍中、太师、大司马、太尉、公录尚书事、显、蔚、相、冀、定、并、恒、瀛八州刺史，广阿县开国公，武贞窦公墓志铭"。

【赫连夫人闾炫墓志】

简介 《赫连夫人闾炫墓志》全称《齐御史中丞赫连公故夫人闾氏墓志铭》，北齐河清三年（564）三月廿四日刻。盖题"齐御史中丞赫连公故夫人闾氏之墓铭"16字篆文。墓志高49厘米，宽49.5厘米，凡23行，行23字。字体隶楷相间，结体近方，谨严端庄，用笔刚健中又含婀娜，方整中带圆润，平淡中藏奇逸。

〖葛山摩崖石刻〗

简介

　　《葛山摩崖石刻》刻于北周大象二年（580），位于山东省邹县后葛炉山西麓花岗岩石坪上，东高西低，倾斜度约30度，东西长26.6米，南北宽8.4米，总面积173平方米。刻《金刚经》10行、419字，字径约50厘米。部分字体的隶书近乎楷书，富有变化，字体现存完整者292字。刻石右下角明与未明均作双勾刻，尚未镌剔。刻石末行署"大象二年，岁玄枵律侠钟廿六日"。

〖铁山摩崖石刻〗

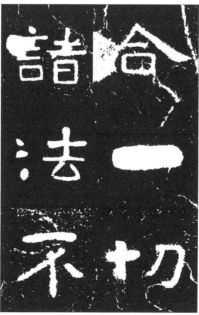

【石颂】

简介

　　《石颂》位于山东邹城铁山之阳的一块斜坡为45度的花岗岩石坪上，南北长66.2米，东西宽16.2米，面积1085平方米。内容分为经文、石颂、颂文和题名四部分。经文占主要部分，17行，能够辨认的近800字，排列整齐，行距匀称，界格清晰。石刻位于经文上端之西，刻"石颂"两字篆书，直径90厘米，系颂文标目。颂文刻于经文右侧，12行，字径22厘米左右，现存476字，隶书为主。其中"如龙蟠雾，似凤腾霄"是对佛经书法的高度评价。颂文记述了刻经的位置及周围环境、经主家世、刻经年代，并特别赞美了刻经书法艺术的精妙，颂文记述的刻经时间为"皇周大象元年岁大渊献八月庚申朔十七日"，即579年。题名位于刻经的下部，记叙了宁朔将军大都督任城郡守经主孙治等的名字和摩崖刻经的书写者安道壹（又作安道一，僧安，字道一）。

　　安道壹是北齐高僧、书法造诣及成就与王羲之媲美。安道壹传为山东平阴东阿一带人氏（有学者考评实为泰山羊氏后人羊钟），泰山羊氏家族为魏晋时期高门，被后人熟知的主要人物是羊祜、羊忱和羊欣，其主要贡献是书法。《石颂》被称"精跨羲诞，妙越英繇"（意指书法比王羲之、韦诞高洁，比张芝、钟繇更圆妙）。

三、草书

【汝比帖】

简介

《汝比帖》全称《汝比可也帖》，是王慈写的一封信札。

王慈（451—491），字伯宝，王僧虔长子，官至冠军将军、东海太守。

释文

汝比可也，定以何日达东，想大小并可行。迟陈赐还。知汝劣劣，吾常耳。即具。

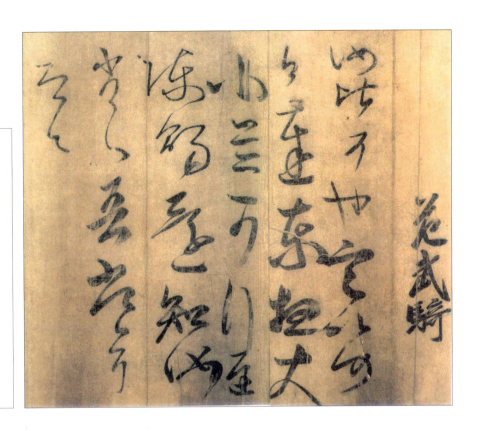

【柏酒帖】

简介

《柏酒帖》又称《栢酒帖》《得柏酒帖》，硬黄纸本墨迹，为唐代摹拓，现藏辽宁省博物馆。此帖是南齐王慈所书的一封信札，内容主要是得友人厚费所赠柏酒等物品六种，并申谢意。凡4行，27字。

释文

得栢（柏）酒等六种。足下出此已久，忽致厚费，深劳念慰，王慈具答。范武骑。

美学特征

第二行首字纯用中锋，而后数字则以侧锋为主，营造出一种点画跳跃、笔势张扬的氛围，爽劲、锋利。

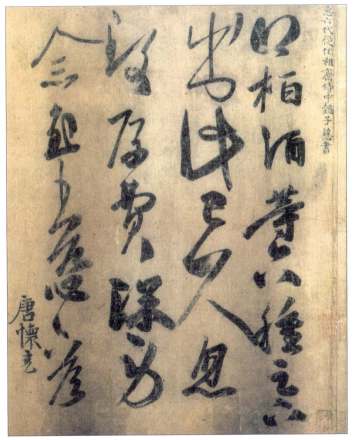

四、行书

【太子舍人帖】

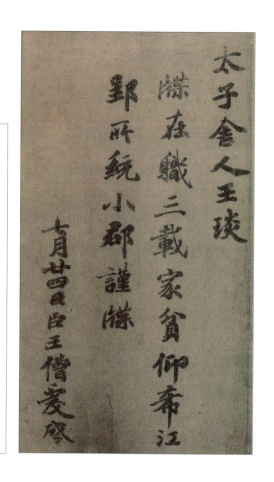

简介

《太子舍人帖》又称《王琰帖》《在职帖》，王僧虔行楷书，内容是为太子舍人王琰向皇帝求取官职。

王僧虔（426—485），字简穆，王羲之四世族孙，有《书赋》《论书》《笔意赞》等书论。

释文

太子舍人王琰牒。在职三载，家贫，仰希江郢所统小郡，谨牒。七月廿四日，臣王僧虔启。

美学特征

字体为行楷，规整秀雅，端庄柔和，静穆纯朴。整体认真拘谨，非率情任性之作。

五、楷书

南北朝的楷书成就非凡，以碑刻、墓志为代表。南朝由于禁碑，碑刻的数量不多。北朝不但碑刻众多，而且精品迭出，尤其是北魏，代表了魏碑书体的最高成就。

1. 印玺

多面体煤精楷书组印

简介： 此印玺为西魏重臣独孤信所用，材质为煤精。1981年发现于陕西省旬阳县，现藏陕西历史博物馆。印高4.5厘米，宽4.35厘米，呈球体8棱、26面，其中正方形印面有18个，三角形印面有8个。有14个正方形印面镌刻印文，分别为臣信上疏、臣信上章、臣信上表、臣信启事、大司马印、大都督印、刺史之印、柱国之印、独孤信白书、信白笺、信启事、耶敕、令、密等，书体为楷书（魏碑）。

2. 墨迹

敦煌写经本

敦煌写经本是敦煌遗书的一部分，包括由晋到北宋的四万多卷墨迹。书体具有明显的时代特征和地域特点，称为"经书体"（源于汉代简书，完成于唐代楷体），是晋朝后抄写经卷的重要书体，详尽记录了汉字隶变以后楷化的全过程。其中，关于书法理论的写本有三残卷。其一是论述写字方法的，对笔画的比例关系，粗细、长短、宽狭、字与字的大小关系都有详尽和精辟的论述。其二和其三为王羲之《笔势论》残卷，传为王羲之书论抄件。

硬笔楷书|少数民族文字

　　敦煌写卷中还有硬笔书法，书写工具为当时的木笔或苇笔。从甘肃出土的实物来看，硬笔尖端劈为两瓣，完全与今日的蘸水钢笔尖相同。这说明我国硬笔书法自古已有之。

　　由于敦煌在历史上曾被多个民族占据过，因此，在遗书中还保存了多种少数民族文字的写卷，包括梵文、蒙古文、回纥文、西夏文、吐蕃文等。其中，以吐蕃文（古藏文）数量最多。这些写卷均系毛笔或硬笔书写，相当工整流利，富有节奏感和独特的审美情趣。

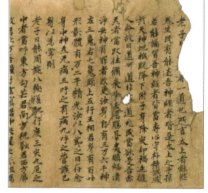

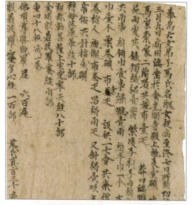

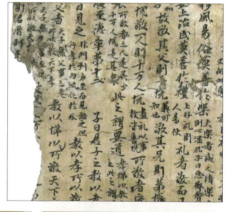

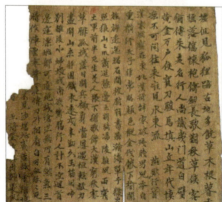

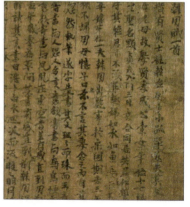

高昌墓志

460年，阚伯周始建立高昌国，麴氏家族自499年麴嘉为王，传九世十王，共141年，460年终为唐朝所灭。

高昌墓志铭文内容简约，多以墨迹、朱迹直接书写铭文，也有刻字或刻字后填色。由于该地区特殊的地里条件和气候原因，书文至今仍清晰可辨。高昌墓志铭文不仅是墓志研究的重要内容，同时也是珍贵的书法遗存。

【田绍贤墓表】

简介

《田绍贤墓表》砖，纵34.3厘米，横34.3厘米，厚3厘米。砖文时间为高昌建昌五年，即北周武成五年（559），墨书5行、44字。现藏于故宫博物院。

释文

建昌五年己卯岁四月朔戊午廿九日丁亥，镇西府兵曹参军绍贤，但旻天不吊，春秋卅有九，寝疾卒。田氏之墓表。

美学特征

此表和《赵荣宗妻韩氏墓表》已趋圆美。北朝后期墓志书法峭厉，墓文与佛经的书写都郑重工整，然而佛经要求更加严谨、整饬。

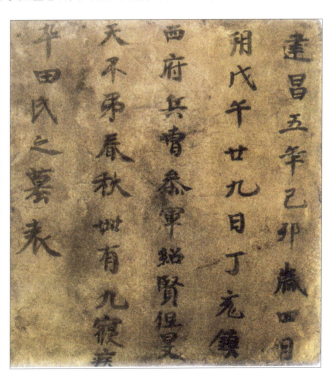

【画承夫人张氏墓表】

简介

《画承夫人张氏墓表》砖，高昌永平二年（550）立，新疆吐鲁番出土。

砖刻释文

章和十六年岁次析木之津冬十二月己巳朔三日辛未，高昌兵部主簿、转交河郡户曹、参军殿中中郎将，领三门子弟，讳承，字全安，春秋七十有八。画氏之墓表。

朱笔释文

夫人张氏，永平二年、岁在鹑火二月辛巳朔廿五日乙巳合葬。上天愍善，享年七十有九。

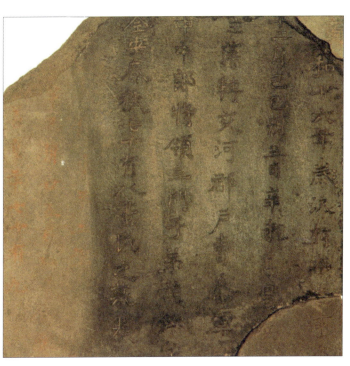

▐ 令狐天恩墓表 ▌

简介

《令狐天恩墓表》砖，横41厘米，纵41.6厘米，厚4.7厘米，现藏故宫博物院。砖文时间为高昌延昌十一年，即北周天和六年（571），墨书，有界格，6行、48字。

释文

延昌十一年辛卯岁四月朔戊寅六日水未，前为交河郡内干将，后转迁户曹参军，字天恩，春秋六十有八，令狐氏之墓表也。

美学特征

字体得北魏《高贞碑》筋骨、《马鸣寺碑》笔势，功力深厚。

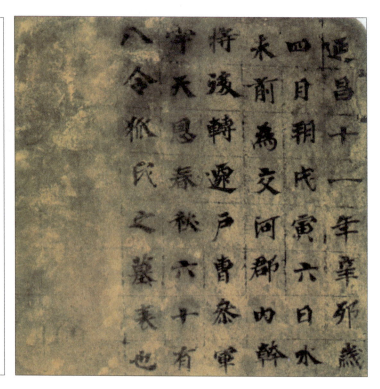

▐ 张买得墓表 ▌

简介

《张买得墓表》砖，纵35.6厘米，横36.3厘米，厚4.3厘米。墨书5行，46字。砖文时间为高昌延昌十五年，即北周建德四年（575）。现藏于故宫博物院。

释文

延昌十五年乙未岁七月癸丑朔九日辛酉，镇西府散望将，追赠功曹吏，昊天不吊，春秋五十有六，字买得，张氏之墓表。

美学特征

笔法流畅自然，撇捺开张。

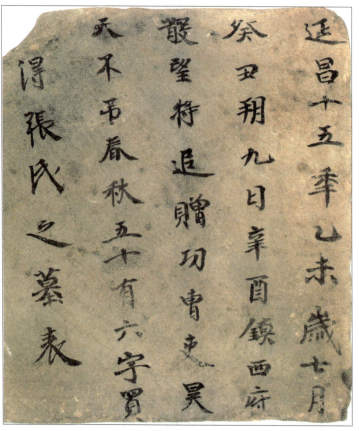

【赵荣宗妻韩氏墓表】

简介

《赵荣宗妻韩氏墓表》砖，纵35厘米，横35厘米，厚3.7厘米。墨书6行、45字。砖文时间为高昌建昌元年，即西魏恭帝二年（555），现藏于故宫博物院。

释文

建昌元年乙亥岁正月朔壬午十二日水巳，镇西府侍内干将赵荣宗夫人韩氏，春秋六十有七，寝疾卒。赵氏妻墓表。

3. 碑刻、墓志

【嵩高灵庙碑】

简介

《嵩高灵庙碑》又名《寇君碑》，全称《北魏中岳嵩高灵庙碑》，北魏太安二年（456）立于阳城（今河南登封），传为寇谦之撰书，现藏河南登封嵩山中岳庙内，额篆"中岳嵩高灵庙之碑"。碑文为北魏体，却极富汉《张迁碑》隶书笔调，属方笔一派，主笔横画及波捺基本遵循隶书"波画"形态。横与竖的搭锋处则不似隶法采取断而复起，而基本上是连接的，已开楷法先河。结体天然率真，有奇横雄肆之妙。

【 爨龙颜碑 】

简介

　　《爨龙颜碑》俗称《大爨碑》，建于宋孝武帝大明二年（458），现存于云南陆良贞元堡小学内。通高3.38米，上宽1.35米，下宽1.46米，厚0.25米，碑阳正文24行，每行45字，共927字。碑文追溯了爨换家族的历史，记述了爨龙颜的事迹。为后人研究爨换家族及两晋、南北朝时期的云南历史，提供了宝贵的资料。

美学特征

　　字体介于隶、楷之间，用笔以方整为主又兼有圆转笔法，结体雄强茂美，大气磅礴，风格独特，被称为"爨体"。碑文古雅，结体茂密，虽为楷书，却饶有隶意，笔力遒劲，意态奇逸，结体多变，是隶书至楷书过渡的典型。

【瘞鹤铭】

简介

　　《瘞鹤铭》为摩崖刻石，位于江苏镇江焦山江心岛石壁上，宋代时被雷击崩落长江，清代康熙五十二年（1713）由陈鹏年募工移置山上，后砌入定慧寺壁间。该石刻题载华阳真逸撰，上皇山樵书。宋拓本为剪条装，15页，每页2字，纵24.5厘米，横14.6厘米。

　　宋代黄庭坚、苏舜钦认为是王羲之所书，也有人认为是唐人顾况、王钻书。宋代黄伯思经考证认为是梁陶弘景书，后世多同意这种说法。

　　南梁一朝对文化的重视使得举国上下充满了文化气息，涌现出一大批有重大成就的文人，如《昭明文选》的作者萧统、《宋书》的作者沈约、《南齐书》的作者萧子良、《文心雕龙》的作者刘勰、《诗品》的作者钟嵘等。《永明声律论》总结了汉语声韵在韵文中构成美感的规律，对当时的新体诗和后世律诗的形成有极大影响。刘勰的《文心雕龙》是文学批评史上划时代的巨著，系统完整，论述严密，全面讨论了文学创作中各方面的问题。钟嵘的《诗品》则是一部重要的诗论专著，对诗的思想艺术标准、作家流派和评价，都有许多精辟的见解。在书法方面，有陶弘景为代表的大家，《瘞鹤铭》是榜书的杰出代表。

美学特征

　　字体厚重高古，用笔奇峭飞逸，楷书中糅合了隶书和行书的风格，颇受六朝书法的影响。宋代黄庭坚誉为"第一断硅残壁，岂非至宝"。曹士冕《法帖谱系》云："笔法之妙为书家冠冕。"宋代吴琚在诗中描绘："游僧谁渡降龙钵，过客争摸《瘞鹤铭》。"

【 司马显姿墓志铭 】

简介

《司马显姿墓志铭》全称《魏故世宗宣武皇帝第一贵嫔夫人司马氏墓志铭》，北魏孝明帝正光二年（521）立，1927年在河南洛阳城北安驾沟西南出土。高67.1厘米，宽67.3厘米。凡21行，行22字，共434字，详细介绍了司马显姿的祖辈，具体叙述了她本人的生平事迹。

美学特征

线条刚健，字体秀丽。字形略微向左倾斜，笔画较少的文字写得偏小，与笔画较多的文字保持均衡，整体统一和谐。撇画富于动势，字体左侧形成紧凑空间，行气与字距相互呼应。

此志书刻皆精，通篇有股强劲之气，为墓志铭中的上品。梁启超评其为"于俊拔之中，别饶韶秀"。

【赵洪源墓志】

简介

　　《赵洪源墓志》全称《魏故使持节车骑大将军燕州刺史赵君墓志铭》，东魏正始元年（504）正月立。

　　志文线条刚劲，起、收笔的侧锋、中锋交替，铁画银钩，气度不凡。

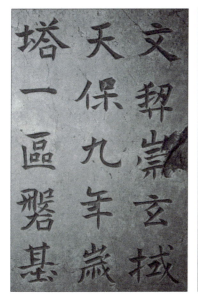

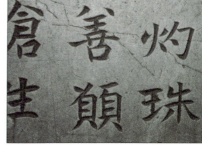

【元钦墓志】

简介

《元钦墓志》全称《大魏故侍中特进骠骑大将军，尚书左仆射、司州牧司空公、钜平县开国侯元君之神铭》，墓主元钦，于北魏永安元年（528）十一月迁葬于西陵。1916年夏出土于河南洛阳城北张羊村。拓片纵81.5厘米，横84厘米。凡37行，行35字。

美学特征

笔画锋棱毕见，但是撇捺较为丰腴圆润。字体气格雅驯，体现了北魏末向东魏转型期的时代特征。

〖张黑女墓志〗

简介

《张黑女墓志》原名《南阳太守张玄墓志》，全称《魏故南阳太守张玄墓志》，简称《张玄墓志》，墓主张玄，字黑女。清代人因避康熙帝（爱新觉罗·玄烨）名讳，故通称《张黑女墓志》，后世沿用。

此碑刻于北魏普泰元年（531），原石已亡佚，现仅存清代何绍基藏剪裱孤本。碑文楷书20行，行20字，共367字。

美学特征

字体精美遒古，峻宕朴茂，结构扁方疏朗，多参以隶意，颇带质拙。此墓志虽属楷书，行笔却不拘一格，风骨内敛，气息自然典雅。笔法中锋与侧锋兼用，方圆兼施，以求刚柔相济、生动飘逸之风格。

何绍基评语："化篆分入楷，遂尔无种不妙，无妙不臻，然遒厚精古，未有何比肩《黑女》者。"沈曾植评："笔意风气，略与《刘玉》《皇甫鳞》相近，溯其渊源，盖中岳北岳二《灵庙碑》之苗裔。"

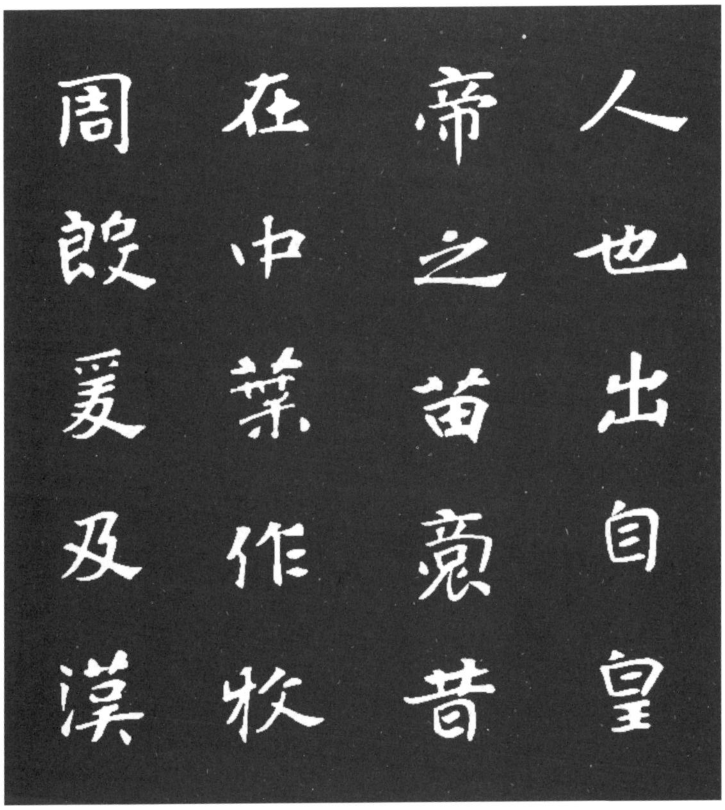

魏故南陽張府君

墓誌君諱玄字黑

人也出自皇
帝之苗裔昔
在中葉作牧
周郇爰及漢

【元保洛墓志】

简介

《元保洛墓志》全称《恒州别驾元保洛墓志》，北魏永平四年（511）二月廿六日立，出土于河南省洛阳市。凡12行，行12字。铭文："唯大魏永平四年岁次辛卯二月丁卯朔廿六日壬辰。照成皇帝后。曾祖故素连，侍中羽真使持节征南大将军都督河以西诸军事吐万突镇都大将中都内都大官仪同三司常山王，得铜虎符，谥曰康王。祖故货毅内三郎。父故太拔侯出身，城阳王府法曹参军，后除并州铜鞮令。身出身高阳王行参军，后除恒州别驾，督护代尹郡元保洛铭。"

【元钻远墓志】

简介

《元钻远墓志铭》又称《齐州刺史广川县侯钻远墓志》，北魏孝武帝永熙二年（533）十一月乙酉朔廿五日立，1920年于河南洛阳城北南陈庄出土。墓志高61.5厘米，宽62厘米，文30行，行31字，共895字。

美学特征

字形方正而多姿，多逆锋入笔，运笔较缓，每个字都斟酌而成，且交错地采用侧锋、中锋来书写，具有粗细的变化和立体感。此作将汉隶的坚实结构与北魏摩崖碑的强韧线条相融合，严谨朴素，又有温和之气，书风别具一格。

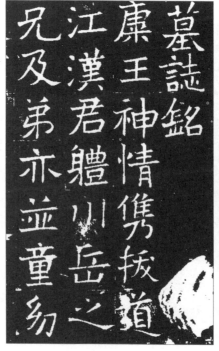

【崔敬邕墓志】

简介

　　《崔敬邕墓志》又名《崔贞墓志》，全称《魏故持节龙骧将军督营州诸军事营州刺史征虏将军太中大夫临青男崔公之墓志铭》，北魏熙平二年（517）十一月刻，清代康熙十八年（1679）出土于河北衡水。

美学特征

　　笔法精妙，清代书家尤其赞誉有加。清代潘宁跋："善鉴者评为妙在《张猛龙》《贾使君》两碑之上。"杨宾《大瓢偶笔》云："南北朝书虽多生强，而古意犹存，若《张猛龙》《崔敬邕》碑，则精拔粹美，妙不可言矣。"何焯《义门先生集》评："入目初似丑拙，然不衫不履，意象开阔，唐人终莫能及，未可概以北体少之也。六朝长处在落落自得，不为法度拘局。欧、虞既出，始有一定之绳尺，而古韵微矣。宋人欲矫之，然所师承者皆不越唐代，恣睢自便，亦岂复能近古乎？山谷稍黠跳而学《瘗鹤铭》，故能倔强一时。"吴世芬评："魏晋人书，法帖率传摹失真，赖碑志犹存，可想见古人笔法，然如此刻之幽深无际古雅有余者，见亦罕矣。"

【郡中正寇侣墓志】

简介

　　《郡中正寇侣墓志》的志盖为"魏故舞阴寇府君墓志"，北魏孝明帝孝昌二年（526）立。

美学特征

　　书风朴素，天真烂漫。志文楷书中有些字采用了篆文结体，如"史""以""君""年"等字。"坤"字用俗体的"巛"（汉《石门颂》中有此字用法）。还有"日""月"二字，直接用古文象形字，显得生动活泼。

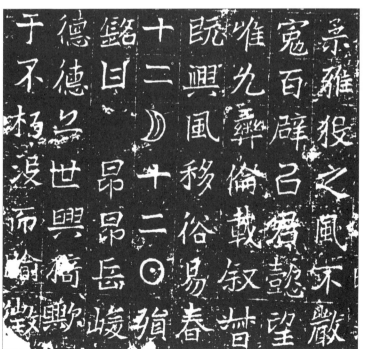

〖霍扬碑〗

简介

《霍扬碑》又称《密云太守霍扬碑》，北魏景明五年或正始元年（504）正月二十六日刻立于霍村霍氏家族墓地。碑高192厘米，宽96厘米，厚20厘米；圆额，身首一体，正中浅刻释迦牟尼跏趺坐像一尊，佛座下凿一圆穿，径11厘米，碑额"密云太守霍扬之碑"；碑文17行，27字，字径4厘米，共452字，惜剥蚀较甚，异体字较多。后来因遭遇水患，一度被淤泥掩埋。1920年在临猗县临晋镇东霍村霍扬墓地出土，现存临猗县博物馆，损毁严重，碑文已不可识。此碑书法属于魏碑中的精品，碑文具有史料价值，是研究北魏霍氏的重要资料。

〖元鉴墓志〗

简介

《元鉴墓志》又称《武昌王元鉴墓志铭》，北魏正始四年（507）三月二十六日刻，1925年于河南洛阳城北前海资村出土，现藏西安碑林。高43厘米，宽45.8厘米。19行，行19字，共327字。

美学特征

字体端庄雅致，笔画之间互相呼应，磊落不凡。

〖 元桢墓志 〗

简介

《元桢墓志》刻于北魏孝文帝太和二十年（496），17行，行18字，共306字。高71厘米，宽71厘米。1926年夏出土于河南省洛阳城北高沟村东南，现存西安碑林。字体笔画茂实刚劲，结体紧峻，意态恣肆，气势雄奇。

释文

使持节镇北大将军相州刺史南安王桢，恭宗之第十一子，皇上之从祖也。惟王体晖霄极，列耀星华，茂德基于紫墀，凝操形于天仪。用能端玉河山，声金岳镇，爰在知命，孝性谌越，是使庶族归仁，帝宗攸式。暨宝衡徒御，大讯群言，王应机响发，首契乾衷，遂乃宠彰司勋，赏延金石。而天不遗德，宿耀沦光，以太和廿年岁在丙子八月壬辰朔二日癸巳春秋五十薨于邺。皇上震悼。谥曰惠王，葬以彝典。以其年十一月庚申朔廿六日乙酉窆於芒山。松门已杳，玄闳将芜，故刊兹幽石，铭德熏炉。其辞曰:帝绪昌纪，懋业昭灵，浚源流昆，系玉层城。惟王集庆，托耀曦明，育躬紫禁，秀发兰坰。洋洋雅韵，遥遥渊渟，瞻山凝量，援风烈馨。卷命凤降，未黻早龄，基牧幽栎，终抚魏亭。威整西黔，惠结东氓，旻不锡嘏，景仪坠倾。銮和歇蒨，委榇穷茔，泉宫永晦，深垠长铿，敬勒玄瑶，式播徽名。

【旧馆坛碑】

简介

《旧馆坛碑》为陶弘景书作。

陶弘景（452—536），字通明，晚号华阳真逸，丹阳秣陵（今江苏南京）人，世称"山中宰相"。

《梁书·陶弘景传》载其"读书万余卷，善琴棋，工草隶"。陶弘景在《与梁武帝论书启》中，对前代书法发表了许多非常精彩的观点。

【南康王萧绩神道石柱题】

简介

南康王萧绩神道石柱刻有"梁故侍中中军将军开府仪同三司南康简王之神道"21字。此石柱包括柱首、柱身、柱础三部分。

【舜问帖】

《舜问帖》为萧子云楷书作品。萧子云（487—549），萧嶷第九子。

【萧澹碑】

简介

《萧澹碑》全称《始兴忠武王萧澹碑》，南梁普通三年（522）立，36行，行86字，位于江苏省南京市尧化门外。碑额书"故侍中司徒骠骑将军始兴忠武王之碑"，东海徐勉造、吴兴贝义渊书，房贤明刻字，郐元上石。字体工稳，气势浑厚。

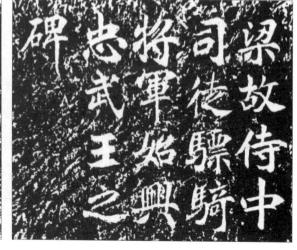

【常敬兰墓志铭】

简介

《常敬兰墓志铭》全称《夏州刺史赵郡李缅妻常夫人墓志铭》，高57厘米，宽47厘米，北魏神龟元年（518）立，2009年冬出土于河南省洛阳市关林镇。

美学特征

笔法端正，刚健中又含清秀之气。

【高盛碑】

简介

《高盛碑》全称《魏侍中黄钺太师录懿高公碑》，东魏天平三年（536）五月廿八日立，额篆"魏侍中黄钺太师录懿高公碑"，碑仅存上截，下部已断缺。

美学特征

线条刚劲，字形方正。结体富于变化，为北朝楷书石刻之代表。

【 高贞碑 】

简介

《高贞碑》全称《魏故营州刺史侯高君之碑》，北魏正光四年（523）刻，清代嘉庆十一年（1806）在山东德州卫河第三屯出土，石移德州学宫。此碑原在山东德州卫河第三屯，德州卫河为高氏墓地，所出土的古碑除《高贞碑》之外，尚有《高庆》《高湛》二石，世称德州"三高"。

美学特征

方劲峻整，笔势畅达，风格古涩而富新意，为北魏碑方笔风格的规范之作。

清代杨守敬在《平碑记》中评其"书法方整，无寒俭气"。

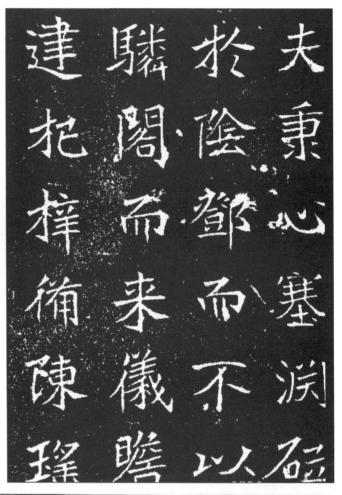

【 李伯钦墓志 】

简介

《李伯钦墓志》全称《魏故国子学生墓志铭》，石高、宽各48厘米，志文正书20行，有棋盘界格，2001年出土于河北省临漳县。

美学特征

笔法精熟畅达，起落转折轻重有致，点画分布揖让从容，而字形端稳，神能雅驯。

【河清三年造像记】

简介 《河清三年造像记》又称《沙丘城造像残碑》《沙丘碑》，1993年出土于山东兖州。残碑高38厘米，长141厘米。碑载"大齐河清三年（564），岁次实沉，于沙丘东城之内"，可知北齐时兖州（瑕丘）有沙丘之称。此碑是李白移家山东兖州的佐证。李白《沙丘城下寄杜甫》诗："我来竟何事，高卧沙丘城。"碑书飘逸秀美，结体为楷书，波磔有隶意。

【朱君山碑】

简介 《朱君山碑》又名《朱君山墓志铭》，明末出土于山东寿光城北15公里的田柳庄西，现存寿光市博物馆。长115厘米，宽84厘米，厚8.6厘米，四边多残痕，40行，行34字，阴刻，有些字迹已模糊。

美学特征 书体圆秀而兼刚劲，被誉为"上宗魏晋，下开隋唐"，楷书中参以篆隶笔意，古朴中含婀娜刚健之姿，从中可见楷书嬗变之踪。元代倪瓒书法与此碑有相似处。清代康有为《广艺舟双楫》评其"奇逸莫如《朱君山》，《朱君山》如白云出岫，舒卷窈窕"。徐悲鸿十分推崇此碑，他的字也深受此碑影响。

【石门铭】

简介

《石门铭》全称《泰山羊祉开复石门铭》，北魏永平二年（509）正月刻，太原典签王远书丹、武阿仁凿刻于陕西省褒城县东北褒斜谷石门崖壁。《石门铭》为"石门十三品"之一。

美学特征

结构较为宽博，气势开张。疏密时见强烈对比，不落窠臼。部分字体保留隶书遗意，也有部分流露出行书笔意。风格飘逸多姿，是北魏体书格的典型，清代康有为将此碑用笔归属圆笔一路。历来追求北派书风书家笔调多从此出。

【北魏平城书迹廿品】

"北魏平城书迹廿品"是魏碑与中原书风相结合后生成的魏碑"北邙体"代表，如云冈石窟的《昙媚造像题记》《高琨墓志》《元淑墓志》和《封和突墓志》等20品。

龙门二十品

　　龙门二十品，是从河南省洛阳市龙门石窟北魏时期的造像题记中精选出来的二十方造像铭文，是魏碑书法的代表。有十九品在古阳洞，仅有一品在位于老龙洞外的第660窟（慈香窟）。这些造像记中的功德主多是北魏的王公贵族、高级官吏和有道高僧，他们为孝文帝歌功颂德或为祈富禳灾而开龛造像。这些造像题记因涉及史实，因此，龙门二十品不但是北魏时期书法艺术的精华之作、魏碑书法的代表作，也是具有研究价值的史料。

‖ 孙秋生造像记 ‖

简介

　　《孙秋生造像记》全称《孙秋生刘起祖二百人等造像记》，景明三年（502）五月刻，位于古阳洞南壁，孟广达文，萧显庆书。碑高153厘米，宽50厘米，蟠龙蟠首，方形碑座上有3个后刻的小坐佛龛。碑文自上而下分三个部分：第一部分，额题；第二部分，发愿文，凡13行，行9字；第三部分，邑子题名，共刻人名139人，15行，行30字。题名末尾刻写"景明三年岁在壬午五月戊子朔廿七日造讫"。

美学特征

　　用笔方整遒劲，仆厚古拙，峭拔劲挺；力量外拓；章法处理上行列也较为整齐，显得纵有行而横有列，虽字字独立，但并无可板之感。字体犀利刚劲，又兼宽博朴厚。

‖ 一弗造像题记 ‖

简介

　　《一弗造像题记》又称《一弗为张元祖造像记》，位于古阳洞北壁，太和二十年（496）造。高36厘米，宽19厘米，深30厘米。

　　全篇方笔为主，沉着厚重。但在严整之中也不乏灵动之笔。

铭文

　　太和廿年，步辇郎张元祖不幸丧亡，妻一弗为造像一区，愿令亡夫直生佛国。

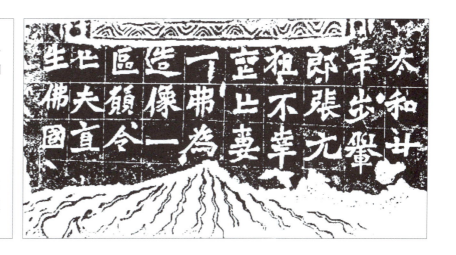

〖始平公造像记〗

简介

《始平公造像记》全称《比丘慧成为亡父洛州刺史始平公造像题记》，孟达撰文，朱义章书，位于古阳洞北壁。太和二十二年（498）九月十四日造讫。共10行，行20字。清代乾隆年间始被钱塘"西泠八家"之一的黄易发现，之后备受书坛重视。

美学特征

用笔多取方笔，斩钉截铁，一些"点"状笔画和折处重顿方勒，锋芒毕露，故显雄峻非凡。此碑全文皆取阳刻法，逐字界格，此为历代石刻所仅见。

〖北海王元详造像记〗

简介

《北海王元详造像记》全称《北海王元详为母子平安造弥勒像记》，是元详随北魏孝文帝南伐迁都至洛阳的历史实录。碑高88厘米，宽42厘米，位于古阳洞北壁。龛内主佛为交脚弥勒。两侧胁侍菩萨皆双手合十侍立。该龛为太和十八年十二月十一日立愿，太和二十二年九月二十三日完工，历时近三年又九个月。

〖北海王国太妃高为亡孙保造像记〗

【牛橛造像记】

简介

《牛橛造像记》也称《尉迟造像记》《长乐王造像》，全称《长乐王丘穆陵亮夫人尉迟为亡息牛橛造像题记》，太和十九年（495）十二月立。现在古阳洞山壁。

美学特征

体势峻拔方整，用笔精进挺峭，横画起笔多侧锋斜入，捺画波势锐利，点成三角，垂笔亦作悬针状，转折处重顿，具有凌厉果断、爽朗峻拔之风。其字形趋扁，结体茂密而左右舒展，神态宽博而旷达，意境高古。

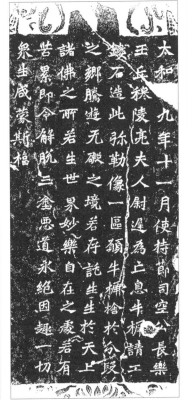

【郑长猷造像记】

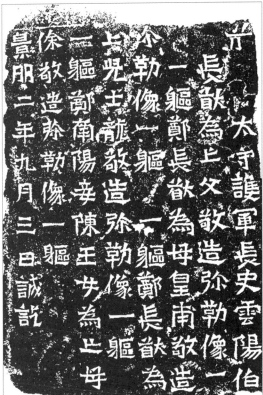

【司马解伯达造像记】

简介

《司马解伯达造像记》，北魏太和年间刻在古阳洞北壁。凡14行，其中第6—8行每行3字，余皆每行5字，可见64字。笔力方俊、气势雄强，又不拘成法，表现出丰富的审美情趣和创造才能。点画方截峻厉，寓圆柔之笔以破板滞。起笔有直、斜、横落及轻重之别，点画长短、方圆兼用。撇捺开张，极纵其势。

【广川王祖母太妃侯为亡夫广川王贺兰汗造像记】

【邑主高树和维那解伯都卅二人等造像记】

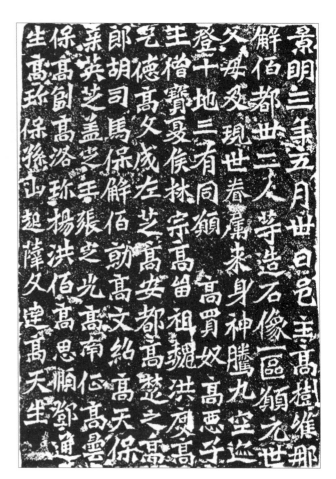

【广川王祖母太妃侯为幼孙造像记】

【齐郡王元祐造像记】

【比丘惠感为亡父母造像记】

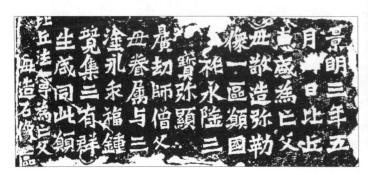

【陆浑县功曹魏灵藏造像记】【杨大眼造像记】　　　　【邑主马振拜和维那张子成卅四人为皇帝造像记】

【比丘法生为孝文皇帝并北海王母子造像记】　【比丘尼慈香慧政造像记】

【安定王元燮为亡祖亡考亡妣造像记】

【比丘道匠为师僧父母造像记】

高昌墓志

【泹灵岳墓表】

简介

《泹灵岳墓表》砖，高41厘米，宽39厘米。高昌章和十八年（548）刻，刻字填朱色，7行、62字。

释文

章和十八年岁次寿星夏六月朔辛酉九日己巳，田地郡虎牙将军、内干将转交河郡宣威将军、殿中中郎、领三门散望将字灵岳，春秋六十有七卒。泹氏之墓表。

美学特征

线条刚健，字体方正，富于动势，字体略有隶意。

【麹谦友墓表】

简介

《麹谦友墓表》高36.5厘米，宽37厘米，时间为高昌建昌十七年（577）。陶质刻字，5行、40字。墓主人麹谦友生前为高昌政权的官吏。高昌建昌为麹宝茂年号。

释文

延昌十七年丁酉岁正月甲戌朔廿三日丙申，故处仕麹谦友追赠交河郡镇西府功曹吏麹君之墓表。

【程哲碑】

简介

《程哲碑》又称《赠代郡太守程哲碑》，碑额左题"大魏天平元年（534）次甲寅十一月庚辰朔三日壬午造讫"。浮雕坐佛于碑阳之拱形龛内。佛龛外四周阴线刻脚踏莲台的协侍菩萨，下部为护法狮子、供养人，上部为衣袂飘舞的飞天。

碑阴刻程哲碑墓碑文，记述程氏家族的历史功绩。

美学特征

笔法挺直，字体刚劲，结体修长，稳健中蕴含温和之气。而且率真自然，用笔放纵，不加修饰，气象博大。

〖张僧妙碑〗

简介

《张僧妙碑》又称《法师张僧妙碑》，石在陕西药王山，刻于北周天和五年（571）。《金石录》《语石》《关中金石记》等金石类书籍均有记录。

1924年7月，鲁迅路过洛阳，曾购得此碑拓本，欣喜万分（事见鲁迅日记）。

美学特征

字体刚健，结体富于变化，显得刚柔相济。

碑中的个别字还保留有隶书笔意，反映出隶书往楷书演变的进程。

〖高湛墓志〗

简介

《高湛墓志》全称《魏故假节督齐州诸军辅国将军齐州刺史高公墓志铭》，东魏元象二年（539）十月刻，清乾隆十四年（1749）山东德州运河岸崩时出此石。楷书25行，行27字。此志曾归德州封大受，与北魏《高庆碑》《高贞碑》齐名，合称"德州三高"。中国国家图书馆所藏。

美学特征

书法秀劲温雅，字形方扁，运笔雅正含蓄。

【敬使君碑】

简介

　　《敬使君碑》又名《敬显隽修神静寺碑》《禅静寺刹前铭》《敬使君显俊碑》，全称《禅静寺刹前铭敬使君之碑》，东魏兴和二年（540）立于长社。清代乾隆三年（1738）出土，现存于河南长葛市老城镇十四中学院内。碑高约226厘米，宽约116厘米。共26行，满行51字，碑文约2500字。

美学特征

　　结体近方，笔画略呈弧形，如"田""唱"字，方中带圆，笔画短促明快，向内凝聚，在众碑中别具一格。清代杨守敬评："碑阴沈青崖跋云：'书法自晋趋唐，为欧、褚先驱。'余谓六朝正书多隶体，此独有篆意，古意精劲，不肯作一姿媚之笔，自是老成典型。若谓欧、褚前驱，恐不相及，而亦不必祖欧、褚也。""化方为圆，暗用篆笔，而流美无对。"康有为谓"圆静则有若……《敬显隽》独以浑逸开生面"，"《敬显隽》为静穆茂密之宗，《朱君山》《龙藏寺》辅之"，"若闲鸥飞凫，游戏汀渚"。

【文王碑】

简介

　　《文王碑》立于北周闵帝元年（557），位于四川省成都市山泉镇大佛村。碑额阳刻"北周文王之碑。大周使持节、车骑大将军、仪同三司、大都督、散骑常侍、军都县开国伯强独乐为文王建立佛、道二尊像，树其碑。元年岁次丁丑造"，碑文为追叙北周文王宇文泰功绩。

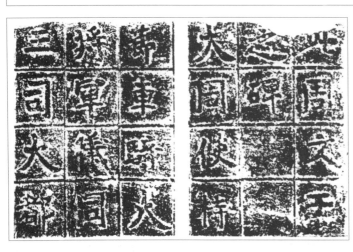

【寇胤哲墓志】

简介

　　《寇胤哲墓志》全称《魏故中正寇君墓志铭》，出土于河南洛阳，宣政二年（579）一月四日葬。

　　墓志盖、志文布局规整，字体方正，结构富于变化。

【宇文君墓志】

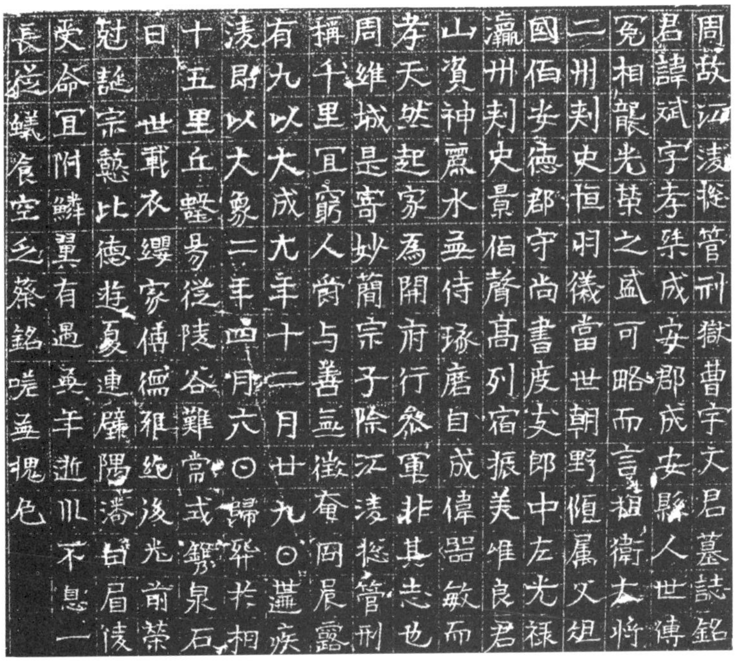

周故流凌挺管刑獄曹宇文君墓誌銘
君諱贇字孝榮成安郡成安人世祖
二州刺史恒明儀當世朝野惟良禄
國賓神�
　　佰譽高列宿自成偉器敏而
山資天然起家為開府行參軍非其志也
孝□千里宜窮人問與善盍崔奄在岡晨露
有九以大成九年十一月六日歸於相
凌郎以大象二年葬陵谷難當式簒泉石
十五世載比德遊夏連璧祖陽潘甘眉榮
曰哲宗慧附鱗翼有遇羊逝川不息一
受命宜附蟻食空之蔡銘噫盂槐色

【拓跋升墓志】

大周光州刺史拓跋君墓誌
君諱昇字長宗河南洛陽人
可略而言矣輝聡寇冤世不
黃談父武絢上洛郡宇具敬
曰之操早駒國誠屬風霜之
請屬　闡大駕大駕西遷
補　大祖朔鎮國信便煩左
東將軍金紫光禄大夫帥都

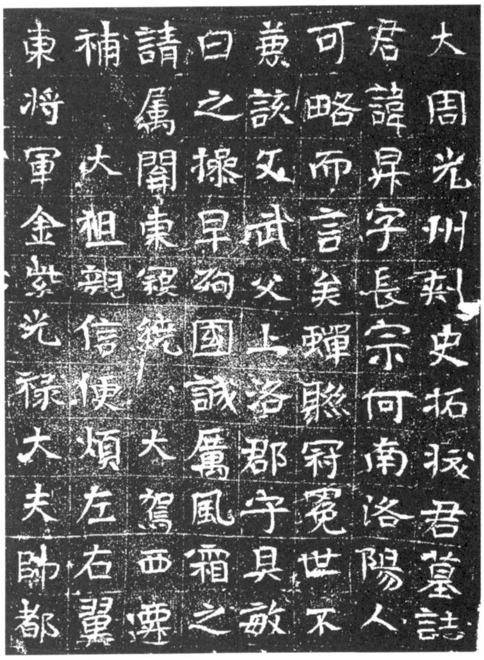

【牛景悦造石浮图记】

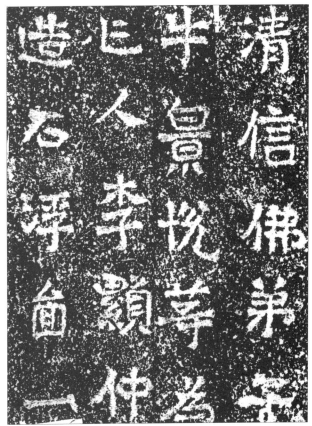